人生谋略与大智慧系列

向

帝王

学谋略与智慧

刘子仲 著

还原历史真面目，再现帝王本色
揭示帝王一统江山的成功经验
以史为鉴，以人为镜

ZHEJIANG UNIVERSITY PRESS
浙江大学出版社

图书在版编目(CIP)数据

向帝王学谋略与智慧/刘子仲著. —杭州:浙江大学
出版社,2012.7
 ISBN 978-7-308-09087-2

 Ⅰ.①向… Ⅱ.①刘… Ⅲ.①中国历史:古代史—纪传
体—通俗读物②谋略—中国—古代—通俗读物
Ⅳ.①K204.2-49②C934-49

 中国版本图书馆 CIP 数据核字(2011)第 184714 号

向帝王学谋略与智慧

刘子仲　著

丛书策划	张　琛(zerozc@zju.edu.cn)
责任编辑	张作梅　张　琛
封面设计	墨华文化
出版发行	浙江大学出版社
	(杭州市天目山路 148 号　邮政编码 310007)
	(网址:http://www.zjupress.com)
排　版	杭州大漠照排印刷有限公司
印　刷	杭州杭新印务有限公司
开　本	710mm×1000mm　1/16
印　张	17.25
字　数	290 千
版印次	2012 年 7 月第 1 版　2012 年 7 月第 1 次印刷
书　号	ISBN 978-7-308-09087-2
定　价	36.00 元

前 言

以史为镜，可以知兴衰；以人为镜，可以明得失。

很多时候，我们应当读一下历史中的帝王，因为正是这些帝王导演了中国历史上大部分的剧情。历史对我们是宽厚的，五千年的文明史我们可以信手拈来，至于最精彩的部分，依旧是一部《史记》。

《史记》作为一部体大思精、前无古人的历史著作，早已成为中国文学史上最伟大的作品之一。《史记》的诞生，也是中国文化史上的一件大事。《史记》记载了上自传说中的三皇五帝，下迄汉武帝天汉年间近三千年的史事。《史记》不仅是一部历史，更是中国文学发展过程中最具划时代意义的辉煌成就。司马迁以酣畅淋漓的笔触，重现历史人物丰润多彩的真貌；以审慎评价的态度，总结史事人物的经验教训，同时具备文学与史学的双重价值与成就，因此，鲁迅先生在他的《汉文学史纲要》一书中称赞《史记》是"史家之绝唱，无韵之离骚"。就中国史学的具体发展而言，《史记》的贡献更是巨大。

虽然《史记》是一部贯穿古今的通史，开创了史学的种种先河，并堪称为脍炙人口的文学佳作，但它的平民立场却是《史记》最为耀眼的闪光点。在司马迁的《史记》之前，所谓的历史仅仅是王侯的发家史、光荣史、太平史，但在司马迁的《史记》里，自以为功高盖世的帝王们同样有无耻、暴戾、虚假和懦弱的一面。

在中国，帝王的出现是从三皇五帝开始的。帝王处在最高的位置，是一座宝塔上的塔顶；帝王是至高无上的，是一个社会的最高组织者和统治者，是国家机器的操纵者。帝王又是神秘的，除了他高高在上，寻常百姓难以瞻仰"龙颜"之外，他的被神化、故弄玄虚，也是主要的原因。

"华夏第一君"夏禹，为治水三过家门不入。因治水有功，受舜禅让为天子，成为帝国制度下的君主典范。

"千古一帝"秦始皇，他统一时局、统一度量衡、奠定中华版图，但曾被大多数人视为暴君，那么，秦始皇究竟是暴君还是千古一帝？

"布衣皇帝"刘邦，出身草莽，在秦末群雄逐鹿中乘时势之风云，建立了中国历史上历时最长的帝制王朝。一个乡间无赖，如何成就了帝业？

……

我们上从三皇五帝，下迄汉武帝天汉年间近三千年的帝王史开始，从不同的角度和方位来聚集历史，捕捉尘封已久的帝王事迹，再现帝王的立体人生。他们或以盖世雄才称霸天下，或以雄韬伟略彪炳史册，当中有开国之君、中兴之君，也有所谓的暴君，而这些历史故事让人褒贬不一。本书通过全面、丰富的史料汇集，将笔瞄向这批历史中的"浪尖子"，客观看待帝王的是是非非，披露帝王的波谲内幕，感悟国家的盛衰兴亡，洞悉帝王的千秋功过，让帝王在《史记》的颠簸中显形。

《向帝王学谋略与智慧》以平民的立场、视角和情感来看历史、写历史、评说历史，第一次给历史以真实可亲的面目，第一次给那些值得尊敬的灵魂们以尊严。本书文字简洁，角度新颖，读来引人入胜，融思想性、故事性、可读性于一体，开卷有益。以史为镜，以史为鉴，还原历史真面目，再现帝王本色！

目 录
CONTENTS

华夏一君······夏禹

禹,夏代开国的君主。因平治洪水有功,受舜禅让为天子,世称为大禹。在位八年而卒,传位于子启,而开君主世袭之制。禹是中国人所知的一位治水英雄,他为治水三过家门不入。贵为天子,保持本色,亲近百姓,为民亲政,是帝国君主制度下的君主典范。

仁厚之君······商汤

商汤,是商王朝的建立者。商汤是以武力而夺得天下的先例,使中华帝国以后的历史变得多姿多彩,打破了天子是不可变的定律,是中国政治史上的第一次改革。

"乱世"商王……盘庚

盘庚是商代出现的众多杰出人物中，最有作为的一位商王。盘庚是成汤十世孙，继其兄阳甲为商代第二十代王。盘庚迁都于殷，承上启下，对商王朝的历史发展产生了深远影响。

暴虐名王……商纣王、周厉王

中国不但历史悠久，还以为数众多的暴君著称于世。商纣王和周厉王几乎可以和暴君画等号。他们的过人智慧缔造了践踏人权的极权专制政体，创立了最为野蛮的刑事诉讼法，树立了窒息社会生机的"官本位"价值观，并最终成为这种制度的牺牲品。

乱世称雄……春秋五霸

所谓春秋时代，是指公元前770年周平王东迁洛邑以后到公元前403年韩、赵、魏三家分晋这一时期。各诸侯国为了争夺土地和人口，发生混战。

力量强大的诸侯国一面不断吞并弱小的国家，一面争夺霸权。春秋时期先后争当霸主的有齐桓公、宋襄公、晋文公、秦穆公、楚庄王，历史上称为"春秋五霸"。春秋五霸的出现，拉开了这一时期诸强争霸、群雄逐鹿的传奇序幕。

卧薪尝胆······越王勾践

越王勾践是春秋晚期越国的国君，越王允常子。春秋时期，越王勾践打败吴国老王阖闾，得意忘形，终被吴王夫差和伍子胥领兵打得大败。他以卧薪尝胆的精神，经"十年生聚，十年教训"，使一个被人斥之为"越之水重浊而洎，故其民愚极而垢"的弱小国家，成为一个国富民强的泱泱大国，成为春秋时代的最后一位霸主。

千古一帝······秦始皇

在中国历史上，是秦始皇第一次创建了空前的、统一的中央集权的封建王朝；他是中国第一个皇帝，也是中国历史上一位极富传奇色彩的划时代人物。两千多年以来，秦始皇也曾被大多数人视为暴君，人们批评他焚书坑儒、修长城、广建宫室、大兴土木；但也有人赞扬他为"千古一帝"，肯定他开统一之局、统一度量衡、奠定中华版图之贡献。那么，秦始皇究竟是暴君还是千古一帝？对此，我们应从多个角度去探讨，客观地去评价他，还他一个真面目。

布衣称帝······刘邦

汉高祖刘邦出身草莽，但胸怀大志；在秦末群雄逐鹿中，刘邦乘时势之风云，起兵于沛县，败秦兵，取关中，打败楚霸王，夺取天下，建立了中国历史上历时最长的帝制王朝。汉高祖在政治上沿袭秦制，大力发展经济，使中国的封建专制制度得到进一步巩固。群雄逐鹿，捷足先登。是人力，还是天命？是人心所向，还是侥幸得手？一个乡间无赖，如何成就了帝业？探讨刘邦的成功之路，检讨刘邦的失败原因。

权力女人······吕雉

吕雉,汉高祖刘邦的皇后,中国后妃史上第一位临朝执政的皇后、政治家、垂帘发明家。她有能力、有魄力,为开创汉朝江山费尽心力。她心思缜密、心肠狠毒,为了追求权力不择手段;她杀功臣,残后宫,诛刘姓王族,她更是连眼皮也不眨一下。最毒不过妇人心,此乃最恶毒者也!

文景之治······文帝、景帝

吕后死后,吕后所分封的诸吕迅速被消灭,诸臣迎立代王刘桓入京为帝,是为汉文帝。汉文帝好"黄老之学",他继续执行惠帝时期与民休息和轻徭薄赋的政策,对稳定汉初封建统治秩序,恢复发展经济,起了重要作用。文帝与其子景帝的两代统治,历来被视为盛世,史称"文景之治"。

汉文帝

汉景帝

一代雄主……刘彻

汉武帝是汉朝文景之治以后，中国历史上出现的一位雄才大略的皇帝。在位五十四年，是中国历史上在位时间最长的皇帝之一。他不仅是一个孤立的个人，也是一个时代的代表，体现了封建社会从建立到巩固、统一、发展的历程。他是那个光辉灿烂时代的总代表，其雄才大略、深谋远虑，使其领导汉帝国的人民和官吏创造了伟大的历史功绩。因此，他当政时期是中国历史上最强盛的时代之一，也是中国历史上最灿烂的时代之一，从中也体现出了这位历史人物的"大智慧，大决断"。

华夏一君

◎夏 禹

　　禹,夏代开国的君主。因平治洪水有功,受舜禅让为天子,世称为大禹。夏禹在位八年而卒,传位于子启,而开君主世袭之制。禹是中国人所知的一位治水英雄,他为治水三过家门而不入。贵为天子,保持本色,亲近百姓,为民亲政,是帝国君主制度下的君主典范。

华夏一君——治水英雄，三过家门

《史记·夏本纪》载：禹为黄帝轩辕氏之玄孙，姓姒，名文命。禹为人"敏给克勤；其德不违，其仁可亲，其言可信；声为律，身为度，称以出，亹亹穆穆，为纲为纪"。父鲧，受尧命治理洪水，无功被诛。舜命禹继鲧业，任司空。禹吸取父鲧治水失败教训，采疏导之法，平水土，归九流。居外十三年，栉风沐雨，劳神焦思。三十娶妻于涂山，三宿而别，后三过家门而不入。

这段话的大概意思是：大禹，姓姒，名文命，又称夏禹，戎禹，鲧的儿子；禹部落生活在黄河之南，禹的父亲鲧，因为治水方法不当，用堵塞的办法造成了更大的水患，被舜处了死刑。禹继承父志，改用疏导的办法，治水成功。

《史记·禹本纪》说，大禹定自身为一丈，以其十分之一为尺，因此，男子叫"丈夫"。根据古书可以推出，夏禹时的一尺只有今日市尺的四寸八分，大禹只有四尺八寸，仅一米六高。

公元四千多年前的尧舜时代，中国广大地域江河泛滥，洪水滔天。人民遭受洪水灾害，田地房屋淹没，老百姓流离失所，生命财产损失严重。当此危难时期，部落联盟的首领舜，急命鲧（夏禹的父亲）去"平水土"——治理洪水。鲧采用了"水来土掩（堵）"的方法，用了九年的时间，结果劳民伤财，事功无成，终归失败，受到部落法规处理，处以死刑。尔后，四方部落的酋长和大多人众又向舜推荐夏禹继承其父的治水业务。夏禹沉痛地感到父亲因水而死，下决心要征服洪水。

大禹勇敢有智慧，任何困难和挫折都不能使他低头。他治水考虑周密，方法正确，表现了他的超人智慧。

聪明的人都是善于学习和总结的人，看到自己的父亲因治水而死，有抱负的夏禹开始总结前人及其父亲治水的经验教训，他不辞劳苦，日夜思考治理洪水的方案,操劳实验。苍天不负有心人,夏禹终于从中得到改变治水的好方法,即改变"水来土掩"的旧法,而采用了"凿山导流,疏通壅塞,引江河洪水入沧海"的疏导方法,从而,夏禹同他的助手契、后稷、皋陶、伯益等人带领人众,从四川的岷江开始治水,随即治理湔江、通口河(四川北川县境内)、嘉陵江(四川境内),又转向黄河、淮河、长江而富春江、钱塘江等大江流域。特别是"凿龙门"(今山河津和陕西韩城之间的龙门山,即"晋陕峡谷")、"辟伊阙"(今河南洛阳市南十二点五公里处,两山相峙如阙门,伊水径流其间)。

大禹治水《大禹陵砖雕》

说到夏禹这个治水专家,不得不提那个有名的"三过家门而不入"的传奇故事。

大禹和涂山氏结婚后,就将涂山氏带回了嵩山老家。刚到家四天,舜帝就任命他为大司空,要他治理天下的洪水。军令如山,当时大禹家里还有一个老母,接到军令大禹告别了白发苍苍的老母亲辛夷氏和年轻貌美的妻子涂山娇,头也不回地离开了家门。用现在我们的话来说,大禹就是一个以事业为第一的热血男儿。

在治水过程中,大禹走遍了九州岛。豫州是九州岛的中心,大禹的老家就在豫州的中岳嵩山,大禹无论南来北往,还是东奔西走,都要经过嵩山。但由于治水工程时间紧急,刻不容缓,任务艰巨,责任重大,大禹虽然牵挂老母亲和妻子,但由于没有时间,曾经三次从家门口经过,都没有进门。这就是后人常说的"三过家门而不入"的故事。

为了便于治水,大禹还把整个地域划分为九个大州,即冀、兖、青、徐、扬、荆、豫、梁、雍等州。

大禹亲自率领二十多万治水群众,浩浩荡荡地全面展开了疏导洪水的艰苦劳动。大禹除了指挥外,还亲自参加劳动,为群众做出了榜样。他手握木锸(形状近似于今天的铁锹），栉风沐雨，废寝忘餐，夜以继日，不辞劳苦。历时十三年，终于制服了洪水。

大禹第一次路过家门是他在治理淮河之前。当时他凿开了雍州的龙门口后，西北一带的洪水流进了黄河，这一带稍为安宁，他就奔走东南去治理淮河。大禹和他的同伴，在茫茫水泽中运用智慧，辨别方向，长途跋涉，走遍了很多发生水灾的地方。从嵩山经过时，正好路过家门口，大门敞开着，涂山氏正在院里推磨。大禹觉得妻子发胖了，再一瞅，不对，涂山氏挺着大肚子，不正是怀孕了吗？

看到这样的情景，大禹百感交集，一方面高兴，要当爹了；一方面心酸，妻子挺着大肚子还要干活儿；一方面愧疚，自己不能尽到丈夫的职责。大禹真想下马去帮助她，但转念一想，不能，东南边不知道有多少老百姓还深受洪水之苦呢，于是就扬鞭策马向东南飞驰而去。

第二次路过家门时是在一年之后。当他疏通淮河之后，听说三门峡又有水怪在兴风作浪，于是，急忙掉头向西北飞奔。这次他又经过嵩山自己的家门口。老远就看见涂山氏坐在门口，正在给怀里的孩子喂奶。他看见抱在妻子怀里的儿子已经会说话了，妻子正在教儿子喊爸爸，小夏启也很乖巧地边笑边喊爸爸。大禹看到这一幕，不禁热泪盈眶，他兴奋之情溢于言表，直想大喊："我当爹了！我当爹了！"他真想走上前去抱抱儿子，亲他一口，问问给孩子起名字了没有。可是就在这一瞬间，他想起三门峡荒山野岭里孤儿们哭爹喊娘的声音，他想自己的儿子是儿子，别人的儿子也是儿子，应该先救他们才是。于是，他擦了擦脸上的泪花转身正要离开。此时，妻子抱着儿子看见了大禹，赶忙出来迎接，看到大禹一副疲惫的模样，妻子涂山娇疼惜地说："快回家歇歇吧！看你累的，我给你换身衣服。"大禹接过儿子亲了亲，说："不成呐，许多人被洪水围在高地，我要去救人呐！"说着，把儿子送到妻子怀里，安慰了她几句，就转身走了，还是没有回家。

第三次路过家门是在治理好三门峡后。他在三门岛上劈开三门，在黄河中心凿下了中流砥柱，降服了黄河水怪，使洪水沿着黄河归入大海。他刚刚舒了一口气，突然又听到南方荆水暴涨的消息。他又骑马跃上嵩山，观看远方的水情，正好又路过家门。他看到白发苍苍的老母亲拄着拐杖站在家门口张望，似乎在等待他的归来，看到小夏启在地上爬着玩儿。大禹心里一抽搐，两行热泪滚落到马鬃毛上，白龙马摇了摇头，甩了甩鬃毛。这时，大禹眼前又出现了荆州地区许多老百姓在哭喊亲人的景象。大禹为及早让那里的老百姓享天伦之乐,只好紧闭双眼,弯腰伏在马背上,白龙马腾起四蹄又跃过了大禹的家门。

大禹三过家门而不入的事迹感动了老百姓,人们都踊跃参加治水工程,大禹带领治水大军相继疏通了黄河、长江、淮河、济水、汉水、颍水等大小几百条河流,经过十几年的奋斗,使水有水道,陆有大路,老百姓都回到自己家乡,重建家园,男耕女织,过上了安居乐业的生活。这时,大禹才回到嵩山和亲人团聚。涂山氏一手搀着老婆婆,一手拉着小夏启,迎接大禹,乡亲们也敲锣打鼓地欢迎大禹这位治水英雄。

因为大禹治水有功,舜王年老以后,就把王位让给了大禹。老百姓还给大禹送了这样一副对联:

八年在外治平江河淮济

三过其门虚度辛壬癸甲

禹历尽艰辛,运用自己的智慧和才能治平洪水,造福人类,受到历代人们的高度赞扬。

华夏一君——建立夏朝，统一九州岛

　　《史记·武帝纪》说："禹收九牧之金，铸九鼎，象九州岛。"意思是说，夏禹继位后，不但把中国的疆域分为九州岛，九州岛为：冀、兖、青、徐、扬、荆、豫、梁、雍，而且收集各地的青铜，铸造了九鼎，作为统一的象征。因为，国家统治权需要神权的庇护和支撑，所以夏禹要"铸九鼎"、"修社祀"。

　　夏禹为人勤政。他唯恐他的为人处世、修身治国的道理不清楚；对自然或社会一切事物的义理问题不熟悉；处理国家事务不妥当；对国家社会各行各业的隐患和忧事知道得不全面；对刑事案件、诉讼监狱的事办理得不完善。这些问题，都在夏禹头脑里不停地萦绕思虑。但是四方部落和众多百姓，离他驻地远近不一，平常少有机会向他当面直言有关问题。所以，夏禹对全国各地、各方面的情况、各种各样的问题都需要了解和解决，把国家事务办好。为此，他就作了一套"揭器求言"的办法和设施。所谓"揭器求言"，就是在门外悬挂钟、鼓、盘、铎、鞀五种乐器，有人来求见他，根据要反映的内容，只要敲其中一件乐器就行了。他对民众宣布说："有人要告诉我为人治国的道理就击鼓；讲解事物的义理就撞钟；报告公事办法就振铎；说明社会忧事就敲盘；要办诉讼案件就摇鞀。"此后，夏禹在住房里面听见哪件乐器响了，就知道来人要反映哪一方面的事情，提哪方面的意见。据说，夏禹为了接待前来访问的人，经常是"一馈而十起，一沐三握发"——即吃一顿饭站起来十次，洗一次头发三次手握湿发同人谈话，绝不怠慢来访的人。

　　这个故事反映了夏禹为人勤政的精神和人民的愿望。夏禹是圣人，聪明过人，而且能这样对待来访的人，国家社会的事务，就没有一件不知道，四方民情，也没有一丝一毫壅蔽他的耳目。所以，夏朝的兴盛与他的为人勤政精神是分不开的。从而，我们不难理解，作为一个领导人，如果能千方百计搜访民情，虚心听取各种意见，他一定不会成为一个官僚主义者，一定能把工作做得更好！

一次，夏禹外出巡视，在路上看到一批被押解的犯人。这些犯人双手被捆绑，像牛马一样地被驱赶。夏禹看了心里很不是滋味，便从车上下来，问这些犯人的犯罪经过。听了犯人的陈诉，他竟伤心地哭泣起来。随行人员看到这种情景，觉得很奇怪又不能理解。有人就问夏禹说："这些人之所以落到这个地步，是因为他们不讲理，不守法，应当受惩罚。你为什么同情怜悯他们，还要惋惜痛哭呢？"夏禹回答说："尧和舜做领袖的时候，能以德感化人，全体民众都以尧舜之心为心，安分守礼，自然都不违法犯罪了。现在我做全国的首领，不能以德感化人，每个百姓都以私心为心，不讲道理，不守法规，任意做犯罪的事。所以，犯罪的虽然是他们，其根源却在我的身上，这就是我伤心悲痛的原因。我不是怜惜犯罪的人，而是痛恨我的德行远远不如尧舜啊！"

在今天看来，夏禹所说的话也许幼稚可笑。而从史书记载来看，当时已有了官吏、军队、刑罚、监狱，已具备了国家的雏形，犯罪无疑是利害冲突的结果。而把这种社会不安、人民疾苦，看做是领导人自己的失误和无能，从而自我反省、自我批评的精神，仍是极其宝贵的，也是一个领导者的良好借鉴教材。

传说夏禹在为人勤政方面，最能见微知著，因之主张防微杜渐，总能消除隐患于未然。不愧是一个有远见卓识的政治家。

当时，有一个名叫仪狄的人，以善酿佳酒闻名遐迩。有一次，仪狄把自己酿的酒献给夏禹品尝。夏禹饮了仪狄的酒，觉得甚为甘美。但是夏禹却自思又联想到有关国家兴衰问题。他说："后世之人，必有因纵酒而导致亡国的事情发生啊！"此后，夏禹就对仪狄疏远了，甚至于不准仪狄再来进见，并下令宫内不许饮酒。

根据研究，古代祭祀神灵，供奉祖先，宴会盛典，都少不了酒。但纵饮过度，不但内生疾病，而且外废政务，以致乱亡之祸势不可免。所以，夏禹谨始虑微，预以为戒。不料，夏禹戒酒防微而所说的话，果真说准了。他的末代子孙夏桀，荒淫无道，终日纵饮。这个暴君竭百姓之财，作琼宫瑶台，设酒池肉山。传说酒池里可以行船。糟堤十里，一鼓而牛饮者三千人！

大禹是中国历史上第一个统一王朝的奠基者，又是中国古代的治水英雄。他的精神成为中华民族的瑰宝。

华夏一君——继承帝位，锐意改革

《史记·夏本纪》记载，夏禹时"执玉帛者万国"；又称，"自虞夏时，贡赋备矣"。

"贡"是我国古代的税收的一种别称，起源于原始氏族社会末期。那时，被征服的部落必须向征服者进献本地的土特产品，帝舜统治天下时，曾划地分族、令四方献纳土产。夏禹立国后，继续实行土贡征收。他将境土分为九州岛，令各州献纳特产以供政府支用，历史称作"禹别九州岛，任土作贡"。"任土为贡"的意思是根据土地肥瘠情况，规定各地贡物。

各州进献的物产分别为：

兖州——漆、丝、锦、绮等。

青州——盐、细布、麻、锡、奇石、海产品等。

徐州——作祭祀社坛的五色土、野鸡羽毛、桐木、石磬、珍珠、美鱼等。

扬州——三色铜、小竹、大竹、玉石、象牙、犀皮、鸟羽、旄牛尾、草服、桔、柚、梓木等。

荆州——漆树、制弓材料、磨石、朱砂、染料、玉佩、丝带、祭天用的茅草等。

豫州——苎麻、细锦、制磬用的磨石等。

梁州——美玉、石箭、熊皮、狐皮、狸皮、毛织物等。

雍州——美玉、美石等。

冀州——（据说王都在此境，有地役，故不贡）。

此处的贡是臣属或人民对天子的一种带强制性的义务献纳。春秋后期，随着国家机器的强化和赋税制度的完善，贡逐渐被赋税所代替。但作为献纳的贡，在其后历代封建政权下仍然存在，直至近代才逐渐取消。暂且不详细论述"贡"内容。且说，当上帝王的禹怎么来管理自己的天下。

当上帝王的禹为人敏捷勤俭,他的行为不违背法理,仁爱可亲,说话诚实,一举一动,都能适宜于事理,勤勉谨慎,可以作为纲纪。禹奉行天子的命令,在与涂山氏女儿结婚第四天,就外出治水。他的足迹遍布九州岛,走陆路乘车,走水路乘船,走泥路乘橇,走山路坐轿,他号召诸侯征集劳工,投入全民治洪的水利工程。他所居住的房屋简陋低矮,平时在衣着方面都非常不讲究,经过自己的家门也不进去看一看。他亲自登山树立标志,测定高山大川的形势,奔波在治水的第一线。常把测量平、直、高、低、远、近的准绳、规矩,一年四季带在身边,以备用来划分九州岛,计算山川的财物,来确定各地赋税的征收标准。

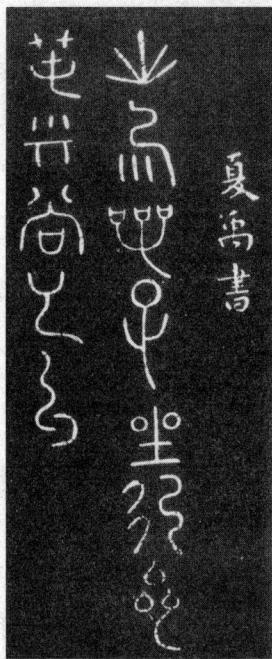

夏禹书

禹治水工程需要大量的人力、物力、财力。在当时生产力十分落后的情况下,治水工程能否顺利完成必须有可靠的财力作保障。禹治水是从冀州开始的,评田定产开征赋税的工作紧随其后,他一边治理洪水,一边征集赋税,这种作法完全符合实际需要。他的治水工程开展到何地,评定、征收赋税的工作就推广到那个地方。从而为他治洪工程的顺利完成提供了可靠的财力和物力保证。

壶口山的开通,是冀州治洪工程的开端,滔滔洪水,从壶口向东流去,洪水过后的冀州大地土壤柔细、颜色发白,在九州岛中这里的田地评为五等,所缴纳的赋税则是第二等,这完全符合实际,也在情理之中,因为冀州是治理洪水成功的第一期工程,当地百姓受益最早,为了以后全面治理洪水的完成,冀州百姓所提供的赋税就相对高一点。

兖州在济水、黄河之间,黄河下游的九条支流疏通后,雍水、沮水都汇入雷夏泽,于是人们都从山丘上搬迁到平地上居住,可以种植桑树的地区开始发展养蚕业。兖州的土地黑而肥,草木长得非常茂盛,这里的田地是第六等,所缴纳的赋税也与之相当,这个州出产的贡品是漆、丝和用竹筐装的织锦。这些贡品用船子载着行于济水、漯水,再进入黄河,然后运到京城。

大海与泰州之间这一区域为青州,潍水、淄水这两条河疏通后,这里的土地发白而肥美，海边有广阔的碱地可以煮盐，这里的田地为三等，所缴纳的赋税是四等，向国家提供的贡品有当地产的盐、细葛布、与众多的海产品，还有泰山地区出产的丝、麻、铝、怪石等。

东至海，北及泰山，南到淮水的地区是徐州，当淮水、沂水都治理好之后，蒙山、羽山就能种植农作物，大野泽已经蓄水，东原地区的土地平整之后就可以耕作。这里的土质是红色，有黏性并且肥沃。这里草木相渐，包裹而生，所缴纳的赋税是第五等，田地是第四等。把羽山山谷中的雉，峄山长的桐木、泗水之滨可以制作磬的石料，以及淮水下游地区出产的蚌珠鱼类固定为贡品，经水路运入京城。

淮水与东海之间的地区属于扬州，彭泽（今鄱阳湖）已江蓄水成为湖泽，大雁可以在此居住，北江、中江、南江三江之水流入大海，大大小小的竹子已遍布各地，这里的草木高耸入云，这里的土壤是湿泥，田地是九等，所缴纳的赋税是七等。向朝廷提供的贡品有金、银、铜，还有美玉、大大小小的竹子、象牙等。还有用竹筐装的细葛布，能当货币的贝壳。

北至荆山，南到衡山之阳的地区是荆州，长江、汉水东流入海，沱水、灊水疏导通后，云梦泽旁的土地可以耕作，这里的土地多是泥土，田地是八等，所缴纳的赋税是三等，出产的供品很多，主要有象牙、兽皮、金、银、铜，还有各种当地特有的名贵木材等。

荆山以北、黄河以南这一地区是豫州，夏禹在疏通伊水、洛水、涧水流入黄河，这里的土壤柔细，低洼地的土质黑色而肥沃，田地定为四等，赋税是二等，所上缴的贡品是漆、麻、细葛布、苎麻等。

华山南面与黑水之间的地区是梁州，岷山经过治理可以种植农作物，这里的土壤色青而细疏，田地是七等，所缴纳的赋税是八等，出产的供品分别有美玉、铁、银、磐石、熊皮、狐皮、狸皮的毛织地毯子等。

黑水与西河之间地区是雍州，经过对弱水、泾水的治理，荆山、岐山、终南山也整治的可以居住的，于是三苗族定居在这里，这里的土壤是黄色，柔细而疏，田地属第一等，赋税为第六等，出产的贡品是美玉和类似珍珠的美玉。

夏禹在外治水十三年，经过家门而不入，历尽艰险，终于完成了九州岛之内大江大河的治理工程。禹在治水的基础上，依照各州的土地肥美高下，确定出赋税的征收标准，对于赋税的征收，更是慎重，皆以三等田地的好坏来修订赋税。并将土地和人民,赏赐给各诸侯。同时,对天子直接管辖的区域划定赋税的征收方式,他规定靠近都城一百里的地区赋税是让老百姓缴纳带有禾穗的谷物,距都城二百里的地区缴纳禾穗,距都城三百里的地区缴纳去掉秸芒的禾穗,距都城四百里的地区缴纳带壳的谷子,距都城五百里的地区缴纳纯米。

　　禹帝治水不但促进了当时农业生产的发展,他"任土作贡"的治税业绩为后世国家的巩固和发展奠定了基础。由此可见,中国的税收制度从虞、夏时起就已经形成了。禹制定的这贡赋标准,使人民群众安居乐业,促进了生产力的极大发展,天下太平。

仁厚之君

◎商 汤

商汤,是商王朝的建立者。商汤是以武力而夺得天下的先例,使中华帝国以后的历史变得多姿多彩,打破了天子是不可变的定律,是中国政治史上的第一次改革。

仁厚之君——暗扩势力，决心灭夏

夏朝奴隶制国家距今约四千多年，是世界上古老的奴隶制国家之一。夏朝从禹开始，到桀灭亡，传十四世，十七王，有四百多年的历史。今河南西部和山西西南部是夏人统治的中心。这个国家的范围，北到山西的长治，南达河南伊水流域，西到陕西华山一带，东至山东河济之间。据推测，夏朝的势力和影响已达到黄河南北和长江流域。

商，是一个历史悠久的氏族部落，在漫长的发展过程中，它逐渐强盛起来，由夏的属国演变为足以与之抗衡的对手。商汤即位并迁徙部族统治中心到亳地（今河南商丘）后，立即积极筹措攻夏立国的大计。

商汤，子姓，名履，灭夏后称为武汤、成汤或成唐，甲骨文中称太乙、高祖乙，是商王朝的建立者，著名军事家。汤原是东方商族部落的首领。始祖契，曾辅佐大禹治水，封于商地，因此为族号。汤又称为汤、天乙、大乙、高祖乙。汤身高九尺，今合一米九八，是个高个子，英俊魁伟，仪表堂堂，才干出众。

商族兴起在黄河下游，相当于现在的河南、山东一带。商部落的历史可以追溯到母系氏族公社时期。这个部落的始祖叫契。传说契的母亲简狄洗澡，忽然发现燕子下了个蛋，吃了以后便怀孕生契。所以古代有"天命玄鸟，降而生商"的传说。黄河下游是一个洪水经常为患的地区，大禹治水时，契因佐禹治水有功，被舜封于商（今河南商丘南），赐姓子氏。商族在早期经常迁徙居地，所以从契到汤，经过了十四代，八次迁徙。到成汤时才居于亳（今山东曹县南）。大约夏朝建立后不久，商族就臣服于夏，成了夏的一个属国。

奴隶制国家是建立在残酷剥削奴隶劳动之上的。奴隶不仅从事家内杂役，而且成批地被奴隶主赶到农田里去种地和放牧。少康流亡有虞氏部落的时候，还"有田一成,有众一旅",一成田是方圆十里的土地,一旅众是五百个奴隶。奴隶是社会生产的主要支柱。可是,在奴隶主眼里,奴隶只是"会说话的工具",可以随意把他们关进监狱,施以重刑,甚至把那些不愿为他们作战的人,当做祭祀品杀死。

夏朝形势

夏朝奴隶主贵族过着骄奢淫逸的生活。夏启整天沉湎在饮酒、打猎和歌舞中。传说启创作了名叫《九韶》的乐舞,这可能是一个大型的音乐舞蹈曲子。启的儿子太康更是荒淫无度,到洛水北岸打猎游玩接连几个月,结果有穷氏首领后羿乘机起兵专政,直至少康攻灭寒浞,才中兴夏朝。

夏朝末年,社会矛盾更加尖锐。国内矛盾重重,危机四伏,四方的诸侯也纷纷背叛而去。国王孔甲"好方鬼神,事淫乱"。夏朝开始走下坡路。到夏桀即位,他更暴虐无道,荒淫无耻,"赋敛无度,万民甚苦"。说到这里,我们来讲一个关于夏桀的小插曲。

据说桀是个美男子,力大无比,他能够一个人抓住野牛、老虎这样的凶猛野兽,一只手就能把铁链拧断。但却长着一颗虎狼之心。为了稳定局势,他采用武力手段镇压那些敢于反抗的部落。有一次,他派大军去镇压有施氏,有施氏赶紧把一个叫妹喜的美女献给桀,桀于是撤了兵。还有一次,桀又派人去讨伐岷山氏,岷山氏赶紧送给桀两个美女,才避免了战争的灾难。桀非常宠爱妹喜,为了哄她开心,桀命令人挖了一个大酒池，里面可以行驶船只。池子里面灌满了酒，号称"酒池"。桀还让三千人在酒池边像牛一样喝酒，规定他们一听到鼓响就要仿照牛的姿势喝酒，称为"牛饮"。

他这个人非常好色，俗话说，英雄难过美人关，更何况夏桀这个好色之徒。再加上妹喜长得美若天仙，所以，夏桀整天就沉迷于荒淫的生活之中。

他宠爱有施氏之女妹喜，为她营建寝宫瑶台。妹喜中意听裂帛之声，他就叫人找来许多丝布，供妹喜撕裂以求其一畅。后来桀还在国都外面修建了一座长夜宫，他进去之后，经常几个月都不出来。由于桀整天只知道享乐，根本不过问政事，就有很多大臣请求他不要这样。有一个叫终古的大臣，曾经多次向他进谏，但没有结果，在失望之余，终古就逃出国都，投奔了商族部落。

夏桀手下有个叫关龙逢的臣子，听到老百姓的愤怒声音，觉得大事不妙，便对桀进行劝告，要他节省用度，不然就会亡国的。夏桀不但不听，反而把关龙逢杀了。从此以后，就再也没有人敢说话了。而坏人则成天逢迎献媚，围着他转给他出些主意，让他高兴，自己也乘机捞些好处。长期下去，夏朝越来越腐败。

夏桀以为他的统治永远不会灭亡。他说："天上有太阳，正像我有老百姓一样。太阳会灭亡吗？太阳灭亡，我才会灭亡。"当时民众咒骂道"时日曷丧，予及汝偕亡"（《尚书·汤誓》），意思是说你这个日头何时才沦亡啊，我们情愿同归于尽。夏桀还召集所属各部首领开会，准备发动讨伐其他部落的战争。可是，各部落对他更加离心离德。形势发展到这种状态，夏朝的灭亡就难以避免了。这就给商汤灭夏造成了有利的机会。

在这样的历史背景下，商汤决心灭掉夏朝。

正当夏朝势力日渐衰落的时候，商国开始强大起来。商国是夏朝的属国，据说其始祖是帝喾的小儿子，名字叫做契。契因协助大禹治水出了很大的力，舜为了表彰契的功绩，赐他姓"子"，并将"商"这个地方作为契的封地。后来，子契就在封地建立了一个小国家，叫商国。当夏桀做夏王的时候，汤在商国掌管国事。商汤看到夏桀荒淫无度，凶狠残暴，人民都生活在苦难当中，就暗暗下决心要推翻腐败的夏朝。商汤观察形势，见夏朝已经被夏桀折腾得国力虚弱，国民离心，就想乘此良机，联合对夏桀有仇恨的小国攻打夏国。为了将来进军方便，他把王都迁到了亳（在今河南郑州附近），当时，商国不仅畜牧业发达，和各友邻的小国关系都很好。

　　夏桀不知怎么听说了汤在商国勤政爱民，和睦邦交，准备进攻夏国的事，于是夏桀就设计把汤骗到了夏国，软禁在夏台（位于今河南禹县，又称钧台）。商国的右相伊尹设法营救汤，送去了很多珍宝及十名美女给夏桀。夏桀见了美女和珠宝，原先的怒气早抛到了九霄云外，认为商国还是臣服于自己的，于是，就把商汤放回去了。

　　商汤死里逃生，更增加了对夏桀的仇恨。俗话说，"放虎归山，必成后患"。他在夏国被囚禁了一个时期，对夏王朝的腐败情形更加了解。回国后，他不仅更坚定了诛灭夏桀，拯救人民的决心，并且更加努力地加快了伐夏的准备工作。

　　通过几年积蓄力量，一是翦灭夏之方国，二是与诸侯结盟，商汤的力量才壮大起来，并最终导致昆吾氏伐商。昆吾，《史记·殷本纪》云："当是时，夏桀为虐政淫荒，而诸侯昆吾氏为乱。"同时，《史记·殷本纪》又云："汤自把钺以伐昆吾，遂伐桀。"可见，昆吾应是夏之诸侯国中的一个大国，并且与夏桀的关系最为密切。昆吾氏既与商同为夏之方伯，昆吾氏伐商，必是代表了夏桀的意志。说明此时商汤的力量已大到足以威胁到夏桀的统治地位。

　　这时商部落的畜牧业发展很快，有名的先公相土作乘马，王亥作服牛。就是驯养牛马，作为运输工具。商部落传到成汤当王的时候，已经很强盛，农业、畜牧业、手工业都有很大进展，经济力量逐步超过了夏朝。已经由夏的属国演变为足以与之抗衡的对手。商汤便采取积极措施准备灭夏。他首先任用了伊尹和仲虺为左右相，提拔重用了出身地位低下而有才干的人，他出兵攻灭了葛、韦、顾、昆吾等夏朝属国。商汤越战越强，"十一征而无敌于天下"。

　　商汤回到商国，派人去劝说那些受夏朝控制的小国归顺商国，反叛夏朝，又消灭了那些一意孤行跟随夏朝的小国；同时，商汤在国内对百姓更加爱护，加强商国对国民的凝聚力，以便在攻打夏桀时得到国人的支持，听从他的号令。

仁厚之君——兴师诛桀,建立王朝

当时夏王朝总体力量仍然大于商部族。在这种情况下,商汤不马上正面进攻夏王朝,而采取先弱后强、绝其羽翼的正确方针,为最后决战创造条件。

他把第一个打击目标指向夏的属国葛,以替童子复仇的名义起兵灭葛。这不仅翦除了夏桀的一个羽翼,也大大提高了政治威望。继而他又集中兵力逐次灭亡了韦、顾,并攻灭夏桀最后一个支柱,即实力较强的昆吾。这样商汤就完成了对夏桀的战略包围。在完成对夏桀的战略包围后,商汤对最后决战仍持十分慎重的态度。几经试探和权衡方才做出决定。俗话道,"百足之虫,死而不僵"。立国近四百年的夏王朝,即便已面临灭亡,但仍具有相当的实力。当商汤在伊尹的建议下停止向夏桀纳贡以试探其反应时,夏桀即调动九夷之师,准备讨伐商汤。不久传来了夏桀诛杀重臣、众叛亲离的消息。商汤乃再行停止向夏桀的贡奉。这次,夏桀的指挥棒完全失灵了,九夷之师不起,有缗氏公开反抗。各诸侯谁也不听他的指挥,商汤见灭夏的时机已经成熟,于是果断下令起兵。

在公元前1766年,商汤正式兴兵伐夏。在战前他隆重举行了誓师活动,一一列举夏桀破坏生产,残酷盘剥压迫民众的罪行。申明自己是秉承天意征伐夏桀,目的是为了拯民于水火之中。

商汤还宣布了严格的战场纪律。这番誓师,极大地振奋了士气。战前誓师后,商汤简选良车七十乘,"必死"六千人,联合各方国的军队,采取战略大迂回,绕道到夏都以西,出其不意,攻其无备,突袭夏都。夏桀仓促应战,西出拒汤,同商汤军队在鸣条(今河南洛阳附近)一带展开战略决战。

在作战过程中,汤首先在政治上采取了争取民众和与国的政策,又得到了贤臣伊尹、仲元等的辅佐,为战争的胜利奠定了基础。为了彻底察明夏桀的内部情况,商汤大胆派遣伊尹数次打入夏桀内部,充当间谍,掌握了夏王朝"上下相疾,民心积怨"的混乱状况。在军事战略上,他在贤臣伊尹、仲元的有力辅佐下,巧妙谋划,"先为不可胜",逐一翦除夏桀的羽翼,孤立夏后氏,最后一举攻克夏邑。具体地说,他实施了以下几个主要步骤。

第一,创造性开展"用间"活动。

为了彻底察明夏桀的内部情况,商汤大胆派遣伊尹数次打入夏桀内部,充当间谍,掌握了夏王朝"上下相疾,民心积怨"的混乱状况。做到知彼知己,然后有针对性实施自己的战略方针。

第二,先弱后强,由近及远,翦除夏桀羽翼,完成对其战略包围。

当时夏王朝总体力量仍然大于商部族。在这种情况下,商汤不马上正面进攻夏王朝,而采取先弱后强、绝其羽翼的正确方针,为最后决战创造条件。他把第一个打击目标指向夏的属国葛,以替童子复仇的名义起兵灭葛。这不仅翦除了夏桀的一个羽翼,也大大提高了政治威望。继而他又集中兵力逐次灭亡了韦、顾,并攻灭夏桀最后一个支柱,即实力较强的昆吾。这样商汤就完成了对夏桀的战略包围,打通了最后灭桀的道路。

第三,正确选择和把握决战时机。

在完成对夏桀的战略包围后,商汤对最后决战仍持十分慎重的态度。几经试探和权衡方才做出决定。俗话道,"百足之虫,死而不僵"。立国近四百年的夏王朝,即便已面临灭亡,但仍具有相当的实力。当商汤停止向夏桀纳贡以试探其反应时,夏桀即调动九夷之师,准备讨伐商汤。商汤视情马上"谢罪请服,复入职贡",稳住夏桀,继续积蓄力量,等待时机。不久传来了夏桀诛杀重臣、众叛亲离的消息。商汤乃再行停止向夏桀的贡奉。这次,夏桀的指挥棒完全失灵了,九夷之师不起,有缗氏公开反抗。只有到此时,商汤方才认为伐桀的时机完全成熟,于是果断下令起兵。

据说,当时在即将准备功打夏桀时,商汤全身披挂,在几个武士护卫下,登上高台大声说道:"诸位将帅、武士们,我并不愿意兴兵打仗,实在是因为夏桀罪恶累累,是上天命令我们去消灭他。我畏惧上天,不敢不听天命,而放纵了夏桀。现在,就连夏国的臣民也对夏桀恨之入骨,他的命令已不被夏人听从。所以我必须去讨伐他,拯救苦难中的夏民。你们要同心协力,听我的话,完成上天交给我的使命,我将重重赏赐你们。你们要相信，我是不会食言的。如果你们不听我的命令，不努力作战，我就要重重惩罚你们。"

这时只见商军兵强马壮，军威赫赫，而夏国的军队久不上战场，平日又没有进行严格的训练，军纪涣散，无心作战，所以两军刚一相遇，夏军的防线就被突破。夏国的军队不禁一击，四散溃逃。夏桀看到大势已去，便灰溜溜地带着几个护从，逃出战场，向南巢(今安徽巢县西南)逃窜，商汤带领部队紧追不舍，终于在南巢将这个作恶多端的暴君俘获。商汤本想杀死夏桀，以平民愤；但转念一想，自己一向以宽厚仁慈著称，要是杀了桀，民众会对他有别的看法，况且对现在已成了阶下囚的夏桀杀也无益，留着又何妨？于是，商汤就把夏桀囚禁在南巢，自己班师凯旋回亳城了。

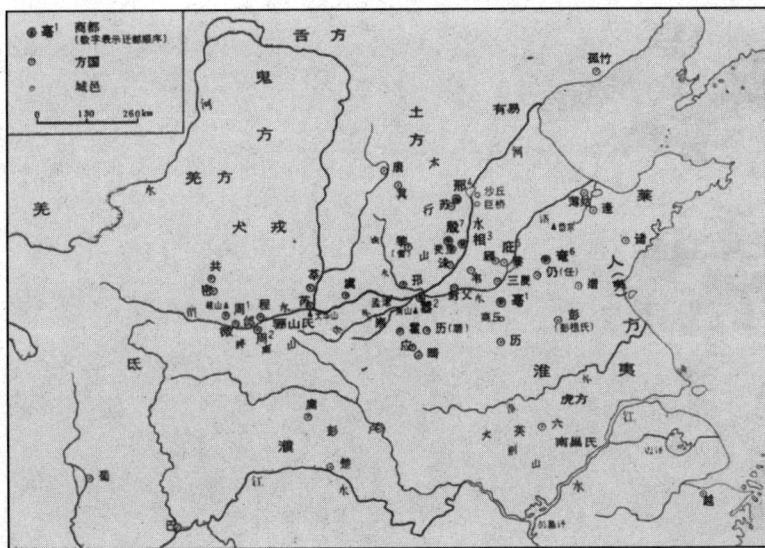

商朝疆域图

在决战中，商汤军队奋勇作战，一举击败了夏桀的主力部队，夏桀败退归依于属国三朡(今山东定陶东一带)。商汤发扬速战速决、连续作战的作风，乘胜追击，攻灭了三朡。夏桀穷途末路，率少数残部仓皇逃奔南巢(今安徽寿县南)后被商军追上俘获，放逐在这里，不久病死于此地。鸣条之战，商汤的军队战胜夏桀的军队，桀出逃后死于南巢，夏王朝从此灭亡。一个强大的国家经历了四百余年历史，却被一个小国所灭，不能不引起人们的震惊与思考，所以后来出现了"殷鉴不远，在夏后之世"的告诫。夏王朝宣告灭亡。商汤回师西亳(今河南偃师西),召开了众多诸侯参加的"景亳之命"大会,得到三千诸侯的拥护,取得了天下其主的地位。就这样,在夏王朝的废墟之上,一个新的强盛的统治王朝,也是中国历史上第二个奴隶制王朝——商朝建立了起来。

汤开国的故事,人民广为传颂,《诗·商颂·玄鸟》这首诗就是其中的一篇。其中有一段译成现代的语言就是:天命燕子生了汤,受封殷土日益拓广。上帝命令英武的汤王,治理天下管好四方。成汤应时发出号召,九州岛进入商朝封疆。商朝先君秉承天命,国运长久安然无恙。

仁厚之君——减轻征赋,善用贤人

商灭夏后,成为黄河流域的主要统治者,势力发展很快。尤其是前期政治状况较好,社会也比较稳定,经济、文化都有很大发展。标志这一文明的,是甲骨文字的成熟和青铜冶炼技术的进步。历时六百余年后商朝灭亡,时间约在公元前11世纪。

伊尹

商汤立国后,汲取夏代灭亡的深刻教训,废除了夏桀时残酷压迫人民的暴政,采用了"宽以治民"的政策,革除以人祭天的陋习,布德施惠,轻赋薄敛,百姓亲附,令行天下,停止人殉以保护劳动力,这些措施巩固了商的统治,僻处西方的氏羌部落也来归附,使商王国内部的矛盾比较缓和,政治局面趋于稳定,国力也日益强盛起来。汤在政治上还是一位有远见、事业上有作为的国王,他不但能知人善任,而且任人唯贤。他对四周的许多国家进行了征伐,取得了一系列胜利。所以《孟子·滕文公下》记有:汤"十一征而无敌于天下"。《诗·商颂·殷武》也有"昔有成汤,自彼氐羌,莫敢不来享,莫敢不来王"的记载,反映了商王朝在汤的统治下,已经成为强盛的国家。

商汤统治时期出现大好局面,得益于伊尹和仲虺这两个贤臣的辅佐。据记载,他们二人在政治上颇有主张。他们被汤任为右相和左相以后,在处理政务、稳定政局、发展生产等方面,作出了不小的贡献。仲虺死后,伊尹在政坛上的作用尤其突出,成了商汤至太甲时期重要的辅佐,政坛的一位元老。

伊尹名挚,是有莘氏在桑树林拾到的弃儿,因其养母住在伊水边上,所以以水为氏。虽然伊尹身材短小,面庞不出众,但足智多谋,聪明异常,志向远大。

据《商汤见伊尹》记载:昔者汤(商朝建国君主)将往见伊尹(商朝初年的贤相),令彭氏之子御。彭氏之子半道而问曰:"君将何之?"汤曰:"将往见伊尹。"彭氏之子曰:"伊尹,天下之贱人也。若君欲见之,亦令召问焉,彼受赐矣!"汤曰:"非汝所知也。今有药于此,食之,则耳加聪,目加明,则吾必说而强食之。今夫伊尹之于我国也,譬之良医善药也,而子不欲我见伊尹,是子不欲吾善也!"因下彭氏之子,不使御。

这段话的意思是:过去商汤去见伊尹,叫彭氏的儿子给自己驾车。彭氏之子半路上问商汤说:"您要到哪儿去呢?"商汤答道:"我将去见伊尹。"彭氏之子说:"伊尹,只不过是天下的一位普通百姓。如果您一定要见他,只要下令召见他,这在他已蒙受恩遇了!"商汤说:"这不是你所知道的。如果现在这里有一种药,吃了它,耳朵会更加灵敏,眼睛会更加明亮,那么我一定会喜欢而努力吃药。现在伊尹对于我国,就好像良医好药,而你却不想让我见伊尹,这是你不想让我好啊!"于是叫彭氏的儿子下去,不让他驾车了。

说到伊尹,不得不提这个人的政治及军事才能。

伊尹原是商汤家里的奴隶,在厨房里干活。为了让商汤知道自己是个有本领的人,伊尹经常找机会接近商汤。有时候他把菜做得很可口,有时候却故意做得过咸或过淡,招惹商汤找他问话,并利用这机会,用做菜打比方,他对商汤说:"做菜不能太咸,也不能太淡,只有把佐料放得恰到好处,菜吃起来才有味道。治理国家也是如此,既不能操之过急,也不能松弛懈怠,只有恰到好处,才能把事情办好。"一番话果然说动了商汤的心,商汤发现自己厨房里的这个奴隶竟是个人才,进而解除了伊尹的奴隶身份,任其为右相。

在伊尹的辅佐下,商汤的事业得到史无前例的大发展,由一个诸侯国的宗主而一跃成为中华大国的天子,成就了一世伟业,建立了大商朝。商汤死后,伊尹又辅佐殷氏三个皇帝,并在太甲帝不成器的时候果断将之流放到汤的埋葬地桐宫守墓,并在他幡然醒悟改归善道后把他接回来,重新把政权交还给他。伊尹因此而被孔子认为是古代的贤相和圣人而赞扬之。

汤以仁厚收揽人心,争取人民的支持。有一次,商汤和几个大臣们到城外去玩。走到一个小树林里,看到一个老人正在林中布设捕鸟的网。老人在四面支好网,拜了拜,嘴里哺哺祷告道:"无论是空中落下来的,还是四面八方飞过来的,但愿能落人我的网里。"商汤在一旁看到这种情景,忙走上前去说:"唉,不行啊!你把鸟儿都捕尽,岂不是会灭绝它们吗?太残忍了!"说完,他把老人布下的朝南、北、西方向的网收起,只留下朝东一个方向的,然后学着老人的样子,也拜了三拜,祷告道:"林中的鸟啊,你们自由地飞翔吧,朝哪里飞都可以,可千万不要朝东,钻到我的网里。"商汤的这一举动和这番话很快就流传到国人那里,人们都说商汤对天上的飞鸟尚且如此仁慈,更何况对国民百姓呢?这就是"网开三面"这个成语的由来。

证明一个领导会用人的表现,就是他用人不拘一格,千变万化,因人而异。反之证明一个领导不会用人的表现,就是他用人拘于一格,没有变化,死气沉沉。

"乱世"商王

◎盘庚

盘庚是商代出现的众多杰出人物中，最有作为的一位商王。盘庚是成汤十世孙，继其兄阳甲为商代第二十代王。盘庚迁都于殷，承上启下，对商王朝的历史发展产生了深远影响。

"乱世"商王——救治王朝，决定迁都

商汤死后，因其子太丁早死，由太丁之弟外丙继位；外丙死后，其弟中壬继位；中壬死后，又以太丁之子太甲继位，太甲乃商汤之长孙。据《史记·殷本纪》记载："帝太甲即立三年，不明，暴虐，不遵汤法，乱德，于是伊尹放之于桐宫。"太甲居桐宫三年，悔过自责，伊尹迎回太甲而授之政。以后，太甲修德遵法，诸侯归服，百姓的生活比较安宁。这个故事，反映了伊尹为贯彻商汤的治国方略，为商王朝长治久安做出了不懈努力。这个故事流传久远，伊尹也获得了"大仁""大义"的美名。

不过，统治阶级的贪婪本性，决定了王室内部为权力和利益斗争的局面不可避免。《史记·殷本纪》中记载："自中丁以来，废适而更立诸弟子，弟子或争相代立，比九世乱，于是诸侯莫朝。"从仲丁算起，经九世正好到盘庚时期，说明这一期间商王室内部为争夺王位，内乱不止，致使外患不断。这期间，商王朝曾多次迁都。

盘庚，生卒年不详。祖丁子，阳甲弟。阳甲死后继位，在位二十八年，病死，葬于殷（今河南省安阳县小屯庄）。

上面一章我们了解到商王朝是成汤灭夏而建立。所以说，商朝从汤开始，到纣灭亡，共传十七代三十一王，近六百年。约为公元前16世纪至公元前11世纪。商朝历史上有一个很显著的现象，就是都城屡迁。在"仁厚之君——商汤"这一章的第

盘庚迁都

一节里,我们知道汤最初建都于亳(今河南商丘市)。其后五迁:中丁迁都于隞(今河南荥阳北敖山南);河亶甲迁都于相(今河南安阳市西);祖乙迁都于邢(今河南温县东);南庚迁都于奄(今山东曲阜旧城东);盘庚迁都于殷(今河南安阳西北)。盘庚迁殷,在商朝历史上具有划时代的意义。在此之前,从汤至阳甲,传十代十九王,约三百年,为商朝前期。在此之后,从盘庚至纣,传八代十二王,凡273年,为商前后期。由此可见,都城屡迁,确切地说,应该是指商朝前期。

商朝前期为何屡次迁都呢?

这个问题直到现在还没有一定确实解说。因此,古今学者众说纷纭,主要有以下几种观点:一、"水灾"说;二、"游牧"、"游农"说;三、"去奢行俭"说;四、"王位纷争"说。

我们先从"水灾"去说,试图从自然灾祸方面去寻求商都屡迁的原因。

如果从这一节去说,好像举不出一条过硬的材料来证明水灾逼迫商人迁都。相反,从汤至中丁,传六代十一王,难道这么长一段时间河水就没有闹灾吗?而且从武丁到纣卜辞多次记载洹水泛滥为害殷都,但殷人并未因此迁都。为何盘庚之后水灾不能逼人迁都,而盘庚之前水灾却能逼人迁都呢?另外,南朝的几个都城全在黄河两岸,尤其是中丁由亳迁隞和盘庚由奄迁殷,越迁越向河滨,这种现象用"水灾"说是无法解释的。因此,这种解说可以被推翻。因为它不能充分证明中心主题。

其次,从"游牧"、"游农"去说,试图从社会生产方面去寻求商都屡迁的原因。"游牧"说认为,商人在盘庚迁殷之前还是迁徙无定的游牧民族,到盘庚时才有初步的农业,由游牧经济转入农业经济,因此有了定居倾向。但商代卜辞和考古资料证明,早在商代前期,我们知道,由于商汤的减免征赋,鼓励生产,农业已是最主要的生产部门,所以,此说不符合历史实际情况。这种解说也不能充分说明中心问题。

再次,从"游农"去说,商代的农业是原始的。其原始性表现为生产工具的笨拙和耕作方法的原始。商人采用"火耕"的方法,即"焚田",来代替笨拙的生产工具开辟原野,把林莽烧平后,在灰土上播种。他们既不知道灌溉,也不懂得施肥,一旦土地的自然力耗尽,便需改换耕地,不得不经常迁徙。"游农"经济是商人都城屡迁的原因所在。

但考古资料证明,郑州和小屯两地商代文化中出土的石镰和石斧都很近似。

这两地正好一个代表商代前期,一个代表商代晚期。商代农业生产已使用少量青铜器。目前出土的几件青铜农具,商代前后期的数量也大体相当。这说明商代前后期农业生产工具并未发生重大变化,同样是"笨拙"的。至于耕作方法,《氾胜之书》说:"汤有旱灾,伊尹作区田,教民粪种,负水浇稼。"甲骨文"尿"字即粪便之"屎"字。卜辞中有大量"尿田"的记载,商代初期已知"粪种",当是可能的。"游农"说的论据经不住推敲。另外,它跟"水灾"说一样,无法解释中丁之前和盘庚之后,商都稳定的史实。所以,"游农"说也难以令人置信。

最后,从"去奢行俭"说和"王位纷争"说,这种解说试图从社会政治方面去寻求商都屡迁的原因。"去奢行俭"说认为抑制奢侈,倡导俭朴,借以缓和阶级矛盾,是商都屡迁的原因。此说多少有点合理成分。因为《尚书》中《盘庚》三篇是保存下来的商王盘庚迁殷时对臣民的三次演讲词,将迁之时,他曾指责贵族中有贪求财富的乱政官吏;既迁之后,他又告诫官吏:不要积聚财物,光为自己孜孜不倦地增殖产业,应该施惠于民,要永远洁净你们那颗和国王一样的心。但是,奢侈是剥削阶级的"痼疾"和"通病"。不仅迁殷之时存在,迁殷之后照样存在。为什么此时奢侈可以促使迁都,而彼时却不能呢?"去奢行俭"说虽然看到商都屡迁的某些现象,却未能透过现象,抓住本质。所以,它对商都屡迁原因的解释缺乏说服力。

"王位纷争"说,根据《史记·殷本纪》"自中丁以来,废适而更立诸弟子,弟子或争相代立,比九世乱,于是诸侯莫朝"的记载,注意到从中丁至阳甲正好九王,先秦典籍中"几世"即指"几王",这"九世之乱"与商都屡迁,在时间上如此若合符契,绝非偶然巧合,它应是促使商都屡迁的客观原因。这个推断,可以在《尚书·盘庚》中篇里找到证据。盘庚追述先王迁都原因时说:"殷降大虐,先王不怀厥攸作,视民利用迁。"《孔疏》认为"大虐"的具体含义是:"上云'不能相匡以生,罔知天之断命',即是天降灾也。"很明显,"大虐"不是天灾而是人祸,就是指以王位纷争为中心的"九世之乱"。这句话的意思是说:政治上的动乱和纷争,给人民带来无穷灾祸,先王并不怀恋他们手造的基业,为人民的利益来迁徙。

盘庚继位后,面临着国势衰弱的复杂局面。王朝统治危机四伏,内部矛盾斗争激烈,由于商的王位继承制是兄终弟继和父死子继并存,还不是严格的传子制,因此每当一位商王去世,都会引起一场争夺。这一问题长期没有得到解决。王室之争使得诸侯、各国乘机发展自己的势力,不再向王朝进贡。盘庚即位时,发生了彭、韦二方伯的叛乱,北方和西北方的土族、羌族也日益强大,对商的统治造成很大威胁,内忧外患的局面使得新王盘庚不停地思索寻找解救的办法。作为有雄心的新王,盘庚想效法先祖来一场变革,但他遇到的阻力也前所未有。为改变国势的衰弱,盘庚毅然决定师从先祖,再一次迁都。迁到殷后,他又以强硬手段制止了贵族们搬回旧都的企图。《尚书·盘庚》就是他在迁殷前的讲话记录。

那么,王位纷争所引起的社会动乱,为什么必须用迁都的办法来解决呢?因为"九世之乱"的直接后果是商王权威削弱和贵族势力膨胀。贵族势力膨胀,表现在经济上,是聚敛财富;表现在政治上,是弑君篡位。斗争的双方,为了赢得胜利,必须借助天时、地利与人和。天时,是不依人的意志为转移的,而且是彼此共享的。人和,要靠主观努力去争取。唯独地利,谁占有它,就属于谁。很明显,既然贵族的势力能够膨胀起来,并足以威胁王权,那么,贵族一定占有地利。殷商时期虽然已进入青铜时代,但社会生产力发展水平仍旧很低。在那种社会发展水平上,地利的作用就格外重要。通过迁都来改变贵族地利的优势,从而削减贵族的实力,是商王的战略措施。这应是促使商都屡迁的主观原因。证之《尚书·盘庚》篇,正是这样。盘庚迁殷几乎遭到举国上下的反对,"民咨胥怨",但主要阻力来自贵族,不是平民,更不是奴隶。贵族用浮言来煽动民心,而盘庚则抓住"天命"和"先王"两面大旗,口口声声鼓吹为人民打算来争取民心。在当时,"天命"和"先王"无疑是有威力的,使盘庚得以迁殷。

"九世之乱"的教训是深刻的。为了避免历史重演,王位继承制发生变化。商王继统法分三期:第一期大丁至祖丁以兄为直系,第二期小乙至康丁以弟为直系;第三期武乙至纣传嫡长子。盘庚处于由第一期向第二期转变阶段。迁殷后商王继统法出现以弟为直系并终于转变为传子的新情况。嫡长子继承制的确立,减少王位纷争,王室内部稳定下来,所以导致迁殷后二百七十三年没有再徙都城。"王位纷争"说对商代前期都城屡迁的解释是比较合理的。

"乱世"商王——耐心劝说，迁都至殷

　　伊尹死后，从商朝的第六朝君王太庚开始，便被太平盛世冲昏了头，只知道大建宫室，整天沉湎于歌舞宴饮的享乐之中，不理国政，于是四方诸侯逐渐离心离德，国势日益衰败下去。与此同时，奴隶主贵族和王室上层的争权夺利，也越来越激烈。商朝君王的传位制度，是先兄弟后儿子的。因此，窥视王位的人相当多。君王为了维护自己的统治，摆脱同宗兄弟的威胁，常常使用迁都的办法。因为君王可以乘迁都的机会，将忠于自己的王公大臣和亲信带走，而把反对和威胁自己权力的王室人员的党羽留下。从商王仲丁开始，商朝的国都便先后从亳迁到隞（在今河南荥阳），从隞迁到相（今河南内黄），从相迁到邢（今山东定陶），又从邢迁到了奄（今山东曲阜）。到了商朝的第二十代君王盘庚时，奄都已经非常热闹和繁华了。可是这里地势低洼，每到雨季，便遭水淹，交通常常中断，与外界的联络非常不便。

　　盘庚是个有作为的君王，他决心要在自己手里整顿朝政、复兴社稷。为了达到这一目的，第一步，他便决定迁都。因为他知道，这样，不但可以避免水患，还可以

殷墟首次发掘的大型族邑基址

摆脱那些王公贵族和老臣对自己的钳制，放开手脚推行自己的治国方针，同时，也乘机治理一下上层贵族的奢靡之风。盘庚首先派人认真选定了新都的地址——北

蒙(在今河南安阳西)。这里正好地处商朝疆域的中部,且形势险要:它左有孟门关(在今河南辉县),右有漳水和滏水,前有大河可供航行,北有太行山作屏障,是号令天下的理想之地。接着,盘庚便立刻颁布了迁都令。但是,迁都的命令遭到了不少上层贵族的反对。他们有的假装要维护祖宗的宗庙;有的说都城由奄向北蒙迁移是西迁,不吉利;有的甚至煽动一些平民出来请愿闹事。盘庚于是果断地宣布:"迁都的事我已请巫师多次卜算过,是顺应天意的事。这也是有利于国家的安定和百姓幸福的事。我的决心已定。谁再反对,将受到严惩!"于是,盘庚终于将商都迁到了北蒙,并且很快将这里建成了一个政治和经济中心,取名为"大邑商"。盘庚在这里进行了一系列的整顿与改革,使商王朝得到了中兴。盘庚在位二十八年,他以后,商朝又经历了八代十一个王,再也没有迁都。由于商都大邑商边上有一块商王的田猎区名叫"殷",因此,也有人将商都称作殷,或叫殷都。在商朝灭亡以后,这殷都就被废弃了,因此人们又称这里为"殷墟"。

《商书·盘庚上》王若曰:"格汝众,予告汝训汝,猷黜乃心,无傲从康。古我先王,亦惟图任旧人共政。王播告之修,不匿厥指,王用丕钦。罔有逸言,民用丕变。今汝聒聒,起信险肤,予弗知乃,所讼。"

"非予自荒兹德,惟汝含德,不惕予一人。予若观火,予亦拙谋作,乃逸。若网在纲,有条而不紊;若农服田,力穑乃亦有秋。汝克黜乃心,施安德于民,至于婚友,丕乃敢大言汝有积德。乃不畏戎毒于远迩,惰农自安,不昏作劳,不。服田亩,越其罔有黍稷。"

"汝不和吉言于百姓,惟汝自生毒。乃败祸奸宄,以自灾于厥身。乃既先恶于民,乃奉其恫,汝悔身何及? 相时憸民,犹胥顾于箴言,其发有逸口,矧予制乃短长之命? 汝曷弗告朕,而胥动以浮言,恐沈于众? 若火之燎于原,不可向迩,其犹可扑,灭? 则惟汝众自作弗靖,民非予有咎。"

译文:王这样说道:"来吧,你们各位! 我要告诫你们,教训你们,为的是要去掉你们的私心,使你们不要傲慢放肆并追求安逸。从前我们的先王,也只考虑任用世家旧臣共同管理政事。先王向群臣发布政令,群臣都不隐瞒先王的旨意,先王因此对他们非常看重。大臣们没有错误的言论,因而臣民的行动大有变化。现在你们拒绝别人的好意且又自以为是,到处散布邪恶浮夸的言论,我真不知道你们争辩的是什么。"

"并不是我自己放弃了任用世家旧臣的美德，只是你们欺瞒了我的好意，不能处处为我着想。我对这一切像隔岸观火一样地一清二楚，如果我又不善于谋划，则是过错。就像只有把网结在纲上，才会有条有理不紊乱；就像农民只有努力耕种，才会有秋天的好收成。你们能够去掉私心，给予臣民实实在在的好处，以至于你们的亲戚朋友，那么你们才敢说你们积有恩德。如果你们不怕自己的言论会大大毒害远近的臣民，就像懒惰的农民一样自求安逸，不努力操劳，不从事田间劳动，那就不会有黍稷收获。"

"你们不把我的善言向百姓宣布，这是你们自生祸害。你们所做的一些坏事已经败露，这是你们自己害自己。你们既引导人们做了坏事，就要由你们来承担痛苦，悔恨自己又怎么来得及？看看一般的小民吧，他们还顾及到我所劝诫的话，担心说出错误的话，何况我掌握着你们的生杀之权呢？你们有话为什么不告诉我，却用流言蜚语相互煽动，恐吓蛊惑臣民呢？就像大火已在原野上燃烧起来，使人无法面对接近，还能够扑灭吗？这都是你们做了许多坏事造成的，不是我有过错。"

以上是盘庚在对他的臣僚们进行规劝，责备他们不恪守先王的旧规矩，态度傲慢，贪图享受舒适，还以谣言蛊惑民心。盘庚的良苦用心日月可鉴，顽固的臣僚们作何感想，不得而知，而他们见不得人的一面却清晰可见。

大凡能做臣僚的人，总是其先辈或本人有功于国于民，才会参与国政，享有功名利禄。有了功名利禄，就会滋生骄奢淫逸，目中无人，有恃无恐。有恃无恐，就敢于胡作非为，骑在别人头上拉屎拉尿。腐败就是由此产生的。尧、舜的太平盛世、清明政治已经一去不复返了。

古代政治腐败大概有两个重要根源：一是人治和世袭制造成了庞大的特权阶层，上至天子下至芝麻官，无不如此。二是专制制度为人性丑恶的一面和弱点提供了温床。盘庚大概不会想到这些。他请出先王和旧时制度，是他所能想到的最好的理由，毕竟血缘、祖先、传统在中国古代社会生活中起着巨大的纽带作用，毕竟腐败的官员内心总是有所畏惧，否则就真的是"和尚打伞，无法无天"了。

话说回来。争论不过起于迁移国都，而实质是盘庚试图对日益腐败的政治机器动手术——"去奢行俭"。用意虽好，却是治标不治本。再出现腐败，又往哪儿还？迁来迁去，总不会迁出地球，更要紧的是根子在制度和人身上。不作开膛剖肚的手术，是无法真正解决问题的。

王位继承的纷争加上自然灾害不断，造成商王朝国势衰微，失去了诸侯的拥护。盘庚就是在这样的背景下接过其兄阳甲的王位，也接受了历史赋予他复兴商王朝的使命。盘庚复兴商朝的重要举措就是迁都，面对习惯于旧都的生活，不愿意迁移的贵戚旧臣，不料百姓们也怨声四起。盘庚作了耐心细致的说服工作，展现了其高超的语言艺术。于是盘庚说："先祖恭敬的顺从天命，不敢随从己意，苟安于一隅。我们若不能像先祖一样顺从上天的意志，怎么能继承先祖的事业呢？现在我命令你们同心同德，不要用污言秽行来玷污自己，不要存有邪僻不正的心术。我不是要惩罚你们，乃是祈求上天延续你们的命运。你们会问我：为什么非要惊动万民，往祖居迁徙呢？我告诉你们，是上帝要振兴先祖的道德，叫我们重归安息。我心笃定虔诚，恭谨的成在万民之命。"

将迁之时，盘庚发出警告："乃有不吉不迪，颠越不恭，暂遇奸宄，我乃劓殄灭之，无遗育，无俾易种于兹新邑"，就是说，有奸诈邪恶，不听话的人，我就把他们斩尽杀绝，不让这孬种遗留在新邑蔓延滋长。可见盘庚企图通过迁都打击贵族。既迁之后，盘庚重申："无有远迩，用罪伐厥死，用德彰厥善"，即不管与商王血缘的远近，造罪就处死，立功便封赏；并宣称自己有权"制乃短长之命"。这说明通过迁都，镇压了异己，商王权威上升了。

由于盘庚坚持迁都的主张，挫败了反对势力，终于带着平民和奴隶，渡过黄河，搬迁到殷（今河南安阳小屯村）。在那里整顿商朝的政治，使衰落的商朝出现了复兴的局面，以后二百多年，一直没有迁都。所以商朝又称作殷商，或者殷朝。

盘庚迁殷，再度复兴了商朝，出现了社会、经济、文化发展的鼎盛期，成为当时世界上的文明大国。

迁都，对任何一个国家来说都是一件大事，因为它牵涉面太大，需要面对的问题太多，常常令人望而生畏。如果没有十分充足的理由，任何当政者都不会轻言迁都。迁都于殷，盘庚是经过了周密考虑的。新都殷地处黄河以北，洹河之滨，不仅有着优厚的地理条件，还有着可控四方的战略优势，可以有效防御北方、西北地区各国少数民族的侵扰。另外，殷还是商的先祖起源活动的地方，盘庚以恢复"成汤之政"为目标，有利于号召人民。从政治上来说，迁殷之后远离了旧都奄（今山东曲阜），可以摆脱王族在旧都发展起来的各种势力，避开其锋芒，摆脱其牵制影响，巩固自己的政权。从经济上看，避开因年久失修而水涝不止的泗水流域，迁到一片肥沃的土地上,更有利于农业生产的发展。

仅仅迁都,并不能彻底改变朝政混乱的局面。盘庚立即实行了一系列有效的措施。他一扫昔日王族奢侈淫逸的风习,一切从简,使人们的思想行为安于质朴。紧张地营建开垦、艰苦奋斗的建设改变了商人的精神面貌,昔日贪污腐化、争权夺利的内耗得到抑制。盘庚选贤任能,惩恶扬善,论功行赏,重新以法度正天下,整顿朝政。另一方面,他也十分注意团结民心,减轻剥削,得到了人民的支持;同时打击了侵扰边境的少数民族游牧部落,安定了边疆。这样,商的势力才渐渐强盛起来,王权得到巩固。

盘庚迁都是商朝历史的转折点,对商朝的巩固和发展起到了相当重要的作用。历史证明盘庚是位富有远见卓识、具有非凡魄力的君王,他顶住了来自各方面的压力,迁都成功,去奢就俭,根治腐败,盘庚也因此被称为中兴贤王。

当然,盘庚迁殷的确带来了商王朝暂时的兴盛,用今天的话说,他算得上是个改革者。他受到众多客观条件的制约,能力排众议,推行自己的设想,需要很大的勇气和决心、耐心。他采用的是文的一套——规劝说服,而不是武的一套,他显然知道,迫使人顺从容易,而要使人真心诚意地顺从,就难多了。从这个意义上说,迁都的成功,也是盘庚征服人心的成功。因此,盘庚是值得称赞的。

"乱世"商王——忧患意识，有为之君

《商书·盘庚下》：盘庚既迁，奠厥攸居，乃正厥位，绥爰有众。

曰："无戏怠，懋建大命！今予其敷心腹肾肠，历告尔百姓于朕志。罔罪尔众，尔无共怒，协比谗言予一人。"

"古我先王，将多于前功，适于山。用降我凶，德嘉绩于朕邦。今我民用荡析离居，罔有定极，尔谓朕易震动万民以迁？肆上帝将复我高祖之德，乱越我家。朕及笃敬，恭承民命，用永地于新邑。肆予冲人，非废厥谋，吊由灵各；非敢违卜，用宏兹贲。"

"呜呼！邦伯师长百执事之人，尚皆隐哉！予其懋简相尔，念敬我众。朕不肩好货，敢恭生生。鞠人谋人之保居，叙钦今我既羞告尔于朕志若否，目有弗钦！无总于货宝，生生自庸。式敷民德，永肩一心。"

上面的原文用现代语言来解读意思就是：

迁都之后，盘庚再次向群臣训话，要群臣克勤克俭，不要贪婪聚财；体恤民情，恭谨从政，率领臣民共建家园。这其实也是盘庚的施政方针，体现了他的"保民"思想。

民众是建立国家的根本。过去常把民众比做水，把统治民众的人比做浮在水上的舟船。

这种比喻也对也不对。水用以载舟，没有水舟无法行驶；水也可以使舟倾覆，让舟上的人溺水身亡。但是，水是无形的，水往低处走。要使水得到规范，需要进行疏通和引导。谁来疏通和引导？当然是统治者。还有，舟总在水上行，在上层；水在舟下推，为上层服务。这种上层与下层、舟与水、引导者和被引导者的人为的、武断的划分，在根本上就走入了误区，所以才有"民可使由之，不可使知之"的说法。

民众都变得聪明起来了，统治者还能为所欲为稳坐官位吗？

把"保民"思想放到现代政治观的显微镜底下，就显出了它的荒谬体理。不过，在强大的社会传统势力的制约之中，它还具有一种积极的意义。为民众着想，为民众造福，在客观上会使民众的日子稍微好过一点儿。而自此形成的民众心理，是把做官的统治者看作自己的"父母"、"家长"，一心企盼"父母"恩赐、开明、公正，盼望天上掉下个"包青天"。为什么就不反过来想，自己就是自己的"父母"、"家长"，自己就是"包青天"，用得着别人来庇护和保佑吗？

从上述的文字中，我们看出：盘庚是一位富有忧患意识的商王，他深知，循循善诱的语言艺术必须建立在与民众同心同德、为民众造福这一理念的基础之上。他敏锐地看到了民众的疾苦，并想方设法加以消除。盘庚自觉吸收先王的治国经验，"古我先后，罔不惟民之承保"。他认为商之先王都是把民众的需求放在第一位，重视并体贴民众的意愿。

他还要求贵戚旧族也要摒弃私心，给民众施以实惠。在选拔与任用官吏的时候，盘庚也以能否养护民众为取舍标准。对于那些聚敛财宝的人，一概斥用，而对于爱护民众之人，则给予重用。他要求官吏不能聚敛财宝，而要永怀一颗爱民之心，向民众布施恩德。

如果说有针对性地进行说服教育工作，是盘庚语言艺术的一大特色，那么，善于采用贴切的比喻，深入浅出地讲明道理，则是盘庚语言艺术的另一重要特色。

盘庚云："若网在纲，有条而不紊。若农服田力穑，乃亦有秋。"意思是：就像网结在纲上，这样才会有条不紊。就像农夫耕田劳作，这样才会获得丰收。

"予告汝于难，若射之有志。"意思是：我告诉你们迁都的困难所在，就是要大家像射箭认准靶心那样，为克服困难而努力。

"尔惟自鞠自苦，若乘舟，汝弗济，臭厥载。"意思是：你们只是自寻烦恼，就好比乘船，你们不设法渡过去，而是让船上的东西腐朽烂掉。这样的话，怎样能够达到目的呢？

"予若观火，予亦拙谋，作乃逸。"意思是：我洞察事物虽然如同观火一样，但有时候也会糊涂，由此便放纵了你们。

"若颠木之有由蘖，天其永我命于兹新邑，绍复先王之大业，底绥四方。"意思是：就像被伐倒的树木发出新芽，我们这次迁都，是上天让我们在新的都邑里延续我们的生命、广大先王基业。

这些语言，比喻得体，言简意赅，易于被人们接受，取得了很好的说服效果。盘庚用以比喻的现象与事情，皆为商代人所习见，从中悟出的正确道理亦是亲切而可信的。"星星之火，可以燎原"、"有条不紊"、"洞若观火"、"枯木再生"等成语，皆源自盘庚的这篇诰辞，并一直为后世沿用，表现了盘庚语言的长久魅力。

一位卓越的政治家绝不是只靠语言艺术就能成就大业的，但是在具体的政治实践中，缺少循循善诱的语言艺术，就会事倍功半。孔子说"言之无文，行而不远"（《左传》襄公二十五年），对于政治家而言，当属正中肯綮。而卓越政治家的语言艺术，还必须建立在他所具有的远见卓识的基础之上，必须建立在与民众同心同德、为民众造福这一理念的基础之上。盘庚堪称这样一位典型的古代政治家。

作为一代商王，盘庚深谋远虑，完成了商都最重要的一次迁徙。根据《史记·殷本纪》记载，盘庚迁殷之后，又"涉河南，治亳，行汤之政"，出现了"百姓由宁"、"诸侯来朝"的盛况，彻底扭转了商朝自中丁以来"比九世乱"的局面，实现了"殷道复兴"。其高超的语言艺术，是与之相得益彰的重要辅助。盘庚死后，其弟小辛立，"殷复衰，百姓思盘庚"，说明他的业绩和品格，深受后人崇敬。

暴虐名王

◎商纣王、周厉王

中国不但历史悠久,还以为数众多的暴君著称于世。商纣王和周厉王几乎可以和暴君画等号。他们的过人智慧缔造了践踏人权的极权专制政体,创立了最为野蛮的刑事诉讼法,树立了窒息社会生机的"官本位"价值观,并最终成为这种制度的牺牲品。

暴虐名王——帝纣少聪,迷恋妲己

　　纣,商代的第三十二位帝王子,也是中国商朝最后一任君主。名受,号帝辛,史称"纣王",帝乙之子。牧野之战中商军为周军击败,自焚于鹿台而死,商朝灭亡。

　　《史记》:帝辛力大如牛,可以拖着九条牛倒过来走;他聪慧过人,武力超凡,身能跨骏马,智足以拒谏,言足以饰非,常自以为天下之人都不如自己,常以文武双全、智勇兼备来标榜自己。荒淫无度,宠信奸妃妲己。他以酒为池,悬肉为林,使男女裸,相逐其间,为长夜之饮。在牧野败于周武王,自焚而亡。殷商亡。

　　帝辛二十岁嗣位,当时商朝开国已经三百年了,国力雄厚,物阜民丰,人心稳定。同时,他又能言善辩,还兼通音律,性好美色,更刚愎自用,于是凭丰沛的国力与自己过剩的精力,大举向东南方向发展,征服了土地肥沃的人方部族(今日的淮河流域)。

　　那是他在位的第四十年,也就是公元前1047年,因为苏部落叛变,政府大军讨伐,苏部落抵挡不住,酋长只好把女儿——苏妲己献出来乞和。帝辛带着战利品妲己凯旋回归时,他已是六十开外的人了,已是垂暮之年,而妲己正值青春年少,骨肉性感无比,眉宇清秀而含情,浑身充满了青春的火热气韵,加上游牧民族那种粗犷而开放的气质,迅速地在帝辛的内心深处,重新点燃起生命的火焰。

　　当时商朝国力如日中天,十分强盛,那时新的都城正在风光明媚、气候宜人的朝歌(今河南

商纣王

湛县)建造起来,四方的才智之士与工匠,也纷纷向朝歌集中,形成了空前的热闹与繁荣。

商纣王征服有苏氏(今河南省武陟东)后。有苏氏献出美女妲己。纣王迷于妲己的美色,对她言听计从。妲己喜欢歌舞,纣王令乐师师涓创作靡靡的音乐,下流的健蹈,在宫中朝夕欢歌。妲己伴着"靡靡之音"起舞,妖艳迷人。于是纣王荒理朝政,日夜宴游。纣王还在卫州(今河南省淇县)设"酒池",悬肉于树为"肉林",每宴饮者多至三千人,令男女裸体追逐其间,不堪入目。九侯(封地在今河北省临漳)有一位女儿长得十分美丽,应召入宫,因看不惯妲己的淫荡被杀,九侯也遭"醢刑",剁成肉酱分给诸侯。

以酒为池,悬肉为林,丝竹管弦漫天乐音,奇兽俊鸟遍置于园中,从此戎马一生的商纣王帝辛,在妲己的引导下,开始沉醉于声色之娱与酒食之乐,并为妲己建起了摘星楼,专门让她遥望家乡。

根据《史记》的记载,妲己是有苏氏诸侯之女,乃一个美若天仙、能歌善舞的美人,在商纣王征伐苏部落时被好酒贪色的纣王掳入宫中,尊为贵妃,极尽荒淫之能事,纣王为了讨好她发明炮烙之刑。

妲己

但若按民间《封神演义》里的演绎,妲己是千年狐精附体,受女娲之命来祸乱殷商的,纣王也因此才变得如此怪戾,做出那些残忍的事来。

当然,这是迷信的说法,不足为信。这位叫妲己的美女自然不是狐狸精变的。《晋语》记载:"殷辛伐有苏,有苏氏以妲己女焉。"这就是说妲己是纣王征战得胜的"战利品"。据说有苏氏是以九尾狐为图腾的部落,所以才会有《封神演义》这般附会。

有一天,纣王与妲己在鹿台上欢宴,三千六宫妃嫔,聚集在鹿台下,纣王命令她们脱去裙衫,赤身裸体地唱歌跳舞,恣意欢谑。纣王与妲己在台上纵酒大笑。只有已故姜后宫中的宫女七十二人,掩住脸流泪,不肯裸体歌舞。

妲己说:"这是姜后以前身边的宫女,怨恨大王杀了姜后,听说私下打算作乱,以谋杀大王!妾开始不相信,现在看她们竟敢违抗大王的命令,看来谋反的传闻不假！应当对她们施以严刑，好使其他人不敢起谋逆的心！"

纣王说："什么才称得上严刑？"

妲己说："依小妾之见，可以在摘星楼前，在地上挖一个方圆数百步，深高五丈的大坑，然后将蛇蝎蜂虿之类丢进坑中，将这些宫女投入坑，与百虫嘬咬，这叫做虿盆之刑。"

纣王大悦，立即照妲己的话做了一个虿盆，将这七十二名宫女，一齐投入坑中，一时间坑下传出揪心的悲哀号哭。纣王大笑："要不是皇后的妙计，不能灭此叛妾！"

太子殷郊听到这件事，忙去鹿台进谏纣王说："法令是为人有罪而设，现在众妾并没有谋逆之罪，却加以极惨的刑罚，这都是妲己误惑圣聪，以致使天下百姓知道父王是无道之君。请斩妲己，以正朝纲！"妲己说："太子与众妾同谋，所以妄图诋毁妾，请大王做主。"纣王当即喝令侍卫锤死殷郊，比干慌忙劝阻说："太子是国家的根本，不可随意加刑。"纣王才没有杀死太子，但依旧把他贬谪到了荒远的地方。

梅伯入觐见纣王说："姜皇后没有过错却被处死，太子无罪过而被贬谪。请大王召回太子，复立东宫，臣愿代死！"

传说武王令刽子手斩妲己的时候，因为妲己容颜过于娇媚，以致刽子手都不忍心下手。另换刽子手也是如此。刽子手俱不忍心杀妲己，愿意替死。姜太公曰："我听说妲己是妖非人。"就高悬起照妖镜，妲己才显露本相，原来是个九尾金毛狐狸。刽子手手起斧落，斩杀了妲己。

每个王朝的灭亡，几乎都与一个红颜祸水的传说有关。最著名的例子要数本书里的这一章"妲己亡殷"，把殷纣王搅得魂不守舍，最后连好端端的河山也给弄丢了。不过，国家灭亡，究其缘由，应首推国君的治国不力，但一个政权的灭亡与帝王背后的这个女人是分不开的。

今日我们既不能说那些有关妲己的传说是假的，也不能断定历史上真有其事。每一个王朝的覆灭都有它自身的历史原因，但中国的专制文化却总是让人们遗忘从帝王将相身上去寻找谬误。历史上，一些昏君把天下的美女红颜选进后宫禁起来，玩弄戏亵，夜夜笙歌，沉迷于三宫六院及酒色之中，不理朝政与国事，因此引起哀鸿遍野，民怨沸腾，揭竿而起。不过有一点可以肯定，商朝的亡国是和妲己有一定关系的。

古往今来，成就大事者一般都是不好色的，古时就有坐怀不乱的柳下惠。古人说，万恶淫为首，不好色者自然祸不侵。红颜美色只是外因，好色才是内因。

暴虐名王——无视忠臣,滥施刑法

《史证·殷本纪》:百姓怨望而诸侯有畔者,于是纣乃重刑辟,有炮烙之法。纣愈淫乱不止。微子数谏不听,乃与太师,少师谋遂去,比干曰:"为人臣者,不得不以死争。"乃强谏纣。纣怒曰:"吾闻圣人心有七窍。"脯鄂侯尸,剖比干,观其心。箕子惧,乃佯狂为奴,纣又囚之。

比干庙

最过分的是,他耳根子特别软,最听妲己的话,甚至到了"妲己之所誉贵之,妲己之所憎诛之"的地步。

纣王好酒淫乐,寸步不离妲己,妲己所称赞的就以之为贵,妲己所憎恶的就加以诛灭。纣王又在朝歌与邯郸之间纵横数千里内,每隔五里建一所离宫,每隔十里建一个别馆,与妲己同乘逍遥车,白天在车上欢谑,夜里张灯结彩,管弦歌韵,做长夜之饮。一天在摘星楼上欢宴,时值隆冬,天寒地冻,远远地看见岸边有几个人将要渡河,两三个老年人挽裤腿正在水中,但一些年轻人却逡巡不敢下岸。

纣王问妲己："河水虽然冰寒，但老人尚且不畏，年轻人却那么怕冷，这是怎么回事？"

妲己回答："妾听说人生一世，得父精母血，方得成胎。若父母在年轻时生子，那时他们身体强健，生下的孩子气脉充足，髓满其胫，即使到了暮年，耐寒傲冷。假如父老母衰时才得子，那他们的孩子气脉衰微，髓不满胫，不到中年，便怯冷怕寒。"纣王极为惊讶："竟然有这种事？"

妲己说："大王不信的话，就将此一起渡河的人，砍断他们的胫骨看一看便知。"纣王就命人将过河的几个人活捉到楼下，一人一斧断去两腿，果然老年的那些人髓满，年少的却骨空。

纣王大笑说："爱妾料事如神！"

妲己说："妾不但能辨老幼的强壮，即使妇女怀孕是男是女，妾一看就知道！"

纣王问："怎么才能知道？"

妲己说："这也与父母的精血有关，男女交媾时，男精先至女血后临，属于阴包阳，因此会生男；如果女血先至男精后临，就属于阳包阴，生下的孩子必为女。"

纣王不信，妲己曰："大王不信妾的话，可以搜取城中的孕妇验证。"纣王立刻令兵士捉数十个孕妇，集中在楼下。妲己一一指着说，哪一个怀的是男胎，哪一个怀的是女胎。纣王令人剖开孕妇的肚子视之，果真像妲己说的那样。

面对商纣王的残暴统治，各诸侯国纷纷背叛，奴隶和平民也不断奋起反抗。于是，商纣王就专门发明了一种"炮烙"刑具，用以镇压人民的反抗。这种刑具就是在一个空心的铜柱子里烧上旺火，将铜柱子烧得通红时，把受刑的人剥光衣服贴在上面，一直到将人烙焦死了为止。

妲己谗言道："群臣轻侮大王的尊严，都是因为刑法轻薄的原因！依妾之见，可铸一个空心的铜柱，里面烧火，外涂油脂，让犯人裸体抱柱，皮肉朽烂，肋骨粉碎，如此他们才知道畏惧，朝中也不再有奸党了！"妲己又说："可以再制一个铜斗，也加火在里面。罪轻而不至于处死的，让他们以手持熨斗，则手足焦烂，这样可以区别法律的轻重。"妲己听到犯人的惨叫，就像听到刺激感官的音乐一样发笑。纣王为了博得妲己一笑，滥用重刑。于是纣王立铜柱、铜斗各数十，置于殿前，凡有罪的大臣，即加此刑。有个叫梅伯的大臣听说商纣王制造了这么一种残酷的刑法，就去劝谏，说："大王，这种刑法太残酷了！这和先王商汤的宽厚仁慈相差太远。如果继续这样下去,人人都要反了,商王朝的江山就要断送在你手中!"正在梅伯说话的当口,那边又传来了一声惨叫,接着就是阵阵"嘶嘶"声和令人作呕的人肉味。商纣王冷笑着对梅伯说:"想不到你活得不耐烦了,竟如此放肆地教训起我来了!今天我也要让你尝尝这炮烙之刑的滋味!"说罢,命人将梅伯押往铜柱附近。正要行刑,众大臣一齐跪下为梅伯求情。商纣王见这么多人为梅伯求情,就顺势改口说:"既然大家都为他求情,我可以免去他这炮烙之刑。但我决不能允许大臣随便诽谤我的风气出现!"说着,又转向那一帮卫兵们:"来呀,给我把这老东西推出去斩首,剁成肉酱,让我们大家都尝一尝!"卫兵们把梅伯剁成了肉酱,装在盘子里给大臣们品尝。大臣们满含泪水,看着盘中盛放的梅伯肉酱,一个个吓得魂不附体。从此,大臣们都缄默不语了。再也没有人敢劝诫纣王了。

商纣王连杀忠臣多人,就连自己的亲叔叔也不放过,引起了世人的极大恐骇。就在商纣王大肆屠杀忠臣良将和无辜百姓之时,西方周人的势力日益强大,随时都有取代商王朝的可能。纣王的叔叔比干眼看着祖宗打下的江山要毁在纣王的手里,他忧心如焚,对纣王的暴虐荒淫再也不能容忍了,就大胆地向纣王进言:"大王,你不能对西方的周国掉以轻心呀!祖宗创下的基业要葬送在你手里了!"比干还说:"不修先王之典法,而用妇言,祸至无日。"纣王大怒,要杀比干。妲己说:"妾听说圣人的心有七窍,比干自诩为圣人,剖开比干的心看看如何?"纣王听从妲己的话,杀比干剖其心。自此朝廷上忠良的大臣几乎已荡然无存。

《史记·殷本纪》记载:九侯有好女,入之纣。九侯女不淫,纣怒,杀之,而醢九侯。

殷商王朝的末代帝王子受辛任用九侯、鄂侯、姬昌做辅助天子,掌握军政大权的三公。九侯有一个美丽的女儿,他把她送给了子受辛。九侯的女儿不善于承仰颜色,子受辛就把她们父女杀了,并剁成肉酱。鄂侯据理力争,也被斩杀以后熏成肉干。姬昌听到消息,叹了一口气,于是子受辛又把姬昌逮捕,囚禁在羑里(河南汤阴)。子受辛还把他的儿子姬考处决,做成肉羹给姬昌吃,姬昌为了表示对子受辛忠诚,只好吃掉。

另一位臣公西伯昌(即周文王姬昌)本也要"炮烙",但他很聪明,马上服软,并献给纣王"美女奇物善马"以及自己的洛西领地,纣王这才松口,把他放了。后来,有点头脑的大臣装疯的装疯,卖傻的卖傻,投敌的投敌,流放的流放。

暴虐名王——文王势起,鹿台自焚

商纣王为博取妲己的高兴,残暴地对待他的臣民和下属,肯定不会有好下场。俗话说,物极必反,这也是一个朝代走向灭亡的前兆。

商朝末期(约公元前11世纪),在周灭商之战中,周武王姬发率军在牧野(今河南淇县南)进攻商军,发起灭亡商朝的战略决战。

商朝末年,商纣王帝辛荒淫暴虐,致使众叛亲离,政权摇摇欲坠。与日薄西山、奄奄一息的商王朝形成鲜明对比的是:地处渭水、泾水流域(今陕西境)的姬姓周族国家迅速崛起,拥有一支车、步兵数万人的精锐军队。周的国势正如日当中、蒸蒸日上。再加上公刘、古公亶父、王季等人的积极经营,周成为周边国家中最强盛的国家,其势力伸入江、汉流域。文王即位五十年、称王九年时去世,儿子姬发继位,称周武王。

周文王继位后,鉴于商周矛盾加深,励精图治,发展实力,力图摆脱商朝控制。在政治上他积极修德行善,裕民富国,广罗人才,发展生产,造成"耕者九一,仕者世禄,关市讥而不征,泽梁无禁,罪人不孥"的清明政治局面。他的"笃仁、敬老、慈少、礼下贤"政策,赢得了人们的广泛拥护,巩固了内部的团结。在修明内政的同时,他向商纣发起了积极的政治、外交攻势:请求商纣"去炮烙之刑",争取与国,最大限度孤立商纣。文王曾公平地处理了虞、芮两国的领土纠纷,还颁布"有亡荒阅"(搜索逃亡奴隶)的法令,保护奴隶主们的既得利益。通过这些措施,文王扩大了政治影响,瓦解了商朝的附庸,取得了"伐交"斗争的重大胜利。

在处理商周关系上,文王表面上恭顺事商,以麻痹纣王。

他曾率诸侯朝觐纣王,向其显示所谓的"忠诚"。同时大兴土木,"列侍女,撞钟击鼓",装出一副贪图享乐的样子,欺骗纣王,诱使其放松警惕,确保灭商准备工作能够在暗中顺利地进行。

在各方面准备工作基本就绪之后，文王在吕尚的辅佐下，制定了正确的伐纣军事战略方针。其第一个步骤，就是翦商羽翼，对商都朝歌形成战略包围态势。为此，文王首先向西北和西南用兵，相继征服犬戎、密须、阮、共等方国，消除了后顾之忧。接着，组织军事力量向东发展，东渡黄河，先后翦灭黎、邘、崇等商室的重要属国，打开了进攻商都——朝歌的通路。至此，周已处于"三分天下有其二"的有利态势，伐纣灭商只不过是一个时间问题了。

武王伐纣的见证物利簋

周先后出兵攻灭西部的犬戎（今陕西武功东）、密须（今甘肃灵台西南），巩固了后方，又转兵东进攻灭耆（今山西长治西南）、邘（今陕西户县北）、崇（今陕西户县附近）等商的盟国，对商都朝歌（今河南淇县）形成进逼之势。然后，又将国都从岐地迁到丰邑，作为灭商的前进阵地。

武王以姜尚为"师"负责军事，弟周公姬旦为"辅"，处理政务，召公、毕公为左右助手。他于文王墓前祭祀，令将文王木主牌位载车于军中，宣称奉文王之命，率六师军队东进至孟津（今河南孟津东北、孟县西南）黄河渡口，会盟各诸侯国军，检阅实兵。相传八百诸侯不期而至。众诸侯拥武王为盟主，结成联合灭商阵线。武王拒绝诸侯即刻伐商建议，认为时机尚不成熟，在会盟完毕，即率军西归，史称"孟津观兵"。

武王待机灭商，派间谍侯般到朝歌侦察商朝情况，并收买纣王重臣微子启、胶鬲等，促其反叛。当得知纣王杀死王子比干，囚禁其弟箕子，微子出走，太师疵和少师疆奔周，商统治集团严重分裂，纣王十分孤立，商军主力远攻东夷（东部沿海地带），朝歌空虚，遂决定先发制人，乘隙决战灭商。

于是，周武王四年（公元前1066年），武王在孟津集合起兵车三百乘、虎贲三千人、甲士四万五千人，并联合庸、蜀、羌、髳、卢、彭、濮等西南各族共同战斗。出征前，卜龟兆，不吉利，诸侯们很害怕，而武王毅然传令东进。孤竹国君伯夷、叔齐闻讯赶来拦阻，武王根本不听。现今孟津县东二十五里，有叩马镇，相传就是当年伯夷、叔齐叩马谏武王的地方。武王的军队到达鲔水（在今巩县），纣王派胶鬲等候在那里。胶鬲问武王:"你率这么多军队要到哪里去?"武王回答:"我不骗你,要到殷都。"胶鬲又问:"你什么时候到殷?"武王说:"甲子日到殷郊,你就这样报告纣王吧!"胶鬲走后,天降大雨,日夜不休。武王率领军队冒雨急行。军师劝武王休息一下,因为士兵已有病倒的了。武王说:"胶鬲已将我们甲子到殷郊的消息报告给纣王。纣王不会相信。如果我们甲子到不了殷郊,纣王会以欺君之罪杀掉胶鬲。而我们呢,也就失掉信用。所以,一定要在甲子这天赶到殷郊。"武王率领军队继续前进,由现今荥阳泛水这个地方渡黄河北上,甲子黎明前到达殷郊牧野。当年的黄河是从现今新乡、汲县向北流的。牧野东面是黄河,西面是太行山,北面一马平川距纣别都朝歌仅七十里。它可以说是殷都的南大门。牧野的殷民见武王带这么多军队到来很恐慌。武王安慰他们说:"你们不要害怕,我是为安定你们生活而来的,不是跟你们作对的。"殷民听罢,高兴得蹦起来,紧跟着纷纷跪在地上给武王叩头。在牧野,武王举行誓师大会。他历数纣王不祭祀祖宗,不信任亲族,收容四方罪犯逃奴,残暴地奴役百姓等罪状,号召全体将士同心协力跟商纣王决战。

当武王进攻殷都的消息传到商王宫廷的时候,纣王才停止了歌舞,撤散了酒席,仓促研究对策。那时候,商的主力军几乎都调发到东南前线去征夷方,都城非常空虚。纣王别无办法,只好把大批奴隶和从东南俘虏来的夷人武装起来,拼凑十七万人,开往牧野。到了牧野,纣王把由奴隶和战俘编成的队伍布置在前面,让他们与武王的军队先战,把商的"正规军"布置在后面督战。

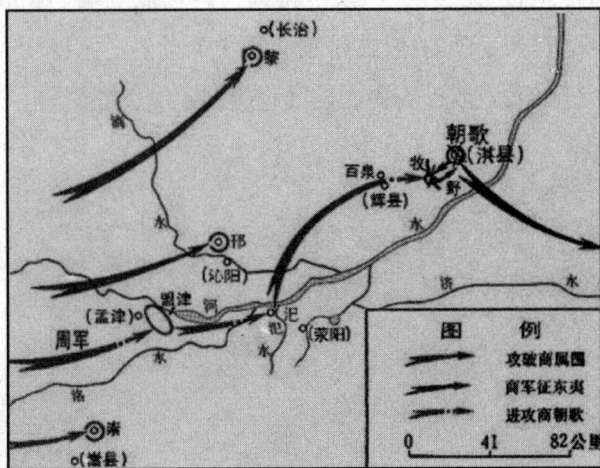

牧野之战要图

　　武王则命令姜尚率兵车三百乘,虎贲三千人,直冲商军。平时饱受压迫的奴隶和夷人本来就十分仇恨纣王,这时被迫当兵卖命,更激起他们的无比愤怒、两军刚一接触,奴隶和夷人便在阵前起义,"倒矢而射,傍戟而战",争先恐后为武王开道引路直取纣王。商军顿时大乱。武王乘势左手高举黄钺,右手挥舞白旄,指挥全军奋勇攻杀。纣王大败,狼狈逃回到歌。武王率领大军追进朝歌。晚间纣王登上鹿台,穿上玉衣自焚而死。商朝就这样灭亡了。

　　牧野之战是我国早期历史上朝代更易过程中最大的战役之一,也是中国战争史上以少胜多,以弱胜强,先发制人的著名战例。也是我国古代车战初期的著名战例。这场战争是历史发展的必然产物,它是经过几代人的努力才实现的结果。在战争的酝酿阶段,周文王与武王始终从两个方面削弱商王国的势力,同时壮大自己,即把政治攻势和军事打击摆在同等重要的位置,尽量发挥政治攻势的影响,瓦解敌人的同盟军和商朝廷内部势力,团结友军,形成共同对付商王国的联盟,使商朝陷入孤立。周武王正确选择决战时机,先发制人,增加了远程攻商的突然性。在作战中运用阵前誓师,揭露其背天理,逆传统,无人性的残暴行径,激励全军士气,统一作战行动,充分显示了政治攻势的强大威力。联军的指挥中枢应变能力强,在保持当时作战水平所要求的队列整齐、步调一致的前提下,又能根据阵前双方兵力配置,采取灵活机动的作战方法,先以骁勇善战的目尚率小股兵力攻破敌阵,先声夺人,震慑敌军并分散其注意力,尔后以大军冲杀敌阵,打其措手不及,顷刻便使敌众溃不成军,一败涂地,迅速结束战斗,取得灭商的彻底胜利。此战推翻了腐朽没落的商王朝,建立了西周王朝的统治,推动了历史的前进。为西周奴隶制礼乐文明的全面兴盛开辟了道路,对后世历史的发展也起到了深远的影响。

暴虐名王——厉王暴虐，昏庸无能

周厉王，名胡，是西周王朝的第十任天子。周夷王死后，周厉王姬胡继位，他认为他父亲在位时，对诸侯大夫过于宽和，决心以严酷的手段来慑报臣下。不久，他就借故烹杀了齐哀公。

公元前9世纪中叶，西周王朝曾在十余年的时间里，国中没有天子，国政由周公、召公两个贵族共同主持，所以，《史记·周本纪》称："召公、周公二相行政，号曰共和。"导致这起事件发生的起因，是周厉王的"好专利"和暴虐。按习惯成例，普天之下，莫非王土，山川林泽和荒野名义上自然是归周天子所有，任何个人不得私自占有。由于山川林泽数量太大，周天子也无暇顾及

西周中期以后，情况发生了变化，由于生产力的提高，一些山川林泽和荒地已被开垦出来加以使用，成了贵族和国人的私田。随着占有欲的增加，他们还把原来占有的国有土地逐渐私有化，当成了私田。周厉王在位时，这个问题日益严重，而周厉王为了满足自己奢侈的生活，总是想不断聚敛更多的财富。该收的税都收了，怎样再立名目设立新税呢？用什么名目来征税呢？

《史记·周本纪》记载，周厉王即位后任命荣夷公为卿士，命其主持实施专利政策。让他对一些重要资源、行业加收"专利"税。这些资源、行业就如现在的交通、能源、房地产、医疗、教育等关系到国计民生的资源、行业。不论是王公大臣还是平民百姓，都必须交"专利"。

周厉王

这个办法,遭到老百姓的强烈反对,就连一些比较开明的官吏也觉得很不妥当。很多大臣纷纷劝厉王不要这样做。可是厉王根本听不进去,他一味宠信荣夷公,让他来负责实行"专利"。荣夷公以收"专利"为借口,趁机霸占了自然资源,从中大发横财。

这种作法激起贵族和国人的不满,社会矛盾激化,他们作诗指责厉王:"人有土田,汝反有之;人有民人,汝复夺之。"

一个叫芮良夫的大夫劝谏周厉王不要听信荣夷公的话,废除有关"专利"的各项规定。可是周厉王为新增加的大量财富迷住了心窍,根本听不进芮良夫的肺腑之言,不仅没有疏远荣夷公,相反还提拔他做了朝廷的卿士。

平民被断了生路,于是怨声四起,纷纷咒骂,尖锐的批评直指周厉王,史称"谤王"。大臣召公听到这些批评议论后,急忙跑去报告厉王,并告诫厉王:百姓已经无法忍受了。周厉王听后大怒,他找了一个卫国的巫师,让他暗中监视国人,一旦发现有人发表"谤王"的言论,立即告发,一律处死。在这样的残酷镇压下,很少有人敢再"谤王"了,各地诸侯也不再来镐京朝见。实行"专利"后,百姓的生活更是雪上加霜,顿时民怨沸腾,在当时就流传着这样一首歌谣:

> 硕鼠硕鼠,无食我黍。
>
> 三岁贯汝,莫我肯顾。
>
> 逝将去汝,适彼乐土。

老百姓们对周厉王充满了怨恨情绪,都纷纷咒骂他。大臣召公虎看到形势危急,就劝告周厉王说:"大王,百姓们实在受不了了,'专利'法再不废除,难保不发生动乱!"可周厉王根本听不进去。厉王让卫国的巫师去监视老百姓,如果发现有人谈论"专利",咒骂厉王,就抓来杀头。从此,人们虽然牢骚满腹只好往肚子里咽,谁也不敢再说出来了。到后来,镐京城里的人们在路上碰到熟人,连话都不敢说了,只能用互相使眼色的办法,表示一点对厉王的不满。整个镐京,顿时变得死气沉沉,毫无生气。

周厉王见用卫巫"弭(止息)谤"的办法很有成效,十分高兴,他对召公说,你看:"我已经止住了那些批评议论,没有人再发表谤王的言论了。"大臣召公劝诫说:"这样堵住百姓的嘴,就像堵住了一条河。河一旦决口,要造成灭顶之灾;百姓的嘴被堵住了,带来的危害要远远大于河水。治水要采用疏导的办法,治民也是这个道理,要让天下人畅所欲言,应该广开言路,然后采纳其中好的建议。这样,天子处理国政就少差错了。如今大王以严刑苛法,堵塞言路,不是很危险吗?"厉王对召公的话置之不理,反而更加残酷地实行残暴的统治。他不以为然地说:"我是堂堂天子,那些无知的愚民只能遵从我的命令,怎么能让他们随便议论!"仍然一意孤行,实行暴政。

周厉王实行"专利",增加了王室的收入,却损害了贵族及国人的利益,因而丧失了民心。在周厉王推行的高压政策下,人们敢怒而不敢言,表面上看国中平安无事,实际上一场大的动乱已经在酝酿中了。

这里需要说明的是厉王为了保证改革的顺利推行,自己当时无论多么的气愤也不应该找来一名卫国巫师,监视国人的言行,更不应该立即杀掉,以压制社会舆论。

周厉王的暴政使得全国的国人实在忍受不下去了!公元前841年的一天,国都里的小贵族、小商人、手工业者自发地集合起来,手持木棍、农具作武器,从四面八方扑向都城的王宫,要向周厉王讨还血债。起初厉王还想把民众镇压下去,可调来的军队中的兵士原来全是平民出身,他们见国人造反,很多人也参加进去了。周厉王听到由远而近的愤怒的呼喊声,忙命令调兵镇压。臣下回答说:"我们周朝寓兵于农,农民就是兵,兵就是农民。现在农民暴动了,还能调集谁呢?"周厉王眼看大势已去,只好带了一些随从,偷偷溜出了王宫,沿渭水朝东北方向日夜不停地逃到远离都城的彘(今山西霍县一带)。厉王临走前把太子姬静托付给了召公,然后就逃奔到了今山西霍县。周厉王后来客死他乡,再也没有回到镐京。经过这场动乱,周朝外强中干,从此慢慢走向衰弱。

《史记·十二诸侯年表》记这次暴动是"公卿惧诛而祸作"。实际上是大贵族支持下的中小贵族、自由民阶层的联合暴动。国人是和卿大夫的私属相区别的。

从上述的故事中我们了解到:周厉王的这种钳民之口的做法虽然能凑一时之效,但却决非长久之计,因为他违背了天理人心。"民之有口,犹土之有山川也。""防民之口,甚于防川,川壅而溃,伤人必多,民亦如之。"这是古代有识之士对钳民之口的认识。毛泽东也曾说过:"让人讲话,天塌不下来,自己也不会垮台。"这是一条颠扑不破的真理,早已为古今中外无数历史事实所证明。让人讲话是强大的标志,自己光明磊落,身正不怕影子歪,几句"坏话"又奈我何?不让人讲话,虚弱透顶,生怕别人揭出自己的老底。于是乎粉饰、造假、封锁、制裁,无所不用其极。然而,事物的发展常常与愿相违,纵观古代中国的封建社会,凡搞独裁专制压制民主堵塞言路的统治者,没一个有好下场。正是那位大独裁者周厉王,在他得意炫耀自己"吾能弭谤矣,乃不敢言"的丰功伟绩之后仅仅三年时间,就被国人推翻而放逐异地了。可见钳民之口最终受害的仍是自己。

以史为鉴可以知兴衰,以铜为镜可以正衣冠。西方谚云:"我可能不同意你说的话,但我坚决捍卫你拥有说出这些话的权利。"

暴虐名王——革典失败，群击厉王

早在周厉王即位以前，周王朝在周厉王的父亲周夷王的统治之下就已经出现了非常严重的统治危机。《史记》记载："周烹哀公，而立其弟静，是为胡公。胡公徙都薄姑，而当周夷王之时。"但是到了周厉王时期，社会矛盾更加尖锐了。以至于，周厉王想实行改革来改变这种社会现象，但是改革却以失败而告终。所以，周厉王是史册中记下的第一位改革家，而且是第一位失败的改革家。

周夷王

周厉王是中国古代继夏桀、殷纣之后的第三个暴君，恶名昭著，死后也得到了一个恶谥："厉。""杀戮无辜曰厉"，厉乃暴虐狠戾之意，周厉王在后人心目中的形象就是一个暴虐之君。

让我们来看看"厉王革典"的社会背景。

周夷王时，王室衰落，且与诸侯国之间矛盾激化。夷王用鼎烹杀了齐哀公，并立其弟齐胡公为新任齐侯，齐胡公继位后将齐国的都城从营丘迁都自己的封邑薄姑。但事后不久，齐哀公同母弟姜山又发动政变击杀胡公，自立为齐君，称齐献公，把都城从薄姑迁到临淄。由此次齐国事变可以看到,周夷王时王室与诸侯的关系已经十分紧张,同时王室的权威也已大大削弱。齐献公姜山原本只是齐国一名大夫,胆敢违背周夷王的意志杀死夷王所立的齐胡公,并自立为君,事后夷王也未对其做出任何弹压,齐献公乃寿终正寝,可见王室的力量在这个时候已不足已实现对诸侯国的有效控制。所以《楚世家》才写道:"当周夷王之时,王室微,诸侯或不朝,相伐。"与此同时,周朝的外患问题非但没有被以往的征伐平息,反而愈发严重。尤其是南方的楚国,楚君熊渠叫嚣"我蛮夷也,不与中国之号谥",封其三子为王,公然反判周天子。周夷王面对楚人这一明显的挑衅行为却只能默不作声,毫无办法,只得任其放肆无礼。

所以周厉王即位以后为了扭转王朝江河日下的局面,下定了革除旧典、实行新制的决心,大刀阔斧实行改革,史称"厉始革典"。

对于周厉王革典,《史记》所作的记载并不细致,反正就是把周厉王当做一位贪财暴力的昏君来对待。但是,今人可以通过《史记》一窥我国历史上、乃至于世界历史上第一次封建性质改革的局部。

周厉王没收大贵族的私产和古老习俗遗留下来的公产,来加强周王朝的财政收入,这严重触及了大贵族的经济利益,引起了他们激烈的反对,并以谤言攻击周厉王。与此同时,周厉王的专利政策实际应是其所有改革措施中的一个组成部分,而非全部。但周厉王在实现改革时急功冒进,而且动作太大,还未等所有改革措施发挥作用,专利政策已经引起了下层贵族和平民的反对。因为这些人不享王室俸禄,也没有封地采邑,而且受到王室和大贵族的剥削。如今新典不许他们无偿使用山川林泽等自然资源,这在短期内断绝了这些人的生路。所以下层人们也对厉王新政非言不止。厉王与国人之间的矛盾已经十分尖锐。

周厉王用杀戮的方式强行推进改革,这自然也被时人和后人视为残暴嗜杀。在大贵族、甚至是在诸侯国的策动下,中小贵族和普通平民联合暴动,群起攻击厉王,这就是"国人暴动"。周厉王难敌暴怒的人潮,王位被推翻。厉始革典以失败告终。

可能现在好多人不太明白"厉始革典"这个词所包含的意思。

"厉始革典",事见《国语·周语》:太子晋"谏雍谷洛"时说,"自我先王,厉、宣、幽、平,今贪天祸,至今未弭……自后稷以来宁乱,及文、武、成、康,而仅克安民。自后稷之始其靖民，十五王，而文王始平之。十八王，而康克安之。其难也如是。厉始革典，十四王矣"。从这里可以看出，"厉始革典"是西周后期的最大事件，它开创了周人一个新的历史时期。

"革典"，韦昭注曰："革，更也；典，法也。""革典"是政治改革无疑。但这个"典"到底是指什么？韦昭没说清楚。季康子"用田赋"时，孔子说过这样的话："且子季孙若欲行而法，则周公之典在，若欲苟而行，又何访焉？"此话又见于《国语·鲁语》："若子季孙欲其法也，则有周公之籍矣，若欲犯法，则苟而赋，又何访焉？"两者文字略有出入。不过，从这里我们可以看出，"典"即"籍"（藉）。"厉始革典"，至少是应包括变革籍田、实行税亩制在内的一场社会改革。西周后期的籍田是个体籍田制，相当于农奴制的劳役地租。

"厉始革典"是中国进入封建制的标志。也是中国封建社会的第一个形态——变态封建领主制。这种变态封建领主制的主要矛盾，是以小农经济为特征的经济基础与领主制上层建筑之间的矛盾，因为小农经济的根本要求是郡县制或统一中央集权制。中国封建社会前期从"厉始革典"到汉初，数百年天下大乱的根源就在这里。春秋战国的诸侯混战，开始是盲目的，各诸侯都没有认识到分封制与天下大乱的关系。只是到了战国后期，人们才对这一问题看清楚，如秦始皇说："天下共苦战斗不休，以有侯王。"

"厉始革典"惨遭失败，这一年也宣告了一个全新时代的到来，在这个全新的时代，王室衰微，诸侯纷争，整个中国都将陷入血腥的战乱和惨烈的仇杀；同时，这也将是一个变革图强贯穿始终的时代，这就是历史上著名的"春秋战国"！

乱世称雄

◎春秋五霸

所谓春秋时代，是指公元前 770 年周平王东迁洛邑以后到公元前 403 年韩、赵、魏三家分晋这一时期。各诸侯国为了争夺土地和人口，发生混战。力量强大的诸侯国一面不断吞并弱小的国家，一面争夺霸权。春秋时期先后争当霸主的有齐桓公、宋襄公、晋文公、秦穆公、楚庄王，历史上称为"春秋五霸"。春秋五霸的出现，拉开了这一时期诸强争霸、群雄逐鹿的传奇序幕。

乱世称雄——胸怀宽阔，管鲍合辅

　　春秋五霸之首齐桓公曾与管仲结下"一箭之仇"，但他能摒弃前嫌，拜管仲为相，称管仲为父。管仲是一位有才干的政治家，而管仲的成功和鲍叔牙谦虚让人的品德是分不开的，在两个人智慧的合作下终于成就了齐桓公，使其成为春秋五霸之首。

　　故事还得从管仲与鲍叔牙两人之间的友谊说起。

　　管仲与鲍叔牙是一对很要好的朋友，他们俩年轻的时候，管仲家里很穷，又要奉养母亲，鲍叔牙知道了，就找管仲一起投资做生意。做生意的时候，因为管仲没有钱，所以本钱几乎都是鲍叔牙拿出来投资的，可是，当赚了钱以后，管仲却拿的比鲍叔牙还多，鲍叔牙的仆人看了就说："这个管仲真奇怪，本钱出的比我们主人少，分钱的时候却拿的比我们主人还多！"鲍叔牙却对仆人说："不可以这么说！管仲家里穷又要奉养母亲，多拿一点没有关系的。"有一次，管仲和鲍叔牙一起去打仗，每次进攻的时候，管仲都躲在最后面，大家就骂管仲说："管仲是一个贪生怕死的人！"鲍叔牙马上替管仲说话："你们误会管仲了，他不是怕死，他得留着他的命去照顾老母亲呀！"管仲听到之后说："生我的是父母，了解我的人可是鲍叔

齐桓公

牙呀!"《史记·管仲传》也记载,"生我者父母,知我者鲍子也"。后来,齐国的国王死掉了,大王子诸当上了国王,诸每天吃喝玩乐不做事,鲍叔牙预感齐国一定会发生内乱,就带着王子小白逃到莒国,管仲则带着王子纠逃到鲁国。

　　齐国(当时在山东北部),盛产鱼盐,经济富庶,是东方的一个大国。齐桓公姓姜名小白,即位前为躲避齐国内乱与兄长公子纠流亡国外,长兄齐襄公被人杀害后,公子小白和公子纠都急急忙忙奔回国,争夺君位。公子纠的师傅管仲文武双全,为帮公子纠夺得君位,带兵拦截公子小白,并一箭射中小白的腰部,所幸小白腰带上的铜搭钩挡住了箭头,公子小白十分机警,倒在马车上,假装死去,并叫手下人齐声哭喊:"公子被箭射死了!公子被箭射死了!"公子纠以为小白已死,再无人同自己争夺君位,便放慢了行程,不慌不忙往都城临淄而去。小白却日夜兼程,赶回齐国即位,就是齐桓公。齐桓公想拜他的师傅鲍叔牙为相,鲍叔牙与管仲是知心好友,而且深知自己的才智不如管仲,就向齐桓公推荐管仲,并对齐桓公说:"你要是治理齐国,用我为相就足够了,但你若想称霸天下,非用管仲不可。"齐桓公说:"管仲与我有不共戴天之仇,若非我命大,岂不是被他一箭射死。"鲍叔牙说:"主上可记得周文王求贤若渴,为请姜尚为相,带领西歧文武百官到渭水河边请他,并扶姜尚坐上马车,亲自拉车走八百多步,以示尊重,后姜尚为保周朝铁铜江山八百年奠定基业。管仲的才能超过我十倍,管仲虽射你一箭,可那是因为各为其主。他是公子纠的师傅,当然为公子纠着想,现今主上为君若能宽宏大量,不记前仇,真心实意请他来,不但能治理好国家,恐怕其他各国也得听您指挥呢!您应该摒弃前嫌,真正启用管仲,何愁霸业不成。"齐桓公认为鲍叔牙的话很有道理,当即表示绝不记一箭之仇,并委任鲍叔牙全权代表他查询管仲下落,请他到齐国为相。

　　但是这时的管仲知道,他拦截公子小白不成,小白既然上了台,即位为齐桓公,决不会放过自己,要报那一箭之仇,当即隐姓埋名,逃出齐国,隐藏到吴国边境(今江苏省姜

鲍叔牙

堰市白米镇南边的乡下)。鲍叔牙带领手下人辗转南北,明察暗访,最后还是通过管仲的家人找到了管仲落脚的地方。鲍叔牙找到管仲,向他表明齐桓公绝无相害之心,真正想启用他到齐国为相,管仲对鲍叔牙深信不疑,愿意和鲍叔牙一起辅佐齐桓公治国。鲍叔牙一面快马向齐桓公报信,一面命人在管仲避难的地方高筑拜相台,宣读齐桓公拜管仲为相的诏书。不几日,齐桓公派出的仪仗队隆重迎接管仲还都任职,并言听计从,加以重用。

管仲果然是个治国奇才,上任后就把国事料理得有声有色。几年下来,齐国在政治、军事、经济等各方面都日益强大,乃至雄踞天下,使春秋时期的其余四霸谁也不敢轻举妄动,各国之间常年的战争因此平息,安定天下达四十多年之久,这在春秋时代是一个奇迹。难怪孔子在一百多年后惊叹地说:微管仲,吾其披发左衽矣。

千百年来,"管鲍之交"一直被誉为交友的最高境界,所谓春秋霸业早已是历史云烟,但齐桓公宽阔无私的胸怀却永久地为人称道。

《史记·齐太公世家》记载:初,襄公之醉杀鲁桓公,通其夫人,杀诛数不当,淫于妇人,数欺大臣,群弟恐祸及,故次弟纠奔鲁。其母鲁女也。管仲、召忽傅之。次弟小白奔莒,鲍叔傅之。小白母,卫女也,有宠于厘公。小白自少好善大夫高傒。及雍林人杀无知,议立君,高、国先阴召,小白于莒。鲁闻无知死,亦发兵送公子纠,而使管仲别将兵遮莒道,射中小白带钩。小白佯死,管仲使人驰报鲁。鲁送纠者行益迟,六日至齐,则小白已入,高傒立之,是为桓公。

当时齐桓公如果把射杀他的管仲不加以重用能成就他的霸主之业吗?由此看出齐桓公的胸襟是何等的博大,他的气度是何等的包容,他的任人唯贤是何等的坚定。如果没有齐桓公的气魄和胸怀,中国的历史将会改写。

容人的最高境界就是"将军额上能跑马,宰相肚里能撑船"。所以,包容当是有为人生的态度,是生命中一道亮丽的风景。作为领导者要有一个可以容人也可以容物的宽阔胸襟,用包容去消融人际矛盾,营造出亲密无间,融洽无比,相辅相助的人际关系。这才是最好的和谐方式。这样才可以让你在下属面前展现更高的人格魅力。

孔子赞美管仲说:"管仲辅佐齐桓公,称霸诸侯,号令天下,老百姓到现在还受到他们的恩赐啊,没有管仲,我们都要披散头发,散开衣襟,成为蛮族统治下的人民了。"孔子的话不免有些夸张。但善用人才,确乎是齐桓公们成就霸业的关键。

　　有这样一句名言："泰山不择细土方能成其大；江河不拒微流才能有其深。"从此名言中我们得出：接纳和宽容是让自己强大起来的最好办法，不能容人，就难有挚友，不能宽容，就难得真心。伟人之所以是伟人，不只是因为他一个人的力量，而是他的接纳和宽容，把许多人集合在一个整体、宽容的基座上，才放上了他高高的人生雕塑。

　　容人也是一个人人格的体现，它将友爱、体贴、理解与气度凝缩于一点。无论是儒家的"仁"、"义"，墨家的"兼爱"、"非攻"，道家的"修身养性"，还是佛学的"苦海无边，回头是岸"，都可以看出容人的哲学在人生的道路上多么丰富又广泛。

　　从刘备给关羽报仇的这个故事中我们也能看出，成大事的先决条件便是宽广的胸怀。若连最起码的这一点都欠缺，遇到芝麻绿豆的小事动不动就大动干戈，口沫横飞，不顾大局及后果，贸然实行你的"复仇计划"，那谈得上干什么大事呢？相反，拥有宽容的气度，遇事不会方寸大失，泰然处之，便能胜券在握，无往不利。

乱世称雄——称霸天下，九合诸侯

春秋时期，虽然各诸侯都不把周天子放在眼里，但谁都不敢取而代之。换句话说，那时的各诸侯，谁也没有自立为王号令天下的实力。

齐国经过几年大刀阔斧的整治，亮出的仍然是"尊王攘夷"的旗号，自从上次战争的失败，齐国仍不得不借这个旗号行自己九合诸侯、号令天下之实。

齐桓公依靠管仲把齐国治理得国强兵壮，他觉得称霸的时机已到。一次，齐桓公问管仲："国体充盈，兵强马壮，我想讨伐南边，以谁作为首先开刀的对象呢？"管仲说："以鲁为主。"如此三番，管仲分别说应以卫

管仲

国、燕国作为攻击目标。其实，这是管仲搪塞齐王，他认为一匡天下时机还未成熟，眼下不仅不能对外动武，相反只能继续拉拢诸侯国。所以，管仲不是准备大动兵戈，而是把侵占的各国土地一一归还，诸侯们纷纷感动得认为齐桓公可亲可爱，值得信赖。

公元前681年，桓公采用管仲之计，与宋、陈、蔡、邾等国会盟于北杏，桓公为主盟，以平定宋国内乱。遂国（今山东肥城南）不参加北杏会盟，桓公派管仲率军灭遂，并以此向鲁国施加压力。鲁庄公与齐桓公盟于柯地（今山东肥城南），会盟时，鲁国大臣曹沫手剑劫桓公，要求退还汶阳之地。桓公依管仲之意见，答应退地。柯

地会盟,使齐桓公名声大振,各国诸侯纷纷与齐结盟。到此为止,齐桓公才真正认识到了称霸的本质,于是他对管仲拥有了一种铭心刻骨的信任,拜其为"仲父"。是年,齐桓公与管仲率师会同陈、曹两国伐宋,因宋违背北杏之盟。伐宋途中遇卫人宁戚,经管仲推荐被桓公拜为大夫。宁戚赴宋说服宋桓公求和。公元前679年,齐、卫、郑、宋四国与于鄄(今山东鄄城北)会盟。诸侯威服,齐桓公成为春秋首霸。

公元前678年,因郑国违背鄄地之盟,齐桓公和宋、卫联军讨伐郑国。是年,齐、鲁、宋、卫、陈、郑等国于幽地会盟。公元前675年,齐桓公会同宋、陈之师讨伐鲁国。公元前671年齐桓公与鲁庄公会盟于扈地。公元前668年,齐、宋、鲁联军讨伐徐国。公元前667年,齐与鲁、宋、陈、郑盟于幽地。周惠王封齐桓公为侯伯。管仲审时度势,作出重大战略调整,变尊王称霸为尊王攘夷。

公元前666年,齐桓公奉周惠王之命,率军伐卫。公元前664年山戎侵犯燕国,桓公与管仲率师救燕,至令支、孤竹,剿灭山戎。公元前663年齐师凯旋,齐桓公将伐由戎的战利品的一半赠鲁庄公。公元前662年齐筑小谷(今山东东阿)为管仲采邑。鲁庄公为感谢齐桓公,为管仲在小谷筑城。公元前661年,狄人侵略邢国,桓公与管仲率军救邢,打败狄师。公元前660年,鲁国公子庆父作乱。为安定鲁国,齐桓公依管仲之谋,立公子申为国君,并大义灭亲,杀其侄女哀姜。是年,赤狄侵犯卫国。齐桓公派公子无亏率军击溃赤狄,助卫戍守。公元前659年,赤狄再次侵犯邢国,桓公与管仲同宋、曹两国联军救邢,击败赤狄,为邢国在夷仪重新筑城,派军助邢戍守。公元前658年,齐桓公诸侯为卫国筑新城。公元前656年,齐桓公与管仲率齐、鲁、宋、卫、郑、许等国联兵讨伐蔡国,蔡侯闻讯而逃,继而以不尊周天之子罪讨伐楚国。楚请求讲和,诸侯与楚会盟于召陵。

公元前655年,桓公采纳管仲之谋,与宋、鲁、陈、卫、许、郑、曹等国会于首止,与周世子郑定盟,确立世子郑太子地位,以稳定周室。周惠王指令郑国与楚国联合,离间首止之盟。郑文公不辞而别。公元前654年,桓公责郑文公逃首止会盟,率领诸侯伐郑,郑请求讲和。次年,齐、鲁、宋、陈、郑五国于宁母(今山东鱼台)会盟。公元前652年,齐、鲁、卫、宋、许、曹等国会盟于洮,以固周襄王之位。公元前651年,周襄王派太宰赐齐桓公胙。齐桓公与宋、鲁、卫、郑、许、曹等国君会盟于葵丘,庆贺天子赐胙。公元前650年北狄侵犯卫国,齐桓公率师相救。公元前648年齐桓公会同诸侯为卫国筑新城,以防备北狄入侵。公元前647年齐与宋、鲁、陈、卫、郑、许、曹等国会盟于咸,共谋保卫周室,防备戎人入侵。公元前645年齐、宋、鲁、陈、卫、郑、曹诸君会盟于牡丘(今山东聊城东北),商讨伐楚救徐之策。

此时,东夷、西戎、南蛮、北狄加上中原各国诸侯纷纷前来,齐桓公与他们摆好祭坛,立下盟誓,对天上地下各路神仙约誓。此时的齐桓公意气奋发,天下诸侯都来了,周室安稳了,阳谷之会,诸侯们不得不在向周天子行礼的同时眼睛瞟着替天行道的齐桓公。

在管仲的大力辅佐下,齐桓公曾一匡天下,九会诸侯,成了中原的霸主。从中我们不难看出,管仲善用团队力量,他知道只有相互协助,运用大家的智慧,才能取得更大的成绩。正如俗语所说:团结力量大。

据史书记载兵车会盟的六次,乘车会盟的两次,中心人物无一例外的都是齐桓公。早已失去往日威风的周天子当然明白他的今天是谁给的,所以一次在葵丘(今山东省淄博市境内)会盟中,周天子派大夫宰孔给桓公送来祭肉,传话说:"您劳苦功高,予从今往后就视您为伯舅,您见我也就不用下拜了。"桓公这下乱了方寸,他何尝不想这样? 面对管仲"君没君相,臣无臣相,乱之本也"的解释,他齐桓公还在夸耀自己扫荡六合、制服四夷的齐天大功呢,可他还是听进了管仲"三祥未见受命必失"的劝告。齐桓公对来使说:"天威虽远,近在咫尺,我小白如果听从了天子之命不再下拜,将是下臣犯上,导致天子蒙羞。"这样一来,齐桓公捞足了政治资本,天下诸侯都纷纷称赞齐桓公顺从周礼,纷纷归附,远国百姓望之如父母,近国人民从之如流水。

《小匡》中描述齐国收拾天下人心的文字十分精彩,大意是,鲁国、卫国等有忧,桓公一一妥善处置。卫国牲畜跑散了,桓公还送给他们良马三百匹。表率在前,天下清晏,男女不淫,马壮牛肥。桓公知道诸侯对自己已心悦诚服,于是又轻币重礼,天下诸侯以马犬羊作为货币和齐国做生意,齐国以良马作为回报。总而言之,与齐国贸易交流,往往都会有意想不到的报偿,麻草换文锦,轻装而来,满载而归。互市贸易中爱心昭揭,不费一兵一卒,齐国便得了天下人心。所以会这样,就因为天下人都想得到齐国的好处,都畏惧齐国强大的武力,于是相形之下,大国之君惭愧,小国诸侯攀附,乐做齐国臣仆,乐于把齐国当做自己的父母。这样一来,齐国根本不用提刀动枪,文功武迹昭彰天下,九合诸侯情在理中。

太史公在《管晏列传》里写道:"管仲既用,任政于齐,齐桓公以霸,九合诸侯,一匡天下,管仲之谋也。"而孔子则高度赞扬管仲"桓公九合诸侯,不以兵车,管仲之力也,如其仁,如其仁"。

管仲纪念馆

管仲这个人确实不简单,他不但是一位智慧超群的政治才干家,也是一位出色的军事谋略家。齐桓公问:"百姓已经富足安乐,兵甲不足又该怎么办呢?"管仲说:"兵在精不在多,兵的战斗力要强,士气必须旺盛。士气旺盛,这样的军队还怕训练不好吗?"

管仲主张把主要精力放在提高部队素质、增加军队战斗力上,而不要放在增加部队的人数上,认为只有这样才会"隐其名而修其实",在不引起天下诸侯警觉的情况下真正达到强兵的目的。

管仲心中很清楚,没有一支强大的军队,国家政权是难以稳固的。于是他提出寓兵于民,使军队组织地方化的治兵策略。规定"国"中五家为轨,出五人为伍,由轨长率领;十轨为里,出五十人为小戎,由里有司率领;四里为连,出两百人为卒,由连长率领;十连为乡,出两千人为旅,举乡良人率领;五乡一帅,出万人为军,由五乡之帅率领。全国十五士乡,共组建三军,桓公率中军,上卿国氏、高氏各率一军,开创诸侯大国有三军,每军万人的军事体制。

纵观齐桓公显赫的一生,不难看出他是一位有治国才干和雄图大略的统治者,他在自己的国内实施了一些整顿和改革,收到了富国强兵的效果,在春秋列国中成为第一个霸主。虽然争霸战争对社会经济有很大破坏,劳动人民对此付出了很大的代价,但对中国的统一和各民族的融合,对中国古代历史的发展,都起到了一定的积极作用。

从以上这些文字中,我们不得不佩服齐桓公用人的领导风范,更佩服管仲非凡的智慧。他心里知道齐桓公是在不记前仇的前提下这么重用他,所以,他感恩戴德,旰食宵衣,发挥全部智谋真心辅佐齐桓公,运筹帷幄,形成一系列科学有效的治国策略。因为管仲精理善谏,不仅使齐桓公成为春秋时期难得的一位具有民主正义思想的明君,还举起"殊大国之无道"的旗帜,以真诚顽强的事业心,成就了"三匡天子,九合诸侯"的功业,居"春秋五霸"之首。治理企业就如同治理国家,齐桓公的领导气魄及管仲超人的智慧是值得我们现代人学习和借鉴的。

乱世称雄——桓公昏老，襄公出头

宋襄公，宋桓公次子，本名子兹甫（？—公元前637年），春秋五霸之一。其充满传奇色彩的一生，到底是怎么样的呢？

《史记·宋微子世家》记载：八年，齐桓公卒，宋欲为盟会。十二年春，宋襄公为鹿上之盟，以求诸侯于楚，楚人许之。公子目夷谏曰："小国争盟，祸也。"不听。秋，诸侯会宋公盟于盂。目夷曰："祸其在此乎？君欲已甚，何以堪之！"于是楚执宋襄公以伐宋。冬，会于亳，以释宋公。子鱼曰："祸犹未也。"

事件的详细缘由是：

齐桓公晚年昏庸，听信谗言，并对易牙、竖刁、开方这三个奸臣加以任用。尽管鲍叔牙多次劝谏，齐桓公仍然没有丝毫半点悔悟。于是这个奸臣就更加胡作非为了，竟然活活地把鲍叔牙给气死了。后来齐桓公也死了。

宋襄公继位时，已是老霸主齐桓公的末年。齐桓公和管仲开始考虑接班人的事，桓公认为公子昭最有才能，想立昭为太子。然而其他公子的势力也很强，齐桓公不能不考虑。管仲提议为昭找个国际支持者，这两位老人物选中了当时还穿着孝服参加会议的宋襄公。一方面宋的力量弱足以干涉齐之内政，强不足以并吞齐国；另一方面，宋襄公这样的理想主义者常常以仁义为重，不考虑自己的实际利益，确实是一个最佳的国际友人。

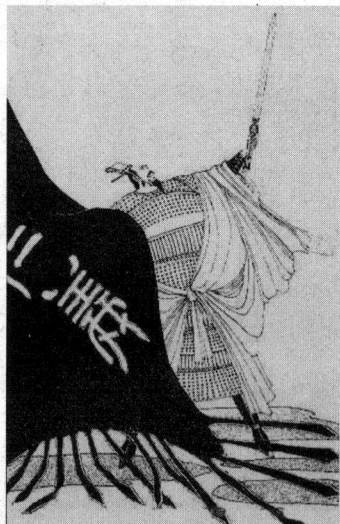

宋襄公

桓公死后,齐国果然因为王位继承问题发生内乱。无亏篡权,昭逃出来投奔宋襄公。

宋襄公是个资质平平的人,宋国的实力并不是很强大,可是成为霸主的诱惑力实在太大了。齐桓公去世后,宋襄公一心想成为霸主。公子昭来投奔他,他认为这是一个千载难逢的时机,于是就让公子昭留在了宋国。

周襄王十年(公元前642年),宋襄公见齐国发生内乱,就通知各国诸侯,请他们共同护送公子昭到齐国去接替君位。

宋襄公毫不犹豫地答应昭帮他复位。目夷上谏道,宋国有很多地方不如齐国,齐国国力强盛,地势险恶,人才济济,宋国凭什么去和齐国争呢?目夷所说全是实情,以宋之力干涉齐政非常危险,若不能成功,必为齐所制。但是一向重视国际声望和道义的宋襄公不认同目夷的观点,他说,我国一向以仁义为重,不救人家所托付的遗孤,抛弃了自己的责任,这是不仁不义的行为啊。宋襄公接受昭的请求,帮昭复位。宋襄公两次出兵,然而大部分诸侯一看是宋襄公出面号召,没几个人理会,只有卫、曹、邾几个比宋国还小的国家派了一些人马过来。

宋襄公率领几个小国的兵马打到齐国去。齐国一批大臣一见四国人马打来,就投降了宋国,迎接公子昭即位。即齐孝公。

齐国本来是诸侯的盟主国,如今齐孝公靠宋国帮助得了君位,宋国的地位就更加提升了许多。

野心勃勃的宋襄公想继承齐桓公的霸主事业。他约会诸侯,只有三个小国听从他的命令,几个中原大国没理他。宋襄公想借大国去压服小国,就决定去联络楚国。他认为要是楚国能跟他合作的话,那么在楚国势力底下的国家自然也就会归服于他。

他把这个主张告诉了大臣,大臣公子目夷不赞成这么办。他认为宋国是个小国,想要当盟主,不会有什么好处。宋襄公哪里肯听他的话,他邀请楚成王和齐孝公先在宋国开个会,商议会合诸侯订立盟约的事。楚成王、齐孝公都同意,决定那年(公元前639年)七月约各国诸侯在宋国盂(今河南睢县西北)地方开大会。

到了七月,宋襄公驾着车去开大会。公子目夷说:"万一楚君不怀好意,可怎么办?主公还得多带些兵马去。"

宋襄公说:"那不行,我们为了不再打仗才开大会,怎么自己倒带兵马去呢?"无论公子目夷怎么说他都不听,于是只好空着手去了。目夷叹道:"其实祸乱就在这次盟会上啊!"宋襄公的这种做法叫做"衣裳之会"。而楚王则选五百勇士,暗藏武器,扮作随行侍者一同赴会。

楚成王会宴

到了约定开会的日子,楚、陈、蔡、许、曹、郑等六国之君都来了,只有齐孝公和鲁国国君没到。在会上,宋襄公首先说:"诸侯都来了,我们会合于此,是仿效齐桓公的做法,订立盟约,共同协助王室,停止相互间的战争,以定天下太平,各位认为如何?"楚成王说:"这是一个很好的建议,但不知这盟主由谁来做最合适?"宋襄公说:"这事好办,有功的论功,无功的论爵,这里谁爵位高就让谁当盟主吧。"话音刚落,楚成王便说:"楚国早就称王,宋国虽说是公爵,但比王还低一等,所以盟主的这把交椅自然该我来坐。"说罢并不谦让,一下子就坐在盟主的位置上。宋襄公一看如意算盘落空,顿时大怒,指着楚成王的鼻子骂:"我的公爵是天子封的,普天之下谁不承认?可你那个王是自己叫的,是自封的。有什么资格做盟主?"楚成王说:"你说我这个是假的,那你把我请来干什么?"陈蔡两国也公开推戴楚国。宋襄公气呼呼地还想争论,只见楚国的一班随从官员立即脱了外衣,露出一身亮堂堂的铠甲,一窝蜂地把宋襄公给捉住了,囚禁于公馆。楚王留五位诸侯于盂地,同时派兵攻打宋国。后来楚国有意将战场上的俘获物送给没有来参加会盟的鲁国,请鲁公同决宋君之事。鲁僖公一则惧楚,一则为救宋君,如约来亳都(今河南商丘县),对欲做盟主的楚王说:"盟主须仁义布闻,人心悦服。楚若能释宋公之囚,终此盟好,寡人敢不唯命是听。"楚王遂释放宋襄公，一共组成八国会盟，成为盟主。盂地会盟宣告了宋国欲充当天下霸主企图的失败。

上述情节中的目夷是谁？目夷，字子鱼，是春秋时人，殷微子的十七世孙，宋襄公的庶兄，是著名的政治家和军事家。襄公即位，目夷为相。即位后宋襄公和目夷的关系一直不错。宋襄公很器重目夷，委以重任。目夷尽职尽责，屡次提出正确的建议，虽然被宋襄公采纳的机会不多，但是仍然很负责地出谋划策。宋襄公是理想主义者，目夷是现实主义者，君臣两人的对话很明显地表现出来分歧。坦白讲，和宋襄公比，目夷可能更适合作国君。但是历史就是和宋国开了个玩笑，王位在目夷身边转了一圈又回到宋襄公那，目夷在反驳宋襄公的言语中扮演了宋国悲剧的预言者。每次宋襄公做出冒险的决定，目夷总会指出这样做的不利之处，但是总不被采纳，于是目夷扮演了宋国悲剧预言者的角色。我们插入了一段宋襄公与目夷之间的友谊的插曲。然后再让我们回到上述事件中，从上述情节中我们可以看出宋襄公高估了自己的外交手腕和才智，低估了楚王和楚国大臣的能力，妄图玩弄楚国于股掌之间，失败是早已注定的。

宋襄公面对的是枭雄——楚成王，楚国名将成得臣，良相令尹子文。面对这帮老江湖，宋国自保尚且成问题，打楚国的主意可真是强盗遇上贼爷爷。虽然说"初生牛犊不怕虎"值得夸奖，但是宋襄公这个血气方刚的年轻人想对楚国动手确实太危险了。

盂地之会的日期到了，目夷预言道："祸其在此乎？君欲已甚，何以堪之！"盂地之会本来注明是"衣裳之会"，讨论和平，不带刀兵，然而楚国的信誉不好，因此目夷建议宋襄公防备一下。宋襄公却说，你也太多心了，我一向以诚信待人，别人也必定不会欺骗我，于是宋襄公就毫不防备地参加了盂地之会。结果楚成王当面翻脸，把宋襄公抓起来投到监狱里，然后大军进攻宋国。

野心膨胀的宋襄公实在太低估楚成王的能力了，由此使得称霸中原的梦想变成了泡影！

乱世称雄——泓水之战，仁义之师

在中国历史上，宋襄公之所以被知道并非因他是赫赫有名的"春秋五霸"之一，而是因为他在同敌人作战时的一系列"愚蠢"表现。自史书《左传》对宋襄公在泓水之战中的"愚蠢"进行渲染后，宋襄公便一直成为后人诟病和嘲讽的对象。堂堂一代霸主难道不知自己的"愚蠢"会导致什么样的后果吗？但为什么他还要继续"愚蠢"下去？

《史记·宋微子世家》记载：十三年夏，宋伐郑。子鱼曰："祸在此矣。"秋，楚伐宋以救郑。襄公将战，子鱼谏曰："天之弃商久矣，不可。"冬，十一月，襄公与楚成王战于泓。楚人未济，目夷曰："彼众我寡，及其未济击之。"公不听。已济未陈，又曰："可击。"公曰："待其已陈。"陈成，宋人击之。宋师大败，襄公伤股。国人皆怨公。公曰："君子不困人于厄，不鼓不成列。"子鱼曰："兵以胜为功，何常言与！必如公言，即奴事之耳，又何战为？"

自宋襄公被放回去之后，便对楚国怀恨在心，但是由于楚国兵强马壮，生气也没有办法。后来。宋襄公听说郑国最积极支持楚国为盟主，于是就想讨伐力薄国小的郑国，以报自己被羞辱之仇。

周襄王十五年（公元前638年），宋襄公出兵攻打郑国。郑国向楚国求救。楚成王不去救郑国，反倒派大将带领大队人马直接去打宋国。宋襄公没提防这一招，连忙赶回来。宋军在泓水（在河南柘城西北）的南岸，驻扎下来。公子目夷对宋襄公说：

泓水之战

"楚军到此只是为救郑国。咱们已经从郑国撤军。他们的目的已经达到了。咱们兵力小，不能硬拼，不如与楚国讲和算了？"宋襄公却说："楚国虽然人强马壮，可缺乏仁义；我们虽然兵力单薄，却是仁义之师。不义之兵怎能胜过仁义之师呢？"宋襄公又特意做了一面大旗，并绣上"仁义"二字。要用"仁义"来战胜楚国的刀枪。

到了第二天天亮，楚军开始渡过泓水，进攻宋军。公子目夷瞧见楚人忙着过河，就对宋襄公说："楚国仗着他们人多兵强，白天渡河，不把咱们放在眼里。咱们趁他们还没渡完的时候，迎头打过去，一定能打个胜仗。"

而宋襄公却说："人家还没渡完河，我们去偷袭他们，是不道德的，算什么仁义之师？"

说着说着，全部楚军已经渡河上岸，正在乱哄哄地排队摆阵势。公子目夷心里着急，又对宋襄公说："这会儿可不能再等了！趁他们还没摆好阵势，咱们赶快打过去，还能抵挡一阵。要是再不动手，就来不及了。"

宋襄公听到此话不由骂道："你怎么尽出歪主意！人家还没布好阵，你便去打他，那还称得上是仁义之师吗？"

宋襄公的话才说完，楚国的兵马已经摆好阵势。一阵战鼓响，楚军像大水冲堤坝那样，哗啦啦地直冲过来。宋国军队哪儿挡得住，纷纷败下阵来。

宋襄公正想亲自督阵进攻，还没来得及冲向前去，便被楚军围住，身上、腿上几处受伤。幸亏宋国的几员大将奋力冲杀，才救出他来。等他出来逃命，宋军早已逃散。粮草、兵车全部被楚军抢走，再看那杆"仁义"大旗，早已不知丢向何处去了。

宋襄公败逃回到宋都睢阳，宋国上下议论纷纷，埋怨宋襄公错误地与楚国开战，仗也打得窝囊。公子目夷将大家的议论反映给宋襄公，可这时的宋襄公还是抱着他那套"仁义理论"不放，他说："仁义之师，就要以德服人，不要乘人之危。见到受伤之人，不可再伤害他；见到头发花白的人，不可去抓他。这叫做：君子不重伤，不禽二毛。"

公子目夷真的耐不住了，他气愤地说："打仗就为了打胜敌人。如果怕伤害敌人，那还不如不打；如果碰到头发花白的人就不抓，那就干脆让人家抓走。"

恼恨交加的宋襄公，没过一年就死了。临死时，他嘱咐太子说："晋国公子重耳是个了不起的人物，将来一定能做霸主。将来替我报仇，战胜楚国，就全靠他帮忙了。"

《左传》对这场战争也有精彩的描述：

楚人伐宋以救郑。宋公将战，大司马固谏曰："天之弃商久矣，君将兴之，弗可赦也已。"弗听。及楚人战于泓。宋人既成列，楚人未既济。司马曰："彼众我寡，及其未既济也，请击之。"公曰："不可。"既济而未成列，又以告。公曰："未可。"既陈，而后击之，宋师败绩。公伤股，门官歼焉。国人皆咎公。公曰："君子不重伤，不禽二毛。古之为军也，不以阻隘也。寡人虽亡国之余，不鼓不成列。"子鱼曰："君未知战。勍敌之人，隘而不列，天赞我也。阻而鼓之，不亦可乎？犹有惧焉。且今之勍，皆吾敌也。虽及胡耇，获则取之，何有于二毛？明耻、教战，求杀敌也。伤未及死，如何勿重？若爱重伤，则如勿伤；爱其二毛，则如服焉。三军以利用也，金鼓以声气也。利而用之，声盛致志，鼓儳可也。"

宋襄公所坚持强调的是对《司马法》作战原则的坚持。《司马法》与其说是兵书不如说是礼书，其中强调的"军礼"是，用兵应该"正而不诈"，即必须做到"成列而鼓，不相诈"，"逐奔不远，纵绥不及"，"君子不重伤"（不再伤害受伤的敌人）；"不禽二毛"（不捕捉头发花白的敌军老兵）；"不以阻隘"（不阻敌人于险隘取胜）；"不鼓不成列"（不主动攻击尚未列好阵势的敌人）。战争的程度与范围应该受到必要的限制，不允许无节制地使用暴力。

泓水之战后，宋国几乎被灭，自己身负重伤，为天下笑。后人在分析宋国失败的理由时往往说宋襄公不自量力，宋国力量太弱。国家之间争雄，实力不如人，肯定处在下风。楚国势力强大，兵势雄壮，相比之下，宋国显得弱小多了。不容否认，宋襄公失败很重要的原因甚至可以说最重要的原因就是宋国实力不如人。但是宋襄公也不是没有赢的可能，尤其宋楚争霸是在一个纷乱的国际环境中进行的，有很多影响争霸的其他势力存在。宋国有很多优势：

首先，宋国是中原国家，比楚国更有号召力。

其次，楚国和中原诸国有积怨。

再次，宋襄公对齐孝公有大恩。

宋襄公如果能合理利用这些条件，胜负之说还很难讲。

另外，国家相争，谋略占了很重要的地位。在历史上，凭着出色的谋略，以少胜多，以弱胜强，也不在少数。官渡之战曹操火烧乌巢以七万胜袁绍七十万，都是在实力不如人的情况下用谋略取得优势的案例。

宋襄公不是没有考虑过谋略，他的谋略方针不可不谓高明。先借助楚国力量会盟，再借用会盟的力量攻打楚国。这样一个出色的谋略，自然需要一个出色的谋略家来实现。遗憾的是，宋襄公根本不是搞政治的料。宋襄公太理想主义了，坚信自己的理想，常常忘了从现实的利害关系出发考虑问题。

宋襄公的这种思想主义刚刚登上历史舞台他就表现了一番。宋襄公的父亲宋桓公是通过叛乱上台的，他立兹甫（宋襄公）为太子。兹甫却想把继承权让与其庶兄目夷，宋桓公反而因此很看重兹甫，硬是让兹甫继位，结果宋襄公只有继位。王位绕了一圈又回来了，但是宋襄公不爱王位的事迹却传播出去，为他捞了不小的名声。实事求是地说，宋襄公让位有故作身价的因素，但是其本意是诚实的，他确实是少有的理想主义者。

泓水之战中面临强大正在渡河的楚军，宋襄公心中的压力恐怕比谁的压力都大。身为一国之君，隔岸遥望对面楚军的阵势，他怎能不知道双方的实力之悬殊？爱面子的他更迫切地需要一场军事上的胜利来为实现他的政治诉求加上至关重要的一个砝码。自我标榜的仁义的定义是表面平时仁义，会在关键决策的时候宁愿为了达到个人目的而撕毁平时的假面具；而真正的仁义定义为表里如一，始终高举仁义大旗。那么宋襄公两次否决子鱼的建议是出于"自我表现标榜的仁义"还是真正的仁义呢？如果接受建议，必然会大大提高战胜的机会，接踵而来的也许就是他梦寐以求的中原霸主称号。不过两次却都被拒绝了，并用行动履行了他平时所倡导的诺言。不错，从这方面可以说宋襄公是个非常好面子又不知轻重颇有堂吉诃德作风的君主。但他的决定已经向世人证明了，即使双方实力悬殊，很有可能被楚军打得落荒而逃，丢足脸面，他也要维护作为军人与君主的荣誉与尊严。

《孙子兵法》开篇就讲："兵者，诡道也。"乱世之中，政治斗争、军事斗争都以胜利为唯一目的，无所不用其极。道义、名声、道德，具有自我约束力的东西，只有对自己有用时才提倡他，可谓"拿来主义"。如果妨碍了自己胜利，不管什么，全部消灭，可谓"遇佛杀佛，遇魔杀魔"。做事不在乎手段，只在乎结果，这样才能在乱世中生存。中国历史上的乱世枭雄，刘邦、曹操、朱元璋，都做出惊天动地的事情，但是人品实在无法恭维。他们在乱世中，生存压力太大，不是你死，就是我亡，有可以理解的地方。

因为他们积压物资政治霸权和道德仁义不兼容，想获得政治霸权就必须做一些有害于仁义道德的事。恪守仁义道德就注定会成为谋略政治的牺牲品。在乱世中,即想追求政治霸权又想追求仁义道德是不可能的事,两个都要追求的企图只会导致失败。

与上面的几位枭雄相比,宋襄公就显得幼稚多了,诚实多了,傻多了。宋襄公想追求政治霸权,就要遵守谋略政治的原则,就要兵行诡道。但是这位理想主义者还想追求一下道德标准,追求一下仁义,追求一些和谋略政治不兼容的东西。政治霸权和道德仁义不可兼得,必舍其一,宋襄公不自觉得舍弃了政治霸权。

儒家鼓吹圣人、仁君,孔孟为这个理想到处奔走呼号,然而处处碰壁,不被采纳。宋襄公没有遇到过孔孟,却是第一个实践孔孟仁君思想的人。宋襄公希望成为一位守礼节、讲究仁义的政治霸主形象,然而现实告诉他不可能。孔孟的理想在宋襄公那里就已经破灭了。

宋襄公的悲剧不仅仅是殷商民族的悲剧,不仅仅是他个人的悲剧,而且是整个中国的悲剧。

乱世称雄——重耳断袖，流亡半生

在春秋五霸之中，晋文公（重耳）的经历最为独特。他原本是晋献公的儿子，因受后母骊姬所害，被迫逃亡。那时他四十三岁，为避祸先后辗转于狄、齐、秦、曹、宋、郑、楚等国，直到六十二岁回国即位，在外流亡十九载，其中艰难曲折可想而知。

晋文公即位后，励精图治，任用贤能，运用娴熟的内政、外交谋略，使一个濒临崩溃的晋国迅速崛起。在短短几年的时间内，他成为继齐桓公后的第二代霸主。他种种的经历和奇迹令人惊叹不已，到底他的一生是怎样的呢？

晋文公，（公元前697—前628年），名重耳，春秋时期著名的政治家、晋国国君，与齐桓公齐名，为春秋五霸之一。

晋公子重耳的父亲晋献公生了申生、重耳、夷吾、奚齐和卓子五个儿子。晋献公年老的时候，宠爱一个妃子骊姬，想把骊姬生的小儿子奚齐立为太子，把原来的太子申生杀了。太子一死，献公另外两个儿子重耳和夷吾都感到危险，逃到别的诸侯国去避难了。《史记·晋世家》中曾有记载：十二年，骊姬生奚齐。献公有意废太子，乃曰："曲沃吾先祖宗庙所在，而蒲边秦，屈边翟，不使诸子居之，我惧焉。"于是使太子申生居

晋文公

曲沃,公子重耳居蒲,公子夷吾居屈。

公元前 651 年,晋献公去世,晋国内乱,晋献公的妃子郦姬想让自己的儿子奚齐继位,不久就被大臣里克杀死。卓子被立为国君,里克又杀了卓子,一时间国君没有了继承者。秦穆公很想插手晋国的政治,以实现称霸中原的目的,于是他就帮助逃到秦国的夷吾回国做了国君,就是晋惠公。上台后的晋惠公,对内滥杀无辜,弄得众叛亲离;对外又背信弃义。

公元前 648 年,晋国遭受了严重自然灾害,百里奚说:"福祸各有轮替,再说,我国借粮给晋国,也不

骊姬

是给夷吾一人,而是为了晋国的黎民。"于是,秦穆公同意通过水道运了大量粟米给晋。这次人道主义的义举,征服了晋国的人心,史称"泛舟之役"。

到了公元前 646 年,秦国也发生饥荒,晋国却不仅不给秦国粮食救灾,反而出兵攻秦。秦穆公看到这样一个忘恩负义的国君就忍无可忍,于是出动大军迎击晋军。晋军被击败,晋惠公当了俘虏。后来,在穆姬等人的求情下,秦穆公才释放了晋惠公,另叫晋国把太子圉送到秦国作抵押。

重耳是一个有贤能的人,他逃奔狄国时,一批敬仰他的大臣如介子推等人紧紧追随其后。他们受到重耳的信任,忠于重耳,对重耳事业的成功起了很大作用。夷吾从秦国回来后,生怕重耳归国会与他争夺君位,就派人去狄国行刺重耳。

跟随重耳的狐毛、狐偃接到父亲传来的信息,赶快去告诉重耳。重耳跟大伙儿商量,决定逃到齐国去。第二天狐毛、狐偃又接到他父亲的信说:刺客提早一天赶来了。重耳急得也不通知别人就跑。有一个管行李、盘缠的人名叫头须,却拿着东西逃走了。

重耳这一帮一无所有的"难民"要到齐国去,得经过卫国。卫文公吩咐管城门的人不许他们进城。重耳和大伙儿饿着肚子绕到五鹿(今

献公宠爱骊姬图

河南清丰西北),正瞧见几个庄稼人在田边吃饭。重耳他们看得更加口馋,就叫人向他们讨点吃的。

庄稼人懒得理他们,其中有一个人跟他们开个玩笑,拿起一块泥巴给他们。重耳冒了火,他手下的人也想动手揍人了。随从狐偃连忙拦住,接过泥巴,安慰重耳说:"泥巴就是土地,百姓给我们送土地来啦,这不是一个好兆头吗?"

重耳也只好趁此下了台阶,苦笑着向前走去。又走了十几里,再也不能走了,只好坐在大树下歇歇脚。重耳躺下把头枕在狐毛的腿上,别人都去掐野菜,煮了点儿野菜汤,自己不喝,先给公子送去。重耳尝了尝,皱着眉头,喝不下这种东西。

后来赶上来的赵衰带着一竹筒稀饭给重耳吃。重耳说:"你吃吧!"赵衰不愿一人吃,只好拿点儿水和在稀饭里,分给大家伙儿,每人吃了一口。

重耳他们好不容易到了齐国。那时齐桓公待他挺客气的,送给重耳许多车马和房子,还把本族一个姑娘嫁给了重耳。

重耳觉得留在齐国挺好的,于是就不打算回晋国了,可随从们却不这样想。

随从们背着重耳,聚集在桑树林里商量回国的事。没想到桑树林里有一个女奴在采桑叶,把他们的话偷听了去,告诉重耳的妻子姜氏。姜氏对重耳说:"听说你们要想回晋国去,这实在太好了!"

重耳赶快辩白,说:"哪有这回事啊!"

姜氏一再劝他回国,说:"您在这儿贪图享乐,是没有出息的。"可重耳却没有要离开这里。那天晚上,姜氏和重耳的随从们商量好,把重耳灌醉了,放在车里,送出齐国,等重耳醒来,已经离开了齐国。

后来,重耳又到了宋国。宋襄公刚吃了败仗,大腿受了伤,正在害病,就派公孙固去迎接,宋襄公也像齐桓公那样待他们不错。过了些日子,公孙固告诉重耳的随从狐偃,指望宋国发兵护送公子回去,宋国恐怕是"心有余而力不足"啊!

他在万般无奈的情况下,又离开了宋国到郑国。郑国的国君认为重耳在外边流浪了这么些年,一定是个没出息的人,所以也就没有理睬他。他们只好去了楚国。楚成王把重耳当做贵宾,还用招待诸侯的礼节去招待他,两个人并结为好友。

有一次,楚成王在宴请重耳的时候,开玩笑地说:"公子要是回到晋国,将来怎样报答我呢?"

重耳说:"金银财宝贵国有的是,叫我拿什么东西来报答大王的恩德呢?"

楚成王笑着说："这么说，难道就不报答了吗?"

重耳说："要是托大王的福，我能够回到晋国，我愿意跟贵国交好，让两国的百姓过太平的日子。万一两国发生战争，在两军相遇时，我一定退避三舍。"(古时候行军，每三十里叫做一"舍"。"退避三舍"就是自动撤退九十里的意思。)

楚成王听了并没有把这话放在心上，却惹恼了旁边的楚国大将成得臣。宴会结束，重耳离开后，成得臣对楚成王说："重耳说话没有分寸，将来准是个忘恩负义的家伙。如今还不趁早杀了他，以免日后留成祸患。"

楚成王不同意成得臣的意见，正好秦穆公派人来接重耳，就把重耳送到秦国(都城雍，在今陕西凤翔东南)去了。

公元前636年，秦国护送重耳的大军过了黄河，流亡了十九年的重耳回国即位。这就是晋文公。

当初，晋文公之所以选择在外流亡，就是通过以退为进、蓄势以待的策略保全自己。在流亡的途中，重耳一行长期忍受寒冷饥饿以及临国他人的嘲弄、排斥和打击，多次遇险，数度面临绝境，一路狼狈不堪，到处乞求。路过卫国，卫君吩咐守门卫兵不让他进城；向路边农人乞食，农人不但不给，反而扔土块以戏弄；在曹国，受到非常冷淡的接待，遭到曹共公的羞辱。面临各种困难，重耳并没有放弃和退缩，而是带领他的随从艰难地生存了下来，成功回国即位，并在执政后迅速推动了晋国的崛起。

重耳从流亡到回国即位的经历，给人留下深深的启迪。晋国的长期内乱给晋文公的上台、称霸提供了客观条件；历经长达二十年的逃亡，晋文公以及他的随从们，磨炼了意志，积累了政治才干，也锻造了一个团结有力的政治集团，为他们的霸业准备了良好的主观条件。

乱世称雄——城濮之战,退避三舍

晋文公经过长期的磨炼,有了卓越的政治才干,并迅速推动了晋国的崛起,但他是怎样成为一代杰出霸主的呢?他又表现出怎样的军事才干呢?以下就我们来看——城濮之战,退避三舍!

《史记·晋世家》记载:四年,楚成王及诸侯围宋,宋公孙固如晋告急。

……

楚得臣怒,击晋师,晋师退。军吏曰:"为何退?"文公曰:"昔在楚,约退三舍,可倍乎!"楚师欲去,得臣不肯。四月戊辰,宋公、齐将、秦将与晋侯次城濮。己巳,与楚兵合战,楚兵败,得臣收余兵去。

晋文公即位后,整顿内政,发展生产,把晋国治理得渐渐强盛起来。他也想能像齐桓公那样,做个中原的霸主。

有一天,晋文公正在朝中处理政事,有人来报:宋国大司马公孙固求见。晋文公立即起身相迎,当年晋文公逃到宋国之时,公孙固对自己十分尊敬,而且宋襄公对自己也十分好。一听说公孙固来到晋国,晋文公又惊又喜,惊的是,知道宋国一定有急事相求;喜的是,可以与昔日的老朋友相见。晋文公见到了公孙固,立即把公孙固请到了宫中。

公孙固见晋文公如此相迎,心里十分感动。公孙固来不及休息就对晋文公说:"如今楚兵已包围了宋城十天有余,宋国没有别的友邻,只有请晋文公速速派兵解围,如果不派兵,宋国就离灭亡不远了。"

晋文公一听,感到左右为难,想起当年逃亡,宋国对自己有很大的帮助,何况滴水之恩当涌泉相报呢,但是自己逃到楚国,楚君与自己称兄道弟,对自己更是不薄,这让我该怎么办呢?出兵解围,必与楚为仇,不出兵,对宋国又说不过去,被人家耻笑，说我忘恩负义。

于是他就召集群臣们商议办法，新提拔的将军先轸说："楚国强横中原，觊觎霸权，早晚要与我们兵戎相见的；这是天赐我们在诸侯中建立威望的良机，我们不能错失啊！"

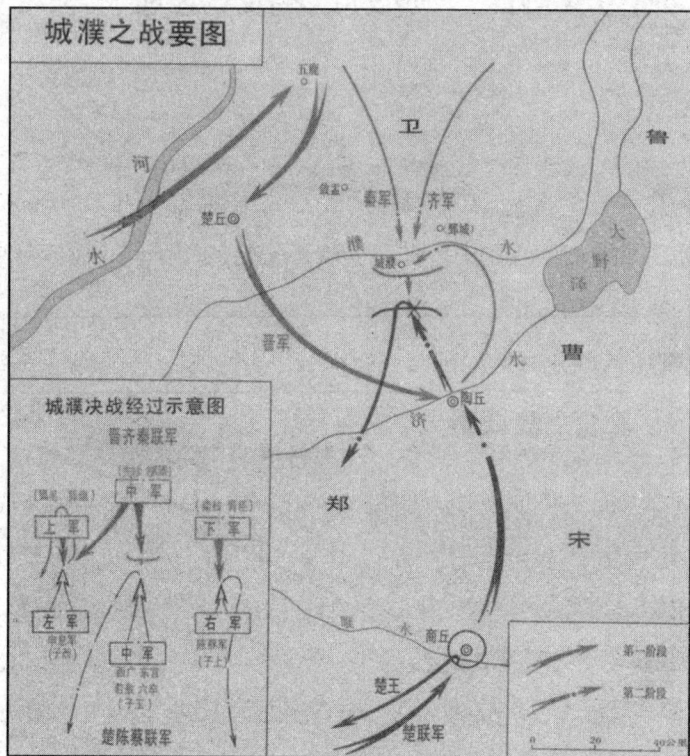

城濮之战要图

"那么，如何去解宋国之围呢？"晋文公又问。

狐偃说："曹、卫两国与楚国关系密切，卫国最近还同楚国结了亲。我们如派兵去攻曹、卫，楚军必然来救，那么宋国自然就可解了。"讲到这里，我们不得不提狐偃这个人。因为他与晋文公的关系非同一般。狐偃(？—前630年)，亦称子犯、舅犯、咎犯、臼犯、狐子，狐突之子，晋文公重耳之舅，故又称舅氏。晋献公二十二年(公元前655年)，随重耳逃亡在外十九年，为文公之心腹，官至上军佐。晋文公六年(公元前631年)夏六月，偃代晋国与周、宋、齐、陈、蔡、秦等国盟于狄泉，奠定了晋国盟主地位。文公七年(公元前630年)秋，偃又随文公参加了晋秦围郑之役，是年冬去世。葬于今新绛县北二十里之九原。

于是，晋文公采纳了他这个建议。任命先轸为元帅，于公元前632年，出师南渡黄河，攻克了卫国的五鹿。

再说这时楚军已打到了宋国的都城睢阳，忽然接到卫国告急的信息，楚成王就分派出申、息二镇的军队，留下元帅成得臣和斗越椒、斗勃、宛春等一班将领，和各路诸侯继续围宋。自己率军去救卫。军队走到半路上，又得报曹国都城已被晋军攻下，曹君也被俘虏了。楚成王于是决定暂时撤回军队，不去与晋军硬拼。

楚成王回国后，又派人去通知成得臣撤回围宋的军队。成得臣是个十分勇武又骄傲的将军，他觉得宋都被围了这么长时间了，眼看就要快被攻破了，怎么能功亏一篑呢？他派使者回去告诉楚王说："等我马上拿下宋都，凯旋归来。如遇上晋军，让我和他们决一死战。如果失败了，我愿受军法处分！"

楚将宛春向成得臣献计说："我们可以派人去与晋军谈判，要他们恢复曹、卫土地，我们就撤了宋围。这样，主动权就在我们手里。如果他们不答应，宋国人要怨恨他们；如果答应了，我们也不吃亏。"

成得臣觉得这办法倒也不错，就派宛春去见晋文公。于是宛春到晋营中说："请复卫侯而封曹，我们楚军也会解宋之围。"狐偃训斥他无礼，先轸看出了子玉的阴谋，对晋文公说："如果我们不答应楚军的这个要求，必然会将三国都得罪，而楚军又获得美名。不如我们私下里允许曹和卫国复国以离间他们和楚的关系，同时把楚方的宛春扣押起来，以激怒楚国，采取既战而后图之的策略。"先轸的意见得到采纳。曹、卫复国，立即和楚断绝了关系。成得臣果然被激怒，撤出围攻宋都的军队后，集结兵力转向曹国境内，准备与晋军决一死战。

楚军一进军，晋文公立刻命令往后撤。晋军中有些将士看到这个情况，就想不明白。就问："我们的统帅是国君，对方带兵的是臣子，哪有国君让臣子的理儿？"

狐偃解释说："打仗先要凭个理，理直气就壮。当初楚王曾经帮助过主公，主公在楚王面前答应过：要是两国交战，晋国情愿退避三舍。今天后撤，就是为了实现这个诺言啊。要是我们对楚国失了信，那么我们就理亏了。我们退了兵，如果他们还不罢休，步步进逼，那就是他们输了理，我们再跟他们交手还不迟。"

晋军一口气后撤了九十里，到了城濮（今山东鄄城西南）停了下来，布置好了阵势。

楚国将军见晋军后撤，想停止进攻。可是成得臣却不答应，一步盯一步地追到城濮，跟晋军遥遥相对。

成得臣还派人向晋文公下战书，措词十分傲慢。晋文公也派人回答说："贵国的恩惠，我们从来没有忘记过，所以退让到这里。现在既然你们不肯谅解，那么只好在战场上比个高低啦。"

大战刚开始，晋国的将军用两面大旗，指挥军队向后败退。他们还在战车后面拖着伐下的树枝，战车后退时，地下扬起一阵阵的尘土，显出十分慌乱的模样。

成得臣一向骄傲自大，不把晋人放在眼里。他不顾前后地直追上去，正中了晋军的埋伏。晋军的中军精锐，猛冲过来，把成得臣的军队拦腰切断。原来假装败退的晋军又回过头来，前后夹击，把楚军杀得七零八落。

晋文公连忙下令，吩咐将士们只要把楚军赶跑就行了，不准追杀。成得臣带了败兵残将回到半路上，自己觉得没法向楚成王交代，于是就自杀了。

晋楚城濮之战

晋军占领了楚国营地。把楚军遗弃下来的粮食吃了三天，才凯旋回国。

城濮之战后，晋文公在践土（今河南郑州西北）朝觐周王，会盟诸侯，向周王献楚国俘虏四马兵车一百乘及步兵一千名。周襄王正式命晋文公为侯伯。晋国终于实现了"取威定霸"的政治、军事目标。

城濮之战是春秋时代晋国和楚国争夺霸权的一场关键之战，以晋国取胜而告终，原本强大的楚军为什么会在这场战争中失败呢？

凡事都有内在原因和外在原因。楚国失败的内因是成得臣在军事上的错误判断。从两军人数上说，楚国要远远胜过晋国，楚国有其他国家的支持，而晋国也有同盟国，双方力量上来看晋国比楚国人少了一点，可这并不影响晋国的士气，但却长了楚国的娇气。楚国大将成得臣自傲其中，以为敌人弱了一点，认为自己的军队强过于晋国，自信过了头，上了战场又轻率地中了先轸的圈套，指挥不力从而失去战场上的主动权,使得楚国大败而归。

楚国失败的外因就是晋国的计策高及战场上的作战谋略。先轸的确是一个用兵高手和外交能手。他先让宋人贿赂齐秦两国,再让齐秦两国去游说楚国,不要出兵攻打宋国,同时又扣了楚国的同盟国曹国的宛春,这就激起了成得臣的不满,当然听不进别人的劝说,一意孤行,激起了战争。这样楚军明显就处于一个被动的状态,而晋国则处于主动地位,士兵的士气也高涨了许多,那么这场战争的结果就可想而知了。

在这场战争中,先轸又摆出了上、中、下三军,分别让狐毛、自己、栾枝统帅。并且在军队前还放了一支祁满的部队,这样的话可以在中军"横击"楚左军的时候,掩护晋国中军的行动,真可谓是考虑周全,无一疏漏。在兵法上先轸还利用晋国公子曾流落楚国,受到楚国的款待一事,与楚国说明了退开三舍路以示报恩,但如若再进攻则要手拿刀来不再客气了。就这一说,晋国还真的做到了,退开,且不用兵。但是这是计策,也就是我们现在说的"诱敌深入"这个方法,将敌人引过来,再利用地势上的优势让自己占有主动权,痛击敌人。这个方法真的激怒了成得臣,他不顾兵法,只是顺着晋国的意思步步前进,落入敌人的陷阱中。在战争中,晋国还装出一副"狼狈样",用树枝扎在车后面,使车子前进时能够拖出厚厚的尘土,迷惑敌人的眼睛,让敌人真的以为晋国落败了,使成得臣一步步地进入自己的圈套。

由此我们可以见出,战争到了春秋时代已经变成了一门复杂的艺术,远古时代的打仗办法已经大大地落后了。战争的环节更多,涉及的方面更广,对智慧的要求更高,矛盾斗争更加错综复杂。有勇有谋已不足以取胜,还要善于搞外交,搞"统一战线",还要善于笼络民心,保证"后院"不会起火,还要善于把各种不利因素转化为有利条件。总而言之,是越打越精彩了。

在这种情况下,想要做好统治者并不是那么容易。对他的要求,几乎是对一个全才的要求:他必须是个出色的政治家,同时也是优秀的外交家、军事家、鼓动家、谋略家,要懂得天文地理,也要懂得处世为人、礼仪制度,要有充沛的体力和精力来应付各种繁杂的事情。而称霸一方的晋文公居然能够做得到,那么这就说明他是一个才高八斗的人!

作为一名杰出的政治家,晋文公虽然在位时间不长,但却影响着中国春秋时期的历史发展。早年长期的流亡生活和政治斗争的考验,锻炼了他的政治才能,同时使他对当时的形势有着非常深入地了解,所以他能够顺应历史潮流,展开一系列的政治活动。他即位后所采取的一系列改革措施,有两点是很重要的:

第一,尚贤。晋文公非常强调"尚贤"。在周代原来的分封制下,一个人的政治地位只能靠血缘亲疏关系去确定。到春秋时代,宗法制度已经显示出与当时整个社会发展的不适应。晋文公效法齐桓公重用管仲的做法,身边也聚集一批有才能有德行的人。如赵衰、狐偃、贾佗、魏武子等,都是栋梁之材,在治国安邦以及称霸过程当中起着不容忽视的重要作用。正因为晋文公避亲而尚贤,所以在当时晋国统治集团中出现了不争高位,唯贤是举的优良风气,如晋文公"使(赵)衰为卿,辞曰:'栾枝贞慎,先轸有谋,胥臣多闻,皆可以为辅佐,臣弗若也。'"从而使贤者居首,使晋国统治集团始终保持着勃勃的生机。

第二,赏功。赏功,就是赏赐有功劳的人。晋文公即位后,赏赐曾经跟随他流亡和支持他上台有功的人,大者封邑,小者尊爵。他即位后,不再分封宗族王室子弟,政治上也不重用王族。他选择职官的原则是按德行、才能、功劳,所任用的主要是一些"诸姬之良"、"异姓之能"。晋国实行的制度是军政合一,诸军将佐既是统帅军队的军事首领,同时也是参与决断国家政事之卿,是统治集团中的核心阶层,而这些将佐分别出自不同的宗族。这样,就使一批非公族的政治势力进入统治集团的核心阶层,堵塞了王族把持晋国政治的途径。晋文公所采取的这一措施使晋国历史的发展趋势受到了直接的影响,从此之后,晋国的历史形成了有别于其他诸侯国的显著特点,使得封建因素在晋国较早较快地出现,同时,在这里法家思想也得到了深厚的奠定基础。

走近晋文公,人们总是把最多的注意力放到他的开头和结尾,从外出逃亡的灾祸,到成为霸王的荣耀显赫,让人感叹的是命运沧海桑田的巨变。但是,人们却忽视了过程这个巨大的环节。过程是漫长的,实实在在的,局外人可以从旁说大话,评头论足,而过程之中的冷暖甘苦,酸甜苦辣,欢乐忧伤,寂寞彷徨,唯有当事人自己知道,唯有当事人才有深入骨髓、刻骨铭心的体验。旁观者可以理解,却没有体验,而理解和体验则是完全不可同日而语的两桩事情。无论从哪种意义上都不可能等量齐观。

纵观晋文公从坎坷到辉煌的过程,我们可以看到,忍耐贯穿着他人生的始终。太多的坎坷、挫折、孤独、屈辱、失败、恐惧等,我们能够承受、能够忍耐吗?我们能忍耐多久,若这一切都应邀而来,我们是否会在十九年里一一地承受和忍耐?这一问题值得人们深思。也许吧,当一切顺理成章的时候,你永远体会不到。也许正是有了漫长凄苦的流亡过程才使得晋文公更加坚强,正像先贤孟子所说:"天降大任于斯人也,必将苦其心志、劳其筋骨、饿其体肤",这一切的磨炼成就了一代霸主的风范。

乱世称雄——奋发图强，重用人才

　　秦穆公，名任好，嬴姓，秦国历史上一位有作为的君主。他在位期间，励精图治，总想干一番大事业，于是网罗人才，重用贤臣，让他们成为自己的左右手，这些能人是让秦国逐渐强大起来的重要棋子。他还内修国政，外图霸业，统一了今甘肃、宁夏等地，开始了秦国的崛起。正是因为他打下的基础，才有了后来的秦始皇灭六国，一统华夏的千秋大业。

　　为了能使更多的贤才为自己效力，秦穆公求贤人，从西方的戎人那里请来了由余，从东方的楚国请来百里奚，从宋国请来蹇叔，任用从晋国来的丕豹、公孙枝。秦穆公用了这五个人，兼并了二十个国家，称霸西戎。秦孝公重用商鞅，实行新法，移风易俗，使国家强盛，打败了楚国和魏国，扩地千里，秦国逐渐强大起来。

　　关于秦穆善于纳贤才《史记·秦本纪》记载："穆公任好五年，晋献公灭虞、虢，虏虞君与其大夫百里奚。既虏百里奚，以为秦穆公夫人媵于秦。百里奚亡秦走宛，楚鄙人执之。秦穆公闻百里奚贤，欲重赎之，恐楚人不与，乃使人谓楚曰：'吾媵臣百里奚在焉，请以五羖羊皮赎之。'楚人遂许与之。"

　　秦穆公认为要做大事得有大批人才，他想尽办法满天下去搜罗。秦穆公与众不同的是，不重用本国的贵族。他怕本国贵族权大势大，国君反倒受了他们的牵制。他宁可重用外来的人才。外来人才他们不像本国的豪门大族割据地盘，建

秦穆公

立自己的势力，威胁国君。

可是秦国地处西部，人才难觅，于是他就打算到其他国家去搜寻。当时他还没有娶妻，于是就派公子絷到晋国求亲，一方面可以结交晋国这个中原大国，另一方面可以顺便寻访贤人。公子絷出发前，秦穆公特意嘱咐他："我国国小，人才罕见，晋国是大国，必有奇才。你这次去一则替寡人求亲，如果成功，我们就不用担心东边的威胁了(晋国在秦国的东面)；二来就要为寡人寻访贤士，有愿意来我国效力的，就一定把他给寡人带回来。"

没过多久，秦穆公听说公子絷求亲成功，很高兴。又听说访得贤人公孙枝，秦穆公更是喜出望外，急忙招来公孙枝相见，和他谈论国家大事，发觉其果然是很有才华的人，就拜公孙枝为大夫。又派公子絷带上聘礼到晋国去迎娶伯姬。

十多天以后，公子絷带了伯姬和晋国陪嫁的奴婢、彩礼回来见秦穆公。秦穆公打开晋国陪嫁奴婢的名单看了一遍，又核对了一下，就回过头问公子絷："卿此去功劳甚大，不过这个百里奚是个什么人啊？怎么只有名字，不见人啊？"公子絷赶紧回答说："百里奚原先是虞国的臣子，后来虞国被灭，他可能是不想为奴，逃跑到楚国了吧。"

秦穆公听到这里，又问道："百里奚是人才啊，怎么晋国没有留住他，反倒把他当成了陪嫁的奴隶了呢？"

公孙枝说道："虞公和百里奚成了晋国的俘虏后，虢国有个大夫叫舟之侨的投降了晋国，他知道百里奚有才能，就想把他推荐给晋献公。晋献公派舟之侨去说服百里奚，结果被百里奚给拒绝了。百里奚说：'君子才能不能施展，也不去敌国的土地，更何况是到敌国做官呢？'"

百里奚，姓百里，名奚，是虞国(今山西平陆北)人。他的儿子叫孟明视，后来也是个出名的人物。百里奚在三十多岁娶妻生子后，离开虞国到齐国，但找不到出路，靠要饭过日子。后来四十多岁他到了宋国，碰见一个隐士叫蹇叔，两人成了知心朋友，都想找一个出路，可是找不到主儿。没办法，百里奚打算回到虞国去。蹇叔说："虞国的大夫宫之奇倒是我的朋友，咱们不妨找找他去。"就这样，百里奚又回到了虞国。蹇叔带着百里奚去见大夫宫之奇。宫之奇要带他们去见虞君。蹇叔摇了摇头说："虞君爱贪小便宜，不像有作为的人物。"于是，蹇叔就离开了百里奚。临别时他对百里奚说："以后您要瞧我，就上鸣鹿村好了。"打这儿起，百里奚跟着宫之奇在虞国做了大夫。果然不出蹇叔所料，虞君爱贪小便宜。晋国（都城在今山西翼城东南）派使者到虞国，送上一匹千里马和一对名贵的玉璧，作为礼物买通虞君说："我们打算攻打虢国（又叫北虢，都城在今河南陕县东南），为行军方便，想跟您借一条道儿从您的国土过去。"虞君瞧瞧手里的玉璧，又瞧瞧千里马，连连答应："可以，可以！"大夫宫之奇拦住他说："不行！虢国跟虞国贴得那么近，好像嘴唇跟牙齿一样。俗语说：'唇齿相依，唇亡齿寒'，我们这两个小国相帮相助，还不至于给人家灭了。万一虢国被晋国灭了，虞国也一定保不住。"虞君说："人家晋国送来了千里马和无价之宝跟咱们交好，咱们连一条道儿都不准人家走？再说晋国比虢国强上十倍，就算失了一个小国，可是交上了一个大国，还不好吗？"百里奚拉住宫之奇退出来说："跟糊涂人说好话，就好像把珍珠扔在道儿上。"宫之奇知道虞国一定灭亡，就带着家人跑了。不久，晋献公派大将率领大军经过虞国去灭了虢国，回头顺便也灭了虞国，取回了千里马和玉璧。虞君和百里奚都做了俘虏。

听到公孙枝说，百里奚逃到楚国去的消息，这时的秦穆公愿以重金赎回百里奚，又怕楚人不给。于是派使者到楚，说："我国的奴隶百里奚逃到贵国，请允许我方用五张公羊皮将他赎回。"楚国一看此人如此不值钱，也就答应了秦的要求。当七十余岁的百里奚被押回秦国时，秦穆公亲自为他打开桎梏，与他商谈国事。百里奚说："我是亡国之臣，哪里值得君公垂询！"穆公说："虞君不用你，才使你被掳，并不是你的过错。"坚持向百里奚讨教，两人一直谈了三天，穆公十分高兴，拜百里奚为国相。由于百里奚是用五张公羊皮赎回来的，所以人称其为"五羖大夫"。百里奚辞让道："我不如我的朋友蹇叔。蹇叔贤能而不为世人了解。当年我在外漫游受困于齐，不得已向别人乞讨，是蹇叔收留了我。我因此想到齐君无知那儿做事，是蹇叔阻止了我，使我幸免与无知一起被杀。我到周地，见王子颓喜欢牛，就以养牛去接近他。后来，王子颓想用我，又是蹇叔阻止了我，使我免于被诛。我到虞君手下做事，蹇叔又阻止我。我也知道虞君不会信用我，只是为了那一份俸禄和爵位，暂时留下来，想不到就当了俘虏。从这三件事，我深知蹇叔的贤能。"

秦穆用五张羊皮把百里奚从楚国赎回来《东周列国志》云：百里奚到了秦国，穆公见他年纪很大，问他。百里奚对曰："才七十岁。"

穆公叹曰："惜乎老矣！"

奚曰："使奚逐飞鸟，搏猛兽，则臣已老。若使臣坐而策国事，臣尚少也。昔吕尚年八十,钓于渭滨,文王载之以归,拜为尚父,卒定周鼎。臣今日遇君,较吕尚不更早十年乎?"让我去搏击猛兽呢,那我年纪的确是老了;不过如果让我论国事呢,则比八十岁才遇到周文王的姜太公还年轻十岁。

秦穆公与百里奚畅谈三日,颇为其才能所动,于是拜为上卿(即相国之职)。

秦穆公能够积极大胆地举贤用能,关键在于他具有爱才之心。为了访求贤才,他想方设法用五张羊皮换来百里奚,并能大胆起用,让其辅佐国政。同时,穆公还能客观公正地分析人才,认识人才,使用人才。他对百里奚的选用,并不以虞国的灭亡而认为百里奚无能,而是具体问题具体分析,认为"虞君不用子,故亡,非子之罪也"。

百里奚

为了能够得到人才,秦穆公不放过任何一个机会。自己国家没有人才,就到别的国家去"挖",先在晋国"挖"来公孙枝,又从楚国"挖"来百里奚。只要是人才,无论大才还是小才,他都不放过。正是因为他开创的这种风气,使秦国成了吸引人才的乐土。秦穆公求贤若渴,并且为能人提供充分发挥自己的空间,同时也利用他们的智慧成就了自己的事业,真可谓最大的能人是把能人组合在一起的人。秦穆公的这种思想和做法,都是值得现代人所借鉴的。

韩愈在《杂说四·说马》一文里,用识马的道理表明识别人才的重要性。他说:"世有伯乐,然后有千里马。千里马常有,而伯乐不常有。"这告诉我们一个道理:识马者难得,有识马者然后才会发现千里马,不识马,即使有千里马也会被埋没。人才总是有的,关键在于能否加以识别和扶持。"虽有名马",而"不以千里称也"。由于不识马就不能饲养马。"马虽有千里之能",但待遇不公,不能满足它起码的生活要求,因而不能发挥它的才能。只有善于鉴别而又培养得当,人才才会大量地涌现出来。

韩愈这种爱才、选才、用才的思想,是对封建贵族那种选人唯贵、用人唯亲的腐朽思想进行的有力批判,也是对封建统治阶级那种埋没人才、摧残践踏人才做法的辛辣讽刺,同样也是我国历史上"尚贤"思想的新发展。韩愈四试于礼部,三试于吏部,十年犹布衣。他才高受屈,又几经贬谪,对于如何善于识别人才和培养人才有其真切感受。他说:"大凡物不得其平则鸣。"《说马》就是他结合自己早期不得志的遭遇,而为广大中下层知识分子所作的不平之鸣。这在中国古代教育史上也是有价值的。对于我们今天的领导者认真识别和积极培育人才也有很大的启发意义。

在重用人才方面,三国时期的曹操表现得尤为突出。早在创业之初,曹操就非常重视网罗人才;建都许昌之后,又一再下达"求贤令",以朝廷的名义招纳贤士,试图把散落在民间的人才都聚集起来。

在选择人才的标准上,曹操以其政治家的独特气魄,一反过去以门阀和名气取人的传统标准,主张不拘一格,"唯才是举"。著名的《八月令》竟然明确地提出要起用那些"负污辱之名、见笑之行,或不仁不孝,而有治国用兵之术"的人才,这是对以门阀品第为唯一标准的传统人事制度的一次猛烈冲击。对于曹操"识拔人才,不拘微贱,随能任使,皆获其用"的选才标准,连宋代的政治家司马光也给予了积极的评价。

曹操在创业之初,需要人才帮助打天下时,他更是虚心纳士,和刘备、孙权一样对有用之才极尽礼遇。曹操厚待刘备、关羽的事情是尽人皆知的,其实他给予自己重要的谋臣将士的优待远在刘、关二人之上,故大多能得人心。

更为难得的是,曹操在创业之初能用度外之人,即对有用的人才做到不计前嫌,即使是仇敌也不念旧恶,不加报复,表现了一个政治家的博大胸怀和大度。

因此,将曹操对人才既任用又猜疑的态度比照起来看,他在人才问题上奉行的其实是实用主义的方针。为了建立统一天下的霸主事业,他重视人才、礼遇人才,表现了他有囊括英才的雄才大略和容纳人才的大度。

乱世称雄——积极为民，强秦基霸

每个领导都希望自己的下属忠于自己，希望下属能积极地工作。要想达到这个目的，领导首先要做的就是付出，特别是情感上的付出。所谓精诚所至，金石为开，处处以情感待人，将心比心，必然会得到下属真诚的支持和帮助。

对于感情上的投入，重要的一点是有的放矢。如果能够知道下属的期望，然后投其所爱、解其所困，那是最好不过的了。人在生活中不免要遇到林林总总的困难，面临这些困难时总想有人能给予帮助，如果在其山重水复疑无路之时，使得"柳暗花明又一村"，此人一定对你感激涕零。

当一个人能在组织中体会到如家庭般的温暖，他就会感到十分安心，士气在无形中自然也就增高了。这样的公司，在广大的求职者心中，当然是充满魅力的公司了，也只有这样的公司才能够吸引更多的优秀员工，让员工最大限度的发挥潜能，从而在商海中搏浪击水。

为了自己的事业，秦穆公纳了很多贤才。但人才有了，要完成霸业，还一定要得到民心。秦穆公很重视民心的作用，他实行了一些缓和阶级矛盾的措施，减轻百姓的负担。他强调取信于民。晋国闹饥荒，向秦国求援，他不计过去的恩怨，把大批粮食运到了晋国，说不能让百姓受罪。晋国臣民都称颂他的大德，他的威信大大提高。这使他深受下层群众的支持和拥戴，有了争霸的基础。在百里奚和蹇叔的辅佐下，秦穆公将注意力集中于晋。晋献公晚年，骊姬之乱，公子重耳和夷吾出逃。穆公九年(公元前 651 年)晋献公死，驴姬子奚齐继位，旋即被其臣里克杀死。秦穆公派百里奚带兵送夷吾回国继位，为晋惠公。夷吾事先答应将河西八城割给秦作为谢礼，但继位后却毁约。晋臣丕豹逃到秦国，受到穆公重用。前 648 年晋国旱灾，秦穆公运了大量粟米给晋。前 646 年，秦国发生饥荒，晋国不仅不给秦国粮食救灾，反而乘机出兵，于次年攻秦。双方在韩原大战，秦军最终生俘晋惠公。在周襄王和穆姬的请求下，秦穆公与晋惠公结盟后，将其放回。晋惠公送太子圉到秦国为质子，并将黄河以西的地方献给秦国，秦的东部疆界扩至龙门。二十三年（公元前637年），晋惠公死，其子子圉逃回国继位，为怀公，继续迫害逃亡的公子重耳。秦穆公于是将重耳从楚国迎来，以极为隆重的礼节接待，将女儿文嬴及四位宗女嫁其为妻，然后于次年送重耳回国为君，是为晋文公。晋文公杀死子圉，在秦的参与下，尊王攘夷，败楚城濮，成为霸主。前630年，秦又出兵帮助晋文公围郑。郑老臣烛之武夜里从围城中绳出，见秦穆公说："郑国灭亡，于秦不利。晋人这次开拓了东边的领土，下次就会向西边的秦国用兵。大君何必损害自己国家的利益，共帮助晋国呢？"秦穆公于是与郑结盟，留杞子、逢孙、杨孙戍守，罢兵而还。这就是秦穆公在外交上的谋略。

晋文公死后，秦穆公认为时机已到，想取代晋成为霸主，但在肴之战中败于晋，暂缓了东进的步伐。

晋文公的夫人文嬴，是秦穆公的女儿，她对宋襄公说："这三人挑拨我们两国国君的关系，穆公对三人恨入骨髓。你何必自己去杀他们呢？不如放他们回去，让穆公去将他们煮死！"晋襄公同意了。秦穆公穿了素服，哭着到郊外迎接孟明视等人，说："我不听从百里奚和蹇叔的话，使你们三位遭受耻辱，你们有什么错？你们要专心谋划报仇雪耻，不可懈怠！"恢复了三人的官职，对他们更加信任了。

但不幸的是，秦穆公三十二年（公元前628年）冬，晋文公死。这时，杞子从郑国派人送信回国，说："郑人将北门的钥匙交给了我，如果悄悄地派军队来，郑国就能得到。"秦穆公问蹇叔和百里奚，两人回答道："经过几个国家几千里路去袭击别人，很少有成功的。我军的行动郑国一定会知道，不能去！"秦穆公说："我已经决定了，你俩不必再说。"于是派遣百里奚的儿子孟明视、蹇叔的儿子西乞术和白乙丙三将带兵出发。百里奚和蹇叔哭着为军队送行，秦穆公很生气，说："我出兵，你们却哭着沮丧我军的士气，这是为什么？"二老答道："我们并不敢沮丧士气。只是我们年纪大了，儿子要出征，怕以后再也见不着了！"二老对其儿子说："你们的军队一定会吃败仗，晋人将在崤山阻击。"

上述百里奚和蹇叔哭着为军队送行这段就是有名的《蹇叔哭师》。《左传》记载，（鲁僖公三十二年）杞子自郑使告于秦曰："郑人使我掌其北门之管，若潜师以来,国可得也。"穆公访诸蹇叔。蹇叔曰:"劳师以袭远,非所闻也。师劳力竭,远主备之,无乃不可乎? 师之所为,郑必知之;勤而无所,必有悖心。且行千里,其谁不知?"

公辞焉,召孟明、西乞、白乙,使出师于东门之外。蹇叔哭之曰:"孟子! 吾见师之出,而不见其入也!"

公使谓之曰:"尔何知! 中寿(六七十岁。此时蹇叔大约八十岁),尔墓之木拱矣!"

蹇叔之子与师。哭而送之曰:"晋人御师必于殽。殽有二陵焉。其南陵,夏后皋(皋,夏朝桀王的祖父。后,古代的天子何列国诸侯都称为后)之墓也;其北陵,文王之所辟(通'避')风雨也。必死其间,余收尔骨焉!"

意思是:鲁僖公三十二年,杞子从郑派人告知秦国国王说:"郑国人派我掌管他们的北门钥匙,如果隐蔽地派军队来,郑国可以得到啊。"秦穆公就此事问大夫蹇叔。蹇叔说:"劳动军队去袭击远方的国家,没有听说过啊。军队劳累精力衰竭,远方的国家已经有防备了,恐怕不行啊? 军队的行动,郑国必定知道;辛辛苦苦却没有收获,大家必定会有怨恨的心理。况且军队行走千里,那还有谁不知道?"

穆公不听,召集孟明、西乞、白乙,派他们从东门之外出兵。蹇叔对他们哭道:"孟将军啊! 我看着军队出发,却看不见他们进城啊!"

穆公派人对他说:"你懂什么! 如果你只活六七十岁的话,你的墓地的树都有一抱粗了啊!"

蹇叔的儿子跟随军队一起。蹇叔哭着送他道:"晋国人防御的军队必定在崤山。崤山有两座山峰。它的南峰,是夏朝君王皋的墓;它的北峰,是周文王避风雨的地方。你必定死在它们之间,我到那里收你的尸骨吧!"

三十四年(公元前 627 年),秦穆公又派孟明视等带兵东向,秦军东去,经过成周北门时,车左、车右都脱去头盔下车致敬,随即跳上车去的有三百辆战车的将士。王孙满看了以后说:"秦军轻佻而无礼,一定会失败!"秦军经过滑国时,郑国的商人弦高正贩了牛准备到周去卖,见秦军,就将所带的十二头牛全部送给秦军,说:"听说大国将要诛灭郑,郑君已经作好迎战的准备,派我先送十二头牛犒劳贵军士卒。"秦军三位将军商量道:"郑国已经知道我军要去袭击,去了也没有用。"于是灭了滑国,往回撤兵。滑是晋国的同姓之国。当时,晋文公还没有下葬。太子襄公愤怒地说："秦国欺侮我丧父,乘机攻灭我的同姓之国。"于是,将丧服染成黑色,出兵在崤山阻击,大败秦军,将三位秦将全部俘获。秦东进的路被晋牢牢地扼住,只得转而向西发展。

当峙,在今陕甘宁一带,生活着许多戎狄的部落和小国,如陇山以西有昆戎、绵诸、翟,泾北有义渠、乌氏、朐衍之戎,洛川有大荔之戎,渭南有陆浑之戎。他们生产落后,披发衣皮,各有君长,不相统一。他们常常突袭秦的边地,抢掠粮食、牲畜,掳夺子女,给秦人造成很大的苦难。秦穆公认真检讨了自己的过失,进一步整顿内政,及时改变战略方向,全力进攻西戎。西戎泛指秦国西边散布于广大地区的戎族国家。他通过投奔来的由余了解了西戎各国的山川形势,兵力部署,采用离间计、美人计等策略,突出奇兵,发动全面攻击,征服了这些国家,扩地千里。这样,东从陕西、山西交界的黄河起,一直到遥远的西方,都为秦国所控制,秦穆公终于成为西方的霸主。这对中国社会的发展有着积极的作用,加速了民族融合,发展了秦国经济。秦穆公开创的霸业,为战国末年秦统一整个中国打下了基础。

三十九年(公元前 621 年),秦穆公死,安葬于雍(今陕西凤翔东南),殉葬而死的有一百七十七人,其中包括子舆氏的三个儿子奄息、仲行、针虎。这三人十分善良、勇武,国人对此悲痛万分,赋《黄鸟》之诗,唱道:"彼苍者天,歼我良人;如可赎兮,人百其身!"意思是,青天呵,怎么将这么善良的人给殉葬了? 如果可以赎命,我们宁愿出一百条命将他们换回来!

乱世称雄——不鸣则已,一鸣惊人

　　春秋时期,先后有五个国家称霸中原,史称"五霸"。在"五霸"当中,以楚国的地域最大、人口最多,物产最丰,文化最盛。楚庄王称霸中原,不仅使楚国强大,威名远扬,也为华夏的统一,民族精神的形成发挥了巨大的作用。

　　楚庄王(?—公元前591年),又称荆庄王,熊氏,名旅(一作吕,侣),春秋时楚国最有作为的国君,中原五霸之一。郢都(江陵纪南城)人,楚穆王之子,公元前614年继位。

　　《史记·滑稽列传》记载,庄王即位三年,不出号令,日夜为乐,令国中曰:"有敢谏者死无赦!"伍举入谏。庄王左抱郑姬,右抱越女,坐锺鼓之间。伍举曰:"愿有进。"隐曰:"有鸟在于阜,三年不蜚不鸣,是何鸟也?"庄王曰:"三年不蜚,蜚将冲天;三年不鸣,鸣将惊人。举退矣,吾知之矣。"居数月,淫益甚。大夫苏从乃入谏。王曰:"若不闻令乎?"对曰:"杀身以明君,臣之愿也。"于是乃罢淫乐,听政,所诛者数百人,所进者数百人,任伍举、苏从以政,国人大说。是岁灭庸。六年,伐宋,获五百乘。

　　秦国打败晋国以后,一连十几年两国没有发生战事。可是南方的楚国却一天比一天强大,一心要跟中原的霸主,与晋国争夺地位。

　　公元前613年,楚成王的孙子楚庄王即位,做了国君。晋国趁这个机会,把几个一向归附楚国的国家又拉了过去,订立盟

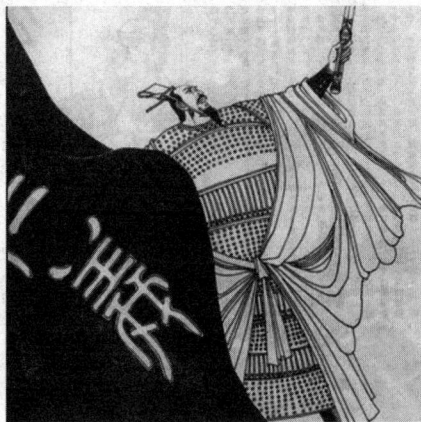

楚庄王

约。楚国的大臣们很不服气,都向楚庄王提出要他出兵争霸权。`

无奈楚王不听那一套,白天打猎,晚上喝酒,听音乐,什么国家大事,全不放在心上,就这样窝窝囊囊地过了三年。他知道大臣们对他的作为很不满意,还下了一道命令:谁要是敢劝谏,就判谁的死罪。

有个名叫伍举的大臣,实在看不过去,决心去见楚庄王。楚庄王正在那里寻欢作乐,听到伍举要见他,就把伍举召到面前,问:"你来干什么?"

伍举说:"有人让我猜个谜儿,我猜不着。大王是个聪明人,请您猜猜吧。"

楚庄王听说要他猜谜儿,觉得怪有意思,就笑着说:"你说出来听听。"

伍举说:"楚国山上,有一只大鸟,身披五彩,样子挺神气。可是一停三年,不飞也不叫,这是什么鸟?"

楚庄王心里明白伍举说的是谁。他说:"这可不是普通的鸟。这种鸟,不飞则已,一飞将要冲天;不鸣则已,一鸣将要惊人。你去吧,我已经明白了。"

过了一段时期,另一个大臣苏从看看楚庄王没有动静,又去劝说楚庄王。

楚庄王问他:"你难道不知道我下的禁令吗?"

苏从说:"我知道。只要大王能够听我的意见,我就是触犯了禁令,被判了死罪,也是心甘情愿的。"

楚庄王高兴地说:"你们都是真心为了国家好,我哪会不明白呢?"

从这以后楚庄王便传令解散了乐队,打发了舞女,决心要大干一番事业。

打那以后,这个一鸣惊人的楚庄王就成了霸主。

优孟是一个非常有智谋的大夫,要不是他的一句讽谏楚庄王,哪有当时春秋五霸之一的楚庄王呢?优孟是何许人?

《史记·滑稽列传》记载,优孟,故楚之乐人也。长八尺,多辩,常以谈笑讽谏。楚庄王之时,有所爱马,衣以文绣,置之华屋之下,席以露床,啖以枣脯。马病肥死,使群臣丧之,欲以棺椁大夫礼葬之。左右争之,以为不可。王下令曰:"有敢以马谏者,罪至死。"

优孟闻之,入殿门,仰天大哭。王惊而问其故。优孟曰:"马者王之所爱也,以楚国堂堂之大,何求不得,而以大夫礼葬之,薄,请以人君礼葬之。"王曰:"何如?"对曰:"臣请以雕玉为棺,文梓为椁,梗枫豫章为题凑,发甲卒为穿圹,老弱负土,齐赵陪位于前,韩魏翼卫其后,庙食太牢,奉以万户之邑。诸侯闻之,皆知大王贱人而贵马也。"

王曰："寡人之过一至此乎！为之奈何？"优孟曰："请为大王六畜葬之。以垄灶为椁，铜历为棺，赍以姜枣，荐以木兰，祭以粮稻，衣以火光，葬之于人腹肠。"

于是王乃使以马属太官，无令天下久闻也。

意思是：优孟，是过去楚国的歌舞艺人。身高八尺，善辩论，常常用谈笑的方式对君王进行劝谏。

楚庄王十分爱马，特别是他最心爱的那几匹马，过着人们想象不到的优裕生活。那几匹马住在豪华的厅堂里，身上披着美丽的锦缎，晚上睡在非常考究的床上，它们吃的是富有营养的枣肉，伺候那些马的人数竟是马的三倍。由于这些马养尊处优，又不出去运动，因此其中有一匹马因为长得太肥而死去了。这一下可真让庄王伤心极了。他要为这匹马举行隆重的葬礼。一是命令全体大臣向死马致哀，二是用高级的棺椁以安葬大夫的标准来葬马。大臣们实在难以接受楚庄王这些过分的决定，他们纷纷劝阻庄王不要这么做。可是楚庄王完全听不进去，还生气地传下命令说："谁要是再敢来劝阻我葬马，一律斩首不饶。"

优孟是个很有智慧的人，听说这件事后，他径直闯进宫去，见到楚庄王便大哭起来。楚庄王吃惊地问他说："你为什么哭得这么伤心呀？"

优孟回答说："大王心爱的马死了，实在让人伤心，要知道那可是大王所钟爱的马呀，怎么能只用大夫的葬礼来办理马的丧事呢？这实在太轻视了。应该用国君的葬礼才对啊。"

楚庄王问道："那你认为应怎样安排呢？"

优孟回答说："依我看，应该用美玉做马的棺材，再调动大批军队，发动全城百姓，为马建造高贵华丽的坟墓。到出丧那天，要让齐国、赵国的使节在前面开路；让韩国、魏国的使节护送灵柩。然后，还要追封死去的马为万户侯，为它建造祠庙，让马的灵魂长年接受封地百姓的供奉。这样，天下所有的人才会知道，原来大王是真正爱马胜过一切的。"

楚庄王顿时明白过来，非常惭愧地说："我是这样地重马轻人吗？我的过错可真的是不小呀！你看我该怎么办才好呢？"

优孟心中高兴极了，趁着楚庄王省悟过来的机会，他俏皮地回答说："太好办了。我建议，以炉灶为停，大铜锅为棺，放进花椒佐料、生姜桂皮，把火烧得旺旺的，让马肉煮得香喷喷的，然后全部填进大家的肚子里就是了。"

一席话说得楚庄王也哈哈大笑起来。从此他也改变了原来爱马的方式，把那些养在厅堂里的马全都交给将士们使用，那些马也经风雨、见世面，锻炼得强壮矫健。

优孟因势利导劝说楚庄王，收到良好的效果，对我们学会做思想工作也不无启发。

孙叔敖之墓

《五代史·伶官传》中记一事也十分有趣：庄宗喜好田猎，在中牟打猎，践踏许多民田。中牟县令为民请命，庄宗发怒，要杀他。伶人敬新磨得知后，率领众伶人去追赶县令，将之拥到马前，责备他说："你身为县令，竟然不知道我天子喜爱打猎呢？为何让老百姓种庄稼来交纳税赋，而不让你治下百姓忍饥去荒废田地，让我天子驰骋田猎？你罪该万死。"于是拥着县令前来请求庄宗杀之。庄宗听后无奈大笑，县令被赦。

真正成功的人往往都是默默地为实现梦想而付出艰辛的努力，他们都是一些"不鸣则已，一鸣惊人"的实干家。也正因此，他们才会取得许多骄人的成绩。正如我们总在赞叹杜甫的深刻、鲁迅的独到、余秋雨的广博、高尔基的多才、巴尔扎克的多产。却不知道他们的背后都有一段艰难的默默积累过程，积累认知，积累情感，积累经验……厚积才能薄发！

历史悠悠，古往今来，薄发者必厚积，方能一鸣惊人，有所成就。俱往昔，数风流人物，还看今朝。

乱世称雄——雄才大略,中原霸主

　　庄王三年(公元前611年),国内发生灾荒,戎人骚扰,附属的庸国、麇国勾结百濮叛楚。庄王集中力量伐灭威胁最大的庸国,又吞并了麇国,控制局面,增强了国力。此后,又极力整顿内政,任用贤才,厉行法治,加强兵备,使楚国出现一派国富兵强的景象。

　　庄王二十年(公元前594年)冬,楚、鲁、蔡、许、秦、宋、陈、卫、郑、齐、曹、邾、薛、鄫等十四国在蜀(今山东泰安西)开会结盟,正式推举楚国主盟,楚庄王遂成为称雄中原的霸主。

　　纵观历史之中的"春秋五霸",若论功业之巨、霸权之盛,非楚庄王莫属。我们知道他早在即位之初,就发出令所有对手心惊肉跳的誓言:"不鸣则已,一鸣惊人;不飞则已,一飞冲天。"历史证明,这不是他心血来潮时的梦呓,而是雄才大略驱动下的心声。

　　在优孟和伍举的辅佐下,楚庄王很快就进入了角色,开始整理国事,关心百姓。

　　楚庄王首先整顿内政,起用有才能的人,将伍举、苏从提拔到关键的职位上去。当时楚国的令尹和斗越椒野心勃勃,想要篡位。楚庄王便任命了三个大臣去分担令尹工作;削弱了斗越椒的权力,防止他作乱。

　　楚庄王一边改革政治,一边扩充军队,加强训练军士,准备与晋国决战,以雪城濮之战的耻辱。他在即位的第三年,率兵灭了庸国(今湖北竹山县一带);第六年,战败了宋国;第八年,又战败了陆浑(今河南嵩县北部)的戎族。为了显示楚国的兵威,楚庄王在洛邑的郊外举行了一次大检阅。

　　这一来,可把那个挂名的周天子吓坏了。他派一个大臣王孙满到郊外去慰劳楚军。

楚庄王和王孙满交谈的时候,楚庄王问起周王宫里藏着的九鼎大小轻重怎么样。九鼎是象征周王室权威的礼器。楚庄王问起九鼎,就是表示他有夺取周天子权力的野心。

王孙满是个善于应付的人。他劝说楚庄王:国家的强盛,主要靠德行服人,不必去打听鼎的轻重。楚庄王自己知道当时还没有灭掉周朝的条件,也就带兵回国了。

以后,楚庄王又请了一位楚国有名的隐士孙叔敖当令尹(楚国的国相)。孙叔敖当了令尹以后,开垦荒地,挖掘河道,奖励生产。为了免除水灾旱灾,他还组织楚国人开辟河道,能灌溉成百万亩庄稼,每年多打了不少粮食。没几年工夫,楚国更加强大起来,先后平定了郑国和陈国的两次内乱,最后,终于和中原霸主晋国冲突起来。

周定王二年(公元前605年),楚庄王讨伐完陆浑的戎族,在回国的路上,突然发现一队人马挡住了去路。原来趁楚庄王不在,斗越椒造反了。他占据了郢都,又急忙发兵拦阻楚庄王,想将楚庄王消灭在郢城之外。楚庄王见斗越椒以逸待劳,自己带的兵刚刚打完仗回国,非常疲惫,知道硬拼于自己不利,便说:"斗氏一家于楚国有大功,宁肯使越椒负我,我不负越椒。"便派苏从去讲和。斗越椒以为楚庄王已是囊中之物,只等伸手擒拿了,哪里肯罢手? 便对苏从说:"回去告知熊旅(楚庄王的名字),有胆量就出来决一死战,不然便赶快投降!"楚庄王假作退兵,到了晚间,却把军队埋伏于漳水东岸,又派一队士兵在河岸上活动,引诱斗越椒渡河;自己则率着少数士兵,躲在桥的下面。第二日早上,斗越椒见河对岸有楚兵,果然追过河来。待发现中了计,想向回撤退,桥已被拆毁了。斗越椒惊惶失措,急忙命令士兵涉水过河。士兵们正待下水,只见对岸一员楚将大声喊:"大将乐伯于此,斗越椒赶快投降!"说罢,便令士兵奋力射箭。斗越椒也急令士兵往对岸射箭。在双方对峙之中,乐伯手下的神箭手养由基,用箭射死了斗越椒。斗家兵马见主将身亡,四处逃散。楚军分兵追剿,取得了大胜。

公元前597年,楚庄王率领大军攻打郑国,晋国派兵救郑。在邲地(今河南郑州市东)和楚国发生了一次大战。晋国从来没有打过这么惨的败仗,人马死了一半,另一半逃到黄河边。船少人多,兵士争着渡河,许多人被挤到水里去了。掉到水里的人往船上爬,船上的兵士怕翻船,拿刀把往船上爬的兵士手指头都砍了下来。

有人劝楚庄王追上去,把晋军赶尽杀绝。楚庄王说:"楚国自从城濮失败以来,一直抬不起头来。这回打了这么大的胜仗,总算洗刷了以前的耻辱,何必多杀人呢?"

说着,立即下令收兵,让晋国的残兵逃了回去。

公元前591年,英勇一世的楚庄王因病逝世,归葬纪南城郊。其儿子审继位,称楚共王。楚王墓、樊妃墓在今江陵城西北。郢城内原有庄王庙,今已废。

楚庄王能成为春秋霸主第一人,最重要的条件是他具备雄才大略。在诸多春秋霸主中,齐桓公是有大略而无雄才,秦穆公则有雄才而无大略,晋文公虽说二者兼具,但又天不假年,来不及尽情地施展自己的才华。唯独楚庄王在历史舞台上做了淋漓尽致的表演。

楚式铜方壶

楚庄王的雄才大略,首先表现为战略目标的选择始终如一,战略手段的运用文武并举。

分析:作为一个领导者对一个战略目标选择得当与否,是其霸业成功的前提条件。

楚庄王一方面注重武力的主导作用,一方面又不单纯迷信武力。他特别重视用政治、外交等手段配合策应军事行动,"伐谋"、"伐交"与"伐兵"、"攻城"多管齐下。

作为一个领导者要有一种这样的远见:在形势出现不好预兆的情况下,作为战略决策者,最主要的任务是清醒分析形势,透过扑朔迷离、错综复杂的现象,区别哪方是自己的主要对手,哪方是自己的次要对手,决定根本的进攻方向,确立最终的战略目标。这方面,楚庄王的选择可谓高度明智、十分清醒。他上台后,始终把重振楚国雄风、角逐中原霸权作为

方鼎

其毕生奋斗目标,同时清醒地意识到,晋国是他实现这一目标的最大障碍,因此必须倾全国之力,一举击败晋国才能真正号令天下。正是基于这一认识,楚庄王有针对性地展开全方位政治、军事、外交、文化活动,使自己的一切努力都围绕最终战胜晋国这个目标旋转,从而比较合理地配置各种战略资源,一步一个脚印向既定的战略目标走去。

楚庄王的雄才大略,还表现在进行战略准备时工作扎实、细致全面。

分析:从上一节的故事中我们看出,为了最终击败宿敌晋国,楚庄王脚踏实地、有条不紊地从事各方面的准备。一是纳贤才,将孙叔敖、沈令尹等贤能之士放到重要岗位,发挥应有的作用。二是致力于教育军民,统一思想,为即将到来的晋楚决战凝聚士气,鼓舞斗志。三

三轮铜盘

是改革了很多制度,把以前不符合楚国发展的旧制度废除了,他还改良政治,发展经济,为战略决战提供物质与政治上的保证。在做好战争准备的基础上,楚庄王注意使战略谋划的酝酿尽可能细密成熟,避免具体决策上犯轻敌冒进、顾此失彼的过错。具体做法是广泛听取谋臣意见,择善而从。

楚庄王雄才大略的第三个方面是在推进战略实施时把握时机,循序渐进。

分析:作为领导者要圆满实现既定的战略目标,会管理或是学过管理的领导者都知道战略步骤是否合理,战略时机是否恰当实是其中不可忽略的环节。楚庄王在这方面的作为也可圈可点。在战略步骤的实施上,他坚持循序渐进、步步为营的稳妥方针。他先内后外,先周边后中原,先易后难,先弱后强,率先平定内部,安顿后方;接着廓清周边,灭亡群夷小国,拓展楚国战略纵深;再打击郑、宋等国,最后才同晋国进行决定性的会战。在战略时机的把握上,楚庄王善于利用晋国全面树敌、陷入多线作战的被动局面,抓住晋国"虽鞭之长,不及马腹"的无奈处境,步步逼近,将对手压迫到死角,使晋国君臣"不竞于楚"的忧虑与恐惧最终转变成为现实。如果领导者有楚庄王这样的智慧,在企业发展时能制定出这样的战略目标,还担心企业不能立于强者之林吗?

楚庄王雄才大略还表现为战略善后的做法有礼有节,头脑清醒。

分析：楚庄王最让人肃然起敬的，是他对待煌煌霸业时所反映出来的谦和心态与节制立场。

春秋楚长城遗址

毛泽东说："谦虚使人进步，骄傲使人落后。"领导者还需要谦虚的态度。有的领导者迷失在成功的光环里，开始骄傲迷乱，认为只有自己最了不起，别人的任何建言都听不进去，只有自己最伟大，别人都是自己的马前卒。这样的态度是错误的，骄傲自大也是领导者迈向成功路上的大敌。

作为成就一代大业的君主，最容易滋生的毛病是忘乎所以，骄傲自大。历史上夫差、唐玄宗等人的沉浮就是典型的例子。因此，"靡不有初，鲜克有终"便成了永具警示意义的宝训。而楚庄王却很好地摆脱了这种宿命的怪圈。他在实现自己战略目标的过程中，始终坚持有礼有节的原则，力求战争善后做到平和顺当，尽可能消除各种矛盾与隐患，化解来自敌方的反抗，使自己的军事胜利建立在稳固的基础之上，争取政治上的最大主动。这一理念，在楚庄王的具体军事行动中有着不止一次的体现。

纵观齐桓公、晋文公、秦穆公、楚庄王的霸业，除了各自的客观条件之外，这几位春秋政坛的风云人物有着许多共同的地方。比如：爱才若渴，善用人才。齐桓公、晋文公、秦穆公、楚庄王手下都有一批能干的大臣辅佐。楚庄王迫于宗室若敖氏专权，用韬晦之计，三年不问政事，声言敢劝阻者斩首，大臣申无宇、苏从冒死相谏。

卧薪尝胆

◎越王勾践

越王勾践是春秋晚期越国的国君，越王允常子。春秋时期，越王勾践打败吴国老王阖闾，得意忘形，终被吴王夫差和伍子胥领兵打得大败。他以卧薪尝胆的精神，经"十年生聚，十年教训"，使一个被人斥之为"越之水重浊而洎，故其民愚极而垢"的弱小国家，成为一个国富民强的泱泱大国，成为春秋时代的最后一位霸主。

卧薪尝胆——自刿乱吴，激化矛盾

在我们没有讲到越王勾践之前，先来了解一下越王勾践之前几个君主的背景。(东周)敬王(姬匄)周敬王，名姬匄(公元前？—前476年)。周景王第二子，周悼王弟。悼王病死后继位，在位四十四年，病死，葬于三壬陵(今河南省洛阳市西南十里处)。周敬王姬匄在悼王病死后，由刘卷、单旗扶持继位，居于翟泉，时人称为"东王"。姬匄在位期间，吴国也强盛了起来，积极参加争霸。公元前515年，吴王诸樊的儿子公子光，在从楚国逃亡来的贵族伍子胥(名员)的协助下，指使勇士专诸将匕首藏在鱼腹中，乘宴会上进食的机会，刺杀了公子光的堂弟、国君僚，夺取了王位。公子光登上了王位，史称吴王阖闾。

阖闾登上吴国王位，即任用逃亡到吴国的原楚国贵族伍员(伍子胥)和齐国的孙武，改革内政，"立城郭，设守备，实仓廪，治兵库"，扩充军队，加强战备，并制定了"西破强楚，北威齐晋，南服越人"的战略方针，定都会稽(今浙江绍兴)。

据有今浙江北部地区的越国，领土狭小，人口稀少，经济文化发展相对落后。楚为联越制吴，积极扶植越王允常，从而使越力量迅速壮大。公元前510年，吴国进攻越国，两国争战就此展开，双方你来我往，开始了长期的拉锯战。

勾践(约公元前520—前465年)，大禹后裔。其先禹之苗裔，夏后帝少康之庶子封于会稽，以奉守禹之祀。后二十余世，至于允常。勾践允常子也。

孙武

周敬王二十三年(公元前 497 年)允常去世,继位越王。名菼执,勾践、鸠浅同声相通。

当时的吴国经济基础之所以那么厉害,是因为一次战争。这场战争就是"吴楚豫章之战"。

吴王阖闾七年(公元前 508 年)夏,桐国(今安徽省桐城县北)背叛了楚国。桐国的北面,原来有个小国舒鸠(今安徽舒城县),很早以前就被楚吞并了,因此舒鸠人十分怀恨楚国。孙武、伍子胥利用桐国背叛楚国之机,派出间谍前往舒鸠,唆使他们说:"如果你们想办法诳骗楚军来攻打我国,我军便佯装惧怕楚军,假意代楚伐桐,使楚国对我不存戒心,这样就可以寻机消灭它。"舒鸠人为了报复楚国,便听从了吴国的误楚之计。他们编造了一套假情报,去欺蒙楚国。楚国君臣利令智昏,果然听信了舒鸠人的谎言,在这年秋天派令尹子常率大军伐吴。孙武、伍子胥领兵迎敌。两人谋划一番后,采用明攻和暗袭相结合的战术:一方面,大张旗鼓地调集水兵战船前往豫章,以迎击楚师;另一方面又暗集军队于巢地(今安徽巢县东北)。楚将子常得报吴军战船摆满桐国以南的江面,便误以为吴军胆怯,想用伐桐来讨好自己,于是把大军驻扎在豫章地区,静观事态的变化。这样,楚军从秋天一直驻扎到冬天,时间一长,士气便日益低落,防备自然也开始松懈。孙武抓准时机,率吴军突然包围了楚军,打得楚军猝不及防,落荒而逃。随后,又出其不意地攻克了巢邑,还俘虏了在巢邑驻守的楚公子繁。

公元前 506 年,阖闾率军攻楚。次年春天,允常乘吴国内空虚,出兵袭击吴都姑苏。吴王急忙抽兵回救,允常自知力不能敌,遂在大掠之后主动撤兵而还。公元前 496 年,允常病死,子勾践继位。吴王为"南服越人",遂乘勾践新立之机,率军攻越。双方对阵于檇李(今浙江嘉兴县西南)。勾践见吴军容严整,组织敢死队连续几次发起冲击,均被吴军击退。在此情况下,勾践迫使犯了死罪的囚徒,列为三行,持剑走到吴军阵前,一起举剑自杀。吴军将士被这一疯狂举动所震慑,纷纷拥上看个究竟,吴军阵势因而大乱。越军乘机发动突然袭击,大败吴军。

《史记·越王勾践世家》记载:"越王勾践使死士挑战,三行,至吴陈,呼而自刭。吴师观之,越因袭击吴师,吴师败于檇李,射伤吴王阖庐。"大意是:越王勾践派军中罪人成列自刎惊乱吴军而侥幸得胜,一举打败吴军,射伤吴王。

《春秋左传》中记载,勾践因怕吴军齐整而将死囚编为三行敢死队,以剑自刎,喊道："二君有治，臣好旗鼓，不敏于君之行前，不敢逃刑，敢归死"，扰吴军心而致吴军大败。灵姑浮"以戈击阖闾，阖闾伤将指"，还捡到了他的一只鞋。"将指"就是大脚趾。但伤到脚趾怎么就死了呢？《春秋左传》中没有记载，只说他"卒于陉，去槜李七里"。陉是山脉中断的地方，烽火台肯定是没有的。

这次大战，吴军投入精兵三万是明朝冯梦龙在《东周列国志》中的叙述，他说两军列阵于五台山（到明朝再想不出"槜李"这样的地名了）。勾践先出敢死队，左右各五百人，然后又出囚徒三百人列三行。《东周列国志》中说灵姑浮用的是刀，砍中了阖闾右足。它描写阖闾是怎么死的呢？是"吴王因年老不能忍痛，回到七里之外，大叫一声而死"。

在讲到这节内容时，我们不得不提一提这个人。阖闾（？—公元前496年），又作阖庐，姓姬，名光，吴王诸樊之子，故又称"公子光"。春秋末期吴国国君，公元前514至前496年在位，著名军事家，为"春秋五霸"之一。

公元前515年，因王位继承问题，公子光以庆贺吴王僚伐楚班师设宴招待。勇士专诸将剑藏在鱼腹中，趁上菜之机刺杀了吴王僚，这就是历史上著名的"专诸刺王僚"，公子光夺得吴国王位，史称"吴王阖闾"。

阖闾上台后即开始实施强国富民振兴计划。他广泛搜罗人才，重用伍子胥、孙武等人，并在全国推行了一系列行之有效的鼓励政策，施恩行惠，大力发展农业生产，使吴国的政治、经济和军事力量逐渐得到加强。前506年，吴军在孙武、伍子胥率领下，从淮水流域西攻到汉水，五战五胜，攻克楚之郢都，逼得楚昭王出逃。后楚臣申包胥入秦乞师，在秦延哭了七天七夜，才使秦出兵助楚复国，但楚自此一蹶不振。

没有读过《史记》的人，可能会对"阖闾"这个字感到奇怪。春秋战国时期先人的名字都那么随意而有诗意，不似今天我们这样实际而平庸。比如阖闾，阖闾二字是两扇门——阖是闭着，《易经》中说，一阖一辟为之变，辟也就是开；而闾是通向里巷，也就是通向邻里、市井。前者是藏，后者不仅是开，而且是聚拢。

阖闾用伍子胥献给他的刺客杀吴王僚，这刺客叫专诸，他将鱼肠之剑藏在蒸好的鱼肚中实施了暗杀与改朝换代。阖闾共得到越国献他的宝剑三把：鱼肠剑逆理不顺，臣以杀君，子以杀父，所以用来杀了前吴王。盘郢剑是不法之物，对主人不亲，所以被他女儿用以自杀。第三把湛庐剑集五金之英、太阳之精，可临阵拒敌，但主人如有逆理之谋就会自动离去。在《吴越春秋》中，它就自动出鞘而去，从水面掠过而至楚昭王的枕边。现在我们还有这等想象力吗？

阖闾当了十九年吴王。掌权时间最长的吴王是第一任寿梦，二十五年；第二位是阖闾的儿子夫差，二十年，比他父亲多一年。

从上面的槜李之战中我们发现，在古代战争中，有个突出的特点就是冷兵器作战，以残酷的肉搏战为主。士兵必须近距离地面对鲜血淋漓的死亡，除遭受到肉体的打击之外，心理更是承受着巨大的压力。越王勾践正是觉察到了士兵心理上的这一弱点，迫使死罪之徒自刎于阵前，从心理上彻底摧毁了吴军的勇气，使其阵形不战自乱。这就是一个旷世之才越王勾践所使用的智能——心理战来使对方的军队不攻自破。

古语云："用兵之道，攻心为上。"战争史上，成功地运用心理战达到目的的例子，往往给世人留下深刻印象。

也许大多数人不相信心理战有如此功效，心理影响真有那么神吗？心理战真能像兵战一样解决问题吗？事实的确如此。如果运用巧妙，心理战还能解决许多兵战解决不了的问题。因为心理战科学地运用了许多心理学原理，能够使人在不知不觉中不由自主地接受影响，这种影响甚至可以违背自己的意志，不以自己的意志为转移。心理战的魅力在于它只要针对对手的心理，遵循科学规律，使用一定的方法，就能玩对手于股掌之间。这种被称为不花钱的战争比流血的战争更能摧毁人。

卧薪尝胆——兵败夫椒，忍辱求和

　　唐代诗人杜甫《前出塞》："挽弓当挽强，用箭当用长。射人先射马，擒贼先擒王。"生活中的"打蛇要打七寸"的说法，也是这个意思。

　　此计用于军事，是指打垮敌军主力，擒拿敌军首领，使敌军彻底瓦解的谋略。如果错过时机，放走了敌军主力和敌方首领，就好比放虎归山，后患无穷。

　　夫椒之战，吴王夫差虽然获胜，但他没有乘胜一举灭越，也没有当机立断把勾践杀掉，为以后越国的发展及继而攻灭吴国埋下了隐患。

　　自从吴国和越国发生了槜李之战（今浙江嘉兴），吴王阖闾阵亡后，两国由此就结下怨恨，连年战乱不休。《史记·越王勾践世家》记载，"阖庐且死，告其子夫差曰：'必毋忘越。'"。大意是："吴王阖闾临终前告诫儿子夫差：一定不要忘记越国给我们的耻辱。"

　　夫差即位后，遵照遗训，日夜勤兵，矢以报越。还叫人经常提醒他。他每次经过宫门，手下的人就扯开嗓子喊："夫差！你忘了越王杀你父亲的仇吗？"夫差流着眼泪说："不，不敢忘。"

　　夫差遵照遗训，励精图治，苦练精兵。他任命伍子胥和另一个大臣伯嚭日夜操练兵马，准备攻打越国，报杀父之仇。周敬王二十六年公元前494年（鲁哀元年），勾践闻吴王夫差日夜练兵欲攻越以报父仇，打算欲先伐吴国，主张"先吴未发往伐之"。吴王夫差见时机成熟，率十万精兵，以子胥为大将，伯嚭为副

阖闾

将,迎击越军,双方激战于夫椒。吴军耻丧先王,誓死图报,在孙武、伍子胥的策划下,吴军在夜间布置了许多诈兵,分为两翼,高举火把,只见在黑暗的夜幕中火光连成一片,迅速向越军阵地移动,杀声震天,越军惊恐万状,军心动摇,夫差更是亲立船头,秉袍击鼓,全军勇气倍增。恰好北风大起,波涛汹涌,吴军大舰顺流扬帆而下,俱用强弓劲弩,箭如飞蝗。越兵迎风,无法抵敌,大败而走。逼得越王勾践仅以五千甲兵固守会稽山(今浙江绍兴)。越之危亡已系于一发。

夫差

《史记·越王勾践世家》记载,范蠡谏:"不可。臣闻兵者凶器也,战者逆德也,争者事之末也。阴谋逆德,好用凶器,试身于所末,上帝禁之,行者不利。"然勾践不听大夫范蠡劝阻,发兵攻吴。吴王夫差闻之,亲率精兵击越,两军大战于夫椒(今江苏吴县椒山)。终因力不能敌,惨败于夫椒(今太湖中西洞庭山,一说今浙江绍兴北),勾践率残兵五千,退守会稽山(今绍兴东南)。夫差追而围之。

《史记·越王勾践世家》记载,勾践非常后悔,对范蠡说:"以不听子故至于此,为之奈何?"危急之际,纳范蠡委曲求全、以退为进之谋,卑辞厚礼以求和,派文种向吴求和。

宋人苏轼《留侯论》曾说:"古之所谓豪杰之士者,必有过人之节,人情有所不能忍者。匹夫见辱,拔剑而起,挺身而斗,此不足为勇也。天下有大勇者,卒然临之而不惊,无故加之而不怒,此其有所挟持者甚大,而其志甚远也。"

在生活中我们知道,加工木材时,既要有进的方向,又要有退的姿态。而我们为人处世又何尝不需要进与退的共同作用呢？

明月退出与太阳争辉，才展现出它的恬静与温柔；枯叶蝶退去它华丽的外衣，才逃避了人类的追捕，得以生存；梅花退出与百花争艳的春天，才显示出它"凌寒独自开"的傲骨；人退出束缚自我的怪圈，其生命才会更加多姿多彩。

从古到今，以退为进、委曲求全都是我们生存和求得成功的有利战术。

委曲求全不等于卖国求荣，也不是阿谀奉承，它是要人学会牺牲，乐于牺牲。应该说这是种策略。以退为进是一种弹性自救。更是人生成功的另一策略和智慧。

伍子胥

面对成功同样需要忍辱负重、以退为进，面对失败更需要忍辱负重、以退为进的智谋。这一点上，越王勾践和范蠡做的更是非常到位。

夫椒之战时由于吴军团团包围，越王勾践无奈，采纳大夫范蠡、文种建议，只得向吴屈辱求和，派文种以美女、财宝贿赂吴太宰伯嚭，请其劝吴王夫差准许越国附属于吴。伍子胥请吴王勿许。此时，夫差急于北上与齐争霸，不纳伍子胥之言，遂与越讲和，并率军回国。

其实，越王勾践在吴国当人质时也没有少受苦。他率妻子和范蠡亲去吴国作人质，伺候夫差。抵达吴都后，夫差有意羞辱他，把他囚禁在一个石室里，要他住在阖闾坟前的一个小石屋里守坟喂马，有时骑马出门还故意要他牵马在国人面前走过。勾践忍辱负重，自称贱臣，对吴王执礼极恭，吃粗粮、睡马房、服苦役，"服犊鼻、着樵头；夫人衣无缘之裳、施左关之襦"。胜过夫差手下的仆役。此外，夫差生病，勾践前去问候，还掀开马桶盖观察夫差刚拉的大便，体贴夫差的病情，"问疾尝粪"，并"三年不愠怒，无恨色"。这都不是一般人能做到。

刚才讲到求和，文种替越王勾践付出很高的代价。根据《史记·越王勾践世家》记载，文种"膝行顿首曰：'君王亡臣勾践使陪臣种敢告下执事：勾践请为臣，妻为妾。'"意思是：文种跪着爬行到吴王夫差面前，叩头说："您的亡国之臣勾践派我告诉您，勾践请求做您的臣下，勾践的妻子做您的婢妾。"此时，吴国大臣伍子胥不同意,对夫差说:"天以越赐吴,勿许也。"

文种回来向越王勾践汇报后,勾践绝望了,准备杀妻灭子,焚烧珠宝玉器与吴军决一死战。

在这关头,大夫文种向勾践献谋:"吴国太宰伯嚭,贪财好色,忌功嫉能,与子胥同朝却志趣不合。吴王敬畏子胥而亲信伯嚭。若能私下以财色结其欢心,使其言于吴王,则和议事成。"当夜文种就进献伯嚭一批"宝器"和八位"美女"!

第二天一早文种再次拜见吴王夫差。"愿大王赦勾践之罪,则尽入其宝器、倘若您不肯赦越,勾践将尽杀其妻、子,焚毁其宝器,率五千将卒与您拼命!"口气之强硬,似乎比第一次求和更有过之。伍子胥当即出谏:"夫吴之与越,世仇之敌国也!三江环之,民无所移。有吴则无越,有越则无吴,将不可改变这种状况。勾践贤明,文种、范蠡更是良臣。倘若让其求和而返回,将留无穷后患。今不灭越,悔将无及!"由此可以看出伍子胥的睿智所在。因为伯嚭是一个喜欢受贿之人,俗话说,拿人家的手短,吃人家的嘴软。正在僵持不下之际,太宰伯嚭却一反当初之沉默,出来帮文种说话了:"我听说古代讨伐敌国的,也不过迫使敌国臣服而已。现在越国已经臣服,我们还有什么可苛求的呢?"吴王夫差本就志骄气作,不把越王勾践放在眼里。听了伯嚭冠冕堂皇的大道理,受了伯嚭的迷惑,放过了本可轻易消灭的可怕敌人,答应越王求和,把围困会稽的大军撤离而去。

看到吴王被伯嚭说服后,伍子胥气得一句话也没有再说,这件事让我们更了解到伍子胥其人的深谋远虑。凭借自己的智慧他早已洞察了此次放过越王勾践的危害。所以退朝以后,即愤愤地告诉臣僚:"越王得此缓解之机,十年生聚,十年教训,必能卷土重来。二十年之后,我大吴之国,恐怕要化为一片荒沼了!"

越王勾践之所以能东山再起,没有被吴王杀死,这其中与范蠡出的上述计策息息相关。范蠡做事一点也不含糊。"夫椒之战"前,他谏劝勾践不可轻举妄动,怎奈勾践不听他的话,"遂兴师"去摸吴王夫差的屁股,这一兴,就把勾践自己给"兴"到沟里去了。越国战败后,局面很糟糕,越国每分钟都有被摧毁的危险,覆巢之下,难保完卵,勾践不知道该怎么办。这时范蠡沉着冷静,审时度势,以战略的高度看待问题,提出了一揽子因应困局的计划,《史记·越王勾践世家》记载,"卑辞厚礼以遗之,不许,而身与之市",意思就是,首先以糖衣炮弹进攻,大力开展金元外交,用金钱,敌人如果还不动心,那只有降贵纡尊,卑躬屈膝臣服于吴王。"市"就是讨好、买好的意思,朱熹《朱子语类·卷二十九·论语十一》:"所谓'曲意徇物,掠美市恩',其用心要作甚?"可以说范蠡这种策略相当的厉害,他为处在危险之中的勾践指明了方向——留得青山在,不怕没柴烧。首先要保住青山,留得身体在,不怕美人来,为了有柴烧再怎么委屈也只有忍着点,待日后有了转机再试图进取。可以说不管是战前还是战后,范蠡对形势都有清醒的判断,示人以鸽派的气象,一旦时机成熟,该出手时就出手,决不打折,"蠡曰'可矣'"、"范蠡乃鼓进兵"。

勾践、司马迁之生,绝不是芸芸众生之怕死贪生,亦不是俗语所言"好死不如赖活"。勾践之生,意在复国,意在雪恨,意在洗刷耻辱;司马迁之生,生于意志,生于理想,生于未竟之业。死需要勇气,生同样不能怯懦。为了理想,勾践强忍了下来;为了理想,司马迁隐忍了下来。一忍天地宽,再忍活路长。勾践最终完成了复国宏愿,成就了卧薪尝胆、有志者事竟成的千古美名;司马迁亦最终写就了"史家之绝唱,无韵之离骚"的鸿篇巨制,以煌煌文采高表于后世也。假如,勾践于失落之时,选择的不是生而是死;司马迁在途穷之际,走上的不是生路而是死道,那么,历史将会怎样?

古之成大事者,必先苦其心志,劳其筋骨,饿其体肤,空乏其身,增益其所不能。负重必先能忍辱。韩信能忍胯下之辱,后来也就能成就一番大业。生活中的我们面对形形色色的人和事,面对一个个困难和挫折,面对无端的屈辱和怨气,该怎么办?逞一时匹夫之勇,还是忍一时风平浪静?很多时候,冷处理是非常有效的解决办法。

我们要学会曹操的处世原则"静观中等待,蓄积中爆发"。等待是什么意思?不就是忍辱负重,静观其变吗?蓄积中爆发便是忍辱负重的必然结果,这个结果是比较理想的结果。

纵观古今历史,忍辱负重的故事举不胜举。曾先后有东汉、南宋、元朝、明朝等朝的君主,在国家沦陷时,努力挣扎过,但终难逃脱覆灭的命运。而成功复国之人,除了勾践,大概要算明朝的第六位君主明英宗了。明英宗在"土木之变"后,被元朝后裔也先俘虏,掠至漠北。其弟朱祁钰在于谦等人的拥戴下继位,改元景泰,并成功抵御了也先的要挟与进攻。后来,英宗被释放回京,景泰帝把英宗安置在南宫,严加防范,一过就是七年。最后,英宗在景泰帝病重之际,利用几个大臣和太监的帮助复辟,忍辱负重成就了英宗。

俗话说,宝剑锋从磨砺出,梅花香自苦寒来。想干出一番事业或做好一项艰苦的工作,没有忍辱负重的思想准备,是不可能干好的。面对困难和挫折,需要的是勇气和方法,而不是眼泪和鲁莽。

蒲松龄在《落第自勉集》中是这样评价勾践的:"有志者,事竟成,破釜沉舟,百二秦关终属楚;苦心人,天不负,卧薪尝胆,三千越甲可吞吴。"人生就是拿出自己的智慧,凭借自己的正直和苦难经历,卧薪尝胆成事业,信仰自强铸人生!这样做了,即使生活不如意,别人也不会说你是弱者,因为我们努力过,尝试过,不曾堕落过,也一直是百姓眼里的"挺着腰杆的人"!

生活中的每个人都应该有自己奋斗努力的目标志向,有了努力的目标,就如同黑暗中有了一点亮光,它会指引我们不断前进、不断超越。确实,没有希望和理想的人生是麻木空虚的。

古今中外一切杰出的人物,一个个奋起与人生的逆境抗争,紧紧扼住命运的咽喉,做生活的强者,通过自己的艰苦奋斗,最终赢得了命运的青睐。

从上述的故事中我们也得出了这样一个结论,那就是强国、兴国离不开善于纳谏,任人唯贤的开明的君主,更离不开忠诚智勇的谋臣。

卧薪尝胆——开明君主，幸得治世能臣

前文讲过，勾践忍辱负重在吴国为奴三年，由于其尽心服侍，再加上伯嚭不时接受文种派人所送之礼而在夫差前为勾践说好话，使夫差认为勾践已真心臣服，决定放勾践夫妇和范蠡回国。

这里还有一个小插曲呢。范蠡跟着勾践在吴国做了三年的奴仆工作。为臣仆三年，备尝屈辱。一天，吴王夫差单独把范蠡找去，对他说："勾践给我当奴仆，你何必还跟着他？俗话说，'聪明妇女不嫁败亡之家，明哲臣子不跟国灭之君'。你若抛弃勾践归顺我，我就免除你的苦役，让你做大官。"范蠡跪下说："感谢大王的好意。俗话说，'亡国之臣，不敢语政；败军之将，不敢言勇'。我是败国之臣，何敢再望富贵？还是让我跟着旧主为您服役吧。"吴王见范蠡意志坚定，只好作罢。

勾践七年(公元前490年)吴王放勾践、范蠡回国，回到越国后，越王勾践一心想要报仇雪恨，带头日夜苦干，重新积聚力量，为了激励自己，他在日常生活里特别定了两条措施。一是"卧薪"，晚上睡觉时不用垫褥，就躺在柴铺上，提醒自己，国耻未报，不能贪图舒服。二是"尝胆"，他唯恐眼前的安逸消磨了志气，在起居的地方挂着一个苦胆，出去和睡觉前，都拿到嘴里尝一尝，还自己问："你忘了会稽的耻辱吗？"以此提醒自己不能忘记会稽被俘的痛苦和耻辱。这就是历史上说的"卧薪尝胆"。

这个范蠡为越王勾践付出了那么多，范蠡到底是个什么样的人物呢？通过本书只了解《史

文种

记》中的帝王似乎还缺少点东西。了解一下一个出色皇帝身边的出色大臣也是多有益处的。

范蠡，字少伯，生卒年不详，春秋楚人。与文种同侍越王勾践二十余年，苦身戮力，卒以灭吴，尊为上将军。蠡认为在有功于越王之下，难以久居，而且深知勾践为人，可与共患难，难与同安乐，遂与西施一起泛舟齐国，变姓名为鸱夷子皮。至陶，操计然之术以治产，因成巨富，自号陶朱公。因为经商有道，逐成巨富，民间有尊陶朱公为财神。

他的一生大起大落，经历坎坷；又大智大勇，名声显赫。青少年时代，他虽生活在"衰贱"之家，却饱读典籍，胸怀大志，但又愤世嫉俗，性情怪异，被人误称"狂人"、"疯子"。后受宛令文种拜访，二人成为挚友，一起离楚赴越共创大业。

到了越国之后，他首先被任命为赵国上大夫，后任上将军，担任相国要职，从政率军，二十余年忍辱负重、呕心沥血、励精图治，以文韬武略、深谋远虑襄助越王勾践奋发图强，兴越灭吴，功绩卓著，名炳史册。范蠡勇而善谋，能屈能伸，克敌制胜，胸有成竹，在历史中是一个颇具个性、卓尔不群的历史人物。

史学家司马迁称："范蠡三迁皆有荣名"；史书中有语概括其平生："与时逐而不责于人"；世人誉之："忠以为国；智以保身；商以致富，成名天下"。

范蠡的军事宗旨：强则戒骄逸，处安有备；弱则暗图强，待机而动；用兵善乘虚蹈隙，出奇制胜。为后世称道并沿用。

范蠡著名的经济思想："劝农桑，务积谷"、"农末兼营"、"务完物、无息币"、"平粜各物，关市不乏，治国之道也"、"夏则资皮、冬则资絺、旱则资舟、水则资车，以待乏也"等至今对现代的经济建设也有积极的现实意义。

著作有《计然篇》；在《国语·越语下》、《史记·货殖列传》中均有记载；《汉书·艺文志》记有范蠡兵法两篇，但皆已流失。

为了多了解一下范蠡生平事迹，让我们粗略地看一下范蠡生平年表。

公元前536年(鲁昭公六年、楚灵王五年)范蠡出生宛地三户邑，其时孔子十五岁。

公元前516年(鲁昭公二十五年、楚平王十三年、吴王僚十一年)；宛令文种见范蠡，范蠡时年二十岁。

公元前511年(鲁昭公三十一年、楚昭王五年、吴阖闾四年)；范蠡邀文种入越，时年范蠡二十五岁。

公元前 494 年(鲁哀公三年、楚昭王二十二年、越勾践三年);勾践兵败西于会稽山,始重用范蠡、文种等。范蠡时年四十二岁。

公元前 493 年(鲁哀公二年、楚昭王二十三年、越勾践四年);勾践、范蠡君臣入吴为奴,范蠡时年四十三岁。

公元前 490 年(鲁哀公五年、楚昭王二十六年、越勾践七年、吴夫差六年);勾践、范蠡君臣离吴返越,范蠡时年四十六岁。

公元前 486 年(鲁哀公九年、楚惠王三年、越勾践十一年、吴夫差十年);勾践欲起兵伐吴,范蠡劝阻,范蠡时年五十岁。

公元前 484 年(鲁哀公十一年、楚惠王五年、越勾践十三年、吴夫差十二年);吴再次代齐,占于艾陵,越王君臣朝见吴王,君臣皆有贿赂,进一步麻痹吴人,夫差杀伍子胥。范蠡时年五十二岁。

公元前 482 年(鲁哀公十三年、楚惠王七年、越勾践十五年、吴夫差十四年);吴、晋黄池之会,越师乘机袭击吴国,大败之,杀吴太子等,年底吴越讲和。范蠡时年五十四岁。

公元前 479 年(鲁哀公十六年、楚惠王十年、越勾践十八年、吴夫差十七年);越兴师伐吴,兵至于五湖。范蠡时年五十七岁。

公元前 478 年(鲁哀公十七年、楚惠王十一年、越勾践十九年、吴夫差十八年);三月,越伐吴,吴师还战于笠泽、双方夹吴松江而阵、越人大败吴师。范蠡时年五十八岁。

公元前 475 年(鲁哀公二十年,楚惠王十四年,越勾践二十二年,吴夫差二十一年);十一月越围吴、范蠡采用围而不攻的战略,令吴师自溃。范蠡时年六十一岁。

公元前 473 年(鲁哀公二十二年,楚惠王十六年,越勾践二十四年,吴夫差二十三年);年底,越灭吴,夫差自杀,范蠡时年六十三岁。

公元前 468 年(鲁哀公二十七年,楚惠王二十一年,越勾践二十九年);越王实现霸业,范蠡即泛舟五湖,时年六十八岁。

公元前 465 年,越王勾践卒,时年范蠡七十一岁。

公元前 448 年,范蠡卒,时年八十八岁。

《史记·越王勾践世家》:"越王勾践反国,乃苦身焦思,置胆于坐,坐卧即仰胆,饮食亦尝胆也。"

　　无论身处逆境还是顺境,范蠡这个人都显示出了过人的智能。在《史记·越王勾践世家》里,处处可以见其过人才智。处逆境时,他劝勾践"持满者与天,定倾者与人,节事者以地。卑辞厚礼以遗之,不许,而身与之市";战败后,勾践听从范蠡、文种之计去吴国求和,通过贿赂吴国太宰使吴王赦免了越王,勾践夫妻入吴为人质。此时勾践欲将他更欣赏的范蠡留下治理越国,独自一人带着文种入吴为奴。但范蠡放着在越国"人上人"的日子不过,说:"兵甲之事,种不如蠡;填抚国家,亲附百姓,蠡不如种。"极力要求随勾践入吴。赴吴后,范蠡处处小心谨慎替君分辱、取得夫差信任,两年之后,越国君臣均能全身而反国。司马迁所撰的《史记·货殖列传》有载,"昔者越王勾践困于会稽之上,乃用范蠡、计然。修之十年,国富,厚赂战士,士赴矢石,如渴得饮,遂报强吴,观兵中国,称号'五霸'"。大意就是说他们返回越国后范蠡和他的老师计然辅佐越王勾践练兵治国,历经十年后越国富强。他们苦心等待时机,准备伺机报仇。终于公元前 473 年灭吴。范蠡后又助勾践挥兵北进、会盟诸侯,使他成为"春秋五霸"中成为的最后一位霸主。

　　我们知道唐代的房玄龄、杜如晦这两个人都是唐代著名的宰相。一个多谋,一个善断,被后世称之为"房谋杜断",他俩合作,一起成就了"贞观之治"的太平盛世。而勾践的成功和范蠡的忠心辅佐也是分不开的。

卧薪尝胆——励精图治,等待时机

在武王计划伐纣时期,一日,遇到了姜子牙,向他请教什么时候伐纣最好。姜子牙通过分析,认为纣王虽然昏庸,但商王朝的气数未尽,应该耐心地等待,到商王朝气数完全衰竭的时候再出兵,那样就容易取得胜利。武王采纳了姜子牙的意见。耐心地养精蓄锐、等待时机,一直等了十五年。十五年后,商王朝气数殆尽,武王出兵伐纣,果然势如破竹,大获全胜。这说明,耐心是成功的磨刀石;学会了等待时机,离"成功"也就不远了。

范蠡回国后,与文种等为勾践制定了结好齐、晋、楚,表面卑事吴国,暗中积蓄力量和兴越方略。越国遭受战争创伤,田地荒芜,人口减少,生产受到很大破坏。

为使国家富强,勾践采纳了范蠡、文种提出的"十年生聚,十年教训"之策。要范蠡负责练兵,文种管理国家政事,推行让人民休养生息的政策。国家奖励耕种、养蚕、织布。尤其鼓励生育,增加人丁。规定男二十、女十七必须结婚,否则父母受罚;上了年纪的人不准娶年轻姑娘为妻;妇女临产前要报官,由国家派医官检查照顾;生男奖酒一壶、狗一条,生女奖酒一壶、猪一头;家有两个儿子的,国家负责养活一个,有三个儿子的,国家负责养活两个。

越王勾践从此苦心焦思,发愤图强,富民兴国。他还身自耕作,与百姓同其劳;自奉极

姑苏台

微,出不敢奢,入不敢侈;内修其德,外布其道;充实府库,垦其田畴;缓刑薄罚,省其赋敛;奖励生育,训练士兵。纳相国范蠡建议,选四达之地筑城立廓,以图霸王之业。先建小城,后建大城。于是人民殷富,社会安定,士民皆欲与报吴耻。志在灭吴的深刻用心,在范蠡、文种辅佐下,勾践励精图治,发展实力,等待时机。

在国家慢慢富强并迅速恢复生机的同时,勾践又采取许多办法麻痹吴国,恭谨事吴,贡献美女、玩好、方物、巧匠,以娱夫差,消除其对越的戒备;迎合夫差率精兵急于求霸之心,导吴北进中原,耗损其国力、军力,造成吴国内耗。勾践每年每月都会按时给吴国纳贡,使夫差始终相信他是真心臣服。继续贿赂吴太宰伯嚭。派出奸细刺探吴国的消息,散布谣言以离间君臣关系,使夫差杀害忠良。勾践又以越遇灾害为由,不时向夫差借粮,使吴国粮食储存减少,而越国则储备充足。探知夫差要建造姑苏台,勾践派人运去特大木料,说是“神木”,夫差非常高兴,扩大了姑苏台的设计,使吴国更加劳民伤财。勾践又施美人计,为夫差的姑苏台选送美女。其中有一叫西施的,不仅美貌无比,且有才识,是由范蠡在芋罗山上选得,并经过了训练。夫差得到西施,极其宠爱,以至言听计从。

伍子胥早已察觉勾践所作所为意在复仇,多次劝谏,不仅未被夫差接受,反而引起夫差的反感和怀疑。公元前485年,夫差为争霸而北上伐齐,伍子胥不赞成,指出越国才是心腹大患。夫差不听,继续伐齐,在艾陵之战中大败齐军,获胜而归,夫差十分得意,不久又听信了伯嚭的谗言,赐剑令伍子胥自尽,伍子胥死前说:“必取吾眼置吴东门,以观越兵入也!”伍子胥死后,吴王将政事交给伯嚭管理。勾践得知伍子胥已死,拟起兵伐吴,范蠡认为时机未到,还需等待。

周敬王三十八年公元前482年(勾践十五年)春,吴王夫差率全国精锐部队北上黄池会盟诸侯,国内只留下太子友和老弱兵卒守卫。越王勾践想乘吴国国内空虚之机出兵攻吴。范蠡认为时机未到。他分析说:“吴王率精兵北上会盟,国中空虚,太子留守。但吴大军出境未远,闻越乘虚而入,会很快回兵击我”,因而劝勾践暂缓出兵。数月之后,估计吴军已到黄池,遂促勾践出兵袭吴。勾践乃率五万大军(发兵四万亲率君子〈亲兵〉六千)攻打吴国,命范蠡率师一部沿海溯淮断夫差归路,自率主力由陆路北上,歼吴守军,攻破吴都,吴军大败,太子友阵亡,焚姑胥台。这时,夫差打败齐国,正约晋、卫、鲁等国在黄池(今河南封丘县西)会盟,当上了霸主。接到消息,十分懊丧,只好派伯嚭向越求和。勾践和范蠡认为吴国还有实力,一时消灭不了，答应讲和，退兵回国。

正在励精图治，等待时机的时候，吴国遭受了自然灾害。没有粮食，民不聊生。勾践想伐吴的时机已经到了。范蠡说："天时已至，人事未尽，大王姑且等待。"

勾践闻言大怒："我与你谈人事，你以天时应付我；现今天时已至，你又借口人事来推诿。这究竟是什么意思？"

范蠡回答说："大王勿怪。人事必须与天时、地利互相参会。方可大功告成。现在吴国遭灾，人民恐慌，君臣上下反而会同心协力，来抵御内忧外患。大王宜照旧驰骋游猎，歌舞欢饮。吴国见此，必然不修德政，待其百姓财枯力竭，心灰意懒，便可一举成功了。"勾践强压复仇怒火，依然等待时机。可见，范蠡是一个多么有远见的智者。

被后人喻为"康乾盛世"的也是我国最后一个封建帝国的清王朝皇帝——康熙帝爱新觉罗——玄烨于清顺治十八年（1661年）即位，时年八岁，十四岁开始亲政。十六岁时，康熙暗结内大臣索额图等人智捕鳌拜，夺回大权。亲政后，宣历水停圈地，准许壮丁"出旗为民"，又奖励垦荒，益蜀免粮，任用靳辅，陈潢治理黄河，规定"额外添丁，永不加赋"；设立南书房掌标票拟圣旨，加强皇权；又平定吴三桂、尚之信、耿精忠长达八年的三藩之乱，派兵攻入台湾；平准噶尔部噶尔丹叛乱，巩固国家统一；又巡行东北，数次发起东准克萨反击战，沉重打击沙俄势力，派索额图、佟国纲赴尼布楚与沙俄谈判侵略边境问题，得以确定黑龙江流域的广大领土"皆我所属之地，不可弃之于俄罗斯"的原则，签订《尼布楚条约》，划定中俄东段边界，使多民族国家的统一得到巩固发展。康熙一生励精图治，在他的努力下，中原苦难不堪的格局被改变，由此才得以开创了后人赞誉的"康乾盛世"。很多历史故事都说明一国家如果有一个励精图治的君王，那么这个国家就是一个财富丰富、人才辈出的国家，这样的国家才能立于不败之地。

励精图治这个成语出自《汉书》，主要讲汉宣帝振奋精神，治理好国家，重现西汉雄风的典故。治企如治国，一个企业要想成为一个现代型组织，实现快速的飞跃，同样需要励精图治，需要全体企业员工的精神，昂扬斗志，朝着"做精做强做大做久"的远景不断迈进。励精图治，顾名思义，首先要有好的精神状态。《战争论》中有句名言："精神的力量是决定战争胜负的第一因素"，放在企业中也一样，任何时候，都要有好的精神状态，精神一垮，什么都会垮。

卧薪尝胆——敬蛙壮士,兴师伐吴

史学界认为,一个国家的兴亡,自有它历史的必然性,有它深刻的经济、政治、军事、外交原因,不是一两个人能左右得了的。吴国灭亡的原因一个是放虎归山,另一个是穷兵黩武,另外还加上自然灾害。根据《史记·越王勾践世家》记载:吴王夫差与齐国、晋国连年征战,争霸中原,精锐部队损失惨重,国力空虚。公元前478年,恰逢吴国大旱,百姓饥饿。越王勾践乘机北进伐吴。吴军慌忙应战,惨败于笠泽(今太湖附近)。从根本上改变了吴、越力量对比。

周元王通宝

周元通宝小样

越军继续挥师,勾践采纳了范蠡的意见,依据双方形势,以我为主,打打停停,将吴都姑苏团团围住,按范蠡的战略,高筑营垒,围而不歼,竟达三年之久。勾践二十四年(公元前473年),吴王夫差势穷力尽,日暮穷途,不战而自败。吴王派使臣跪行至越军大营,乞求罢兵言和。勾践欲许和议。范蠡在一旁说道:"当年大王兵败会稽。天以越赐吴,吴国不取,致有今日。现在天又以吴赐越,越怎么可以逆天行事?况且,大王早朝晚罢,全是为了一个吴国。难道忘记昔日的耻辱了吗?谋划二十年,一旦摒弃前功,伐柯者就在眼前!天与不取,反受其咎。"转头又回绝王孙雒说:"过去是上天把越赐予吴国,你们不受;今天是上天以吴赐越,我们不敢违背天命而听从你们的请求。"王孙雒还要哀求,范蠡毅然鸣鼓进兵。

勾践露出不忍之色,范蠡当机立断,对吴使说:"越王已任政于我,使者如不尽快离开，我将失礼，有所得罪了。"说着击鼓传令，大张声势，使者无可奈何，涕泣而出。勾践动了恻隐之心，派人对吴王夫差说："吾置王甬东，君百家。"大意是：我将你安置在舟山群岛，统领百户人家。吴王回答说："吾老矣，不能事君王!"遂自杀。临死时吴王夫差说："吾无面以见子胥也!"吴王夫差感到无颜面对一直对他谏言灭越的伍子胥。勾践灭吴后，埋葬了吴王夫差，而诛杀了太宰伯嚭。

此后，越国称霸江、淮，成为春秋争雄于天下的一霸。范蠡也因谋划有功，官封上将军。

南宋词人李清照在《夏日绝句》中写道："生当作人杰，死亦为鬼雄，至今思项羽，不肯过江东。"这首诗用在吴王夫差身上一点也不为过。在西楚霸王项羽的身上，隐约可见吴王夫差的影子。

打败吴国后勾践也没有高高在上，在其立志图强期间，有一天越王勾践乘车经过禹穴边，突然看见一只青蛙，蹲伏在马路中央，见勾践的车到来，竟毫不躲避，而且气鼓鼓地两眼圆睁，好像不满越王干扰它的生活安宁，准备和庞大的车驾一决高低似的。

越王立起身来，就从车上对青蛙敬礼。车夫看到之后说："大王，那不过是只青蛙，您干什么跟它敬礼?"

越王说："不要小看了这只青蛙，区区一只青蛙能有这种勇气，敢拦阻车驾，难道说不值得致敬吗?"

这点小事，一经传开，全国军民无不鼓舞。人们都认为越王对小小青蛙的勇气都如此敬重，何况对他的部下呢! 因此人人都在战斗中勇往直前，奋勇杀敌，乐意为他效死。

俗话说："投之以桃，报之以李。"领导者对下属倾注一腔爱心，下属必然对你尊重爱戴。作为领导者，你不但应学会适时地赞美你的下属，而且还要学会把关心下属的成长进步和冷暖疾苦放在心上，努力为下属排忧解难。只要你真诚地关爱下属，哪怕是一句善意的玩笑、一个赞美的目光、一声亲切的问候、一次简短的表扬，也能拉近彼此的距离，使下属感受到你的关怀、重视与尊重，就能与你心连心、心贴心。下属打心底对你尊重爱戴了，即使你工作方法、工作技巧稍差一些，甚至出了错，下属也会对你宽容、体谅。

千古一帝

◎秦始皇

在中国历史上,是秦始皇第一次创建了空前的、统一的中央集权的封建王朝;他是中国第一个皇帝,也是中国历史上一位极富传奇色彩的划时代人物。两千多年以来,秦始皇也曾被大多数人视为暴君,人们批评他焚书坑儒、修长城、广建宫室、大兴土木;但也有人赞扬他为"千古一帝",肯定他开统一之局、统一度量衡、奠定中华版图之贡献。那么,秦始皇究竟是暴君还是千古一帝?对此,我们应从多个角度去探讨,客观地去评价他,还他一个真面目。

千古一帝——迷离身世，少年君王

　　秦始皇嬴政是中国数千年专制时代的第一位君临天下、叱咤风云的皇帝。六国养尊处优的君主嫔妃、王孙公主、皇亲国戚无一不胆战心惊地揖首跪地、俯首称臣。然而，傲视天下的秦始皇内心却是异常脆弱，因为他对身世一直讳莫如深。

　　嬴政（公元前259—前210年），庄襄王之子。原名赵政，因为生于赵国，也因为唐司马贞在《史记·秦始皇本纪索引》中所说的"秦与赵同祖，以赵城为荣，故姓赵氏"，后更。有学者说是秦国秦庄襄王之子。但是，关于嬴政的身世，还有另一种说法：吕不韦的私生子。对此，后人争议不休。秦始皇的生父到底是谁？这是一个千古之谜。是谁制造了这个谜呢？恰恰就是太史公——司马迁。

　　《史记》中记载，公元前259年，秦国进攻赵国都城邯郸，赵国的平原君向魏国的信陵君、楚国的春申君求救。在魏、楚两国的协助下，赵国打败了秦国。依照惯例，秦国要从王子、王孙中选派一人到邯郸做人质，就这样，秦国异人被送到赵国做人质。异人到达邯郸时，有许多人围观，其中有一人见到异人后，说："此奇货可居！"说这句话的人正是战国时期有名的商人吕不韦。

　　吕不韦作为投机政治的商人，如果只是帮助一个落魄的王室公子册立为王位的继承人，就未免显得目光不够远大了。他的心计和智谋，可以说是中国历史上很罕见的。因为他的出现，才孕育出千古一帝，才有了中国一统的历史，才有了后世引以为戒的秦朝血淋淋的暴政史，历史总是在故事的偶然性上给人类开个大玩笑。

　　吕不韦是卫国人，人称"阳翟大贾"，是靠做投机生意成为富商的，此次是从阳翟来邯郸，结果遇到了异人。吕不韦自然了解异人的身世，并且知道异人不得志。他知道深受安国君宠爱的华阳夫人无子，便打定主意，想办法让华阳夫人过继异人为子，若是太子安国君继位，异人也就能够名正言顺成为太子。那时自己就能够利用这些特殊的政治资本赚尽天下的财富。于是，吕不韦主动结交异人，并且还向他献金五百以供其生活之需。在赵国举目无亲的异人，突然得到吕不韦的百般照料，甚是感激，很快便和他结成了至交，倾吐自己内心的苦闷。

当时，吕不韦有一名姬妾，称为赵姬。赵姬原本是一个花楼女子，天生丽质不幸坠入红尘，后与吕交往，直至这位美女怀上了吕的骨肉，才被吕纳为妾。

吕于是引来异人，大开宴席，席上叫此女跳舞助兴。古语云："酒是色媒人"，子楚立即被迷住了，起身向吕不韦祝寿，言语中有希望得到此女的意思。

吕不韦心里顿时想对异人大怒，但自己为了异人已经押上了自己的全部家当，岂能为了一个女人而功亏一篑？况且赵姬已怀有身孕，据说吕不韦用了一种现在已经失传的医术暗中测得腹中是男胎。如果自己的儿子有可能成为秦国君主。那自己以后的地位就是无法估量了。吕不韦思来想去，最后还是把赵姬送给了异人。

赵姬嫁给异人后，深受异人宠爱，但是对自己已有身孕一事，从未透露过半点。十个月以后(直到公元前259年正月)异人有了"自己的"第一个儿子，说也奇怪，恰好这一天是农历正月元旦，因此取名叫政，寄姓赵氏，这就是后来的秦始皇。历史证明：这个赵政，开辟了中国历史的一个新时代。

到了秦昭王五十年，赵政三岁的时候，秦国攻打赵国都城邯郸，攻势非常猛烈，赵国君臣焦急万分，主张杀掉子楚(异人)。子楚和吕不韦商议妥当，用六百斤黄金给负责监视他的官员，连夜逃亡至秦国军队中。等到魏国派军队来救赵国时，秦国军队回国，子楚就跟随着顺顺利利地回秦国了。

《史记》和《资治通鉴》等史书中都有记载秦始皇为吕不韦的私生子。但是很多学者不同意这一说法，如明代王世贞《读书后记》怀疑《吕不韦列传》这段记载的真实性，提出两条理由：一是吕不韦为使自己长保富贵，故意编造自己是秦始皇父亲的故事；二是吕不韦的门客骂秦始皇是私生子以泄愤，而编造此说；郭沫若《十批判书》也怀疑吕不韦为秦王政生父之事，指出三个疑点：第一，仅见《史记》而为《国策》所不载，没有其他的旁证；第二，和春申君与女环的故事如同一个刻板印出的文章，情节大类小说；第三，《吕不韦列传》又有"子楚夫人赵豪家女"之说，显然与上述故事自相矛盾；郭志坤《秦始皇大传》对郭沫若的三点质疑，作了针锋相对的批评。他以为，第一，《史记》的记载有不少为《战国策》所不载，没有旁证，照样保持《史记》的真实性；第二，春申君与女环的故事，出于《战国策》。《史记》所载的故事与此相类似,并不能否定《史记》记载的真实性,只能说明这种斗争手段,在当时是被不少政治上的风云人物所运用的;第三,并没有自相矛盾。司马迁说吕不韦取"邯郸诸姬绝好善舞者"献于子楚,此"姬"即为"赵豪家女",完全说得通。

《史记》和《资治通鉴》认为吕不韦和秦始皇有父子关系的说法,其原因是:

其一,这样可以说明秦始皇不是秦王室的嫡传,反对秦始皇的人就找到了很好的造反理由。

其二,吕不韦采取一种战胜长信侯的政治斗争的策略,企图以父子亲情,取得秦始皇的支持,增强自己的斗争力量。

其三,解秦灭六国之恨。"六国"之人吕不韦不动一兵一卒,运用计谋,将自己的儿子推上秦国的王位,夺其江山,因此,灭国之愤就可消除。

其四,汉代以后的资料多认为嬴政是吕不韦之子,这为汉取代秦寻求历史依据,他们的逻辑是,秦王内宫如此污秽,如何治理好一个国家,因此秦亡甚速是很自然的。

然而,也有人推测出嬴政不可能为吕不韦的私生子:

其一,从子楚方面看,即使有吕不韦的阴谋,但其真实的可能性也很渺茫。因为秦昭王在位时,不一定将王位传于子楚,更不能设想到子楚未来的儿子身上。

其二,从嬴政的出生日期考虑,假若赵姬在进宫前已经怀孕,秦始皇一定会不及期(不到十个月)而生,子楚对此不会不知道。

其三,从赵姬的出身看,也大有文章。《史记·秦始皇本纪》记载,秦灭赵之后,秦王亲临邯郸,把同秦王母家有仇怨的,尽行坑杀。既然赵姬出身豪门,她怎么能先做吕不韦之姬妾,再被献做异人之妻呢?这样,就不存在赵姬怀上吕不韦的孩子再嫁到异人那里的故事了。

太史公最后的处理办法是:

一、将不可信的史料舍弃。

二、最可信的史料多用于本纪和表的撰述,"秦始皇者,秦庄襄王子也。"就是此一类。

三、信用度较低但又有保存价值的史料,则保留于列传当中,并暗含隐语,供识者品味。

为什么说献姬匿身一说有保留价值呢?因为子楚从吕不韦那里索得赵姬,大约是在秦昭王四十七年三月以前,此说中的怀孕时间虽然令司马迁怀疑,但他显然不敢否定特例存在的可能性。还有,另一种可能性也需要考虑,子楚索得赵姬后,可能会因某种原因间隔一个月没碰过她。赵姬怀嬴政时乃秦昭王四十七年,是年四月长平之战爆发,子楚可能因惊惧而生病,也可能被赵人囚禁。在这期间吕不韦与赵姬有染而孕,作为与囚犯无异的质子,子楚对此毫不知情确有可能。而此事在传播过程中也许发生了部分的信息失真,时间错了? 还有一个可能的佐证,秦破赵后,"秦王之邯郸,诸尝与王生赵时母家有仇怨,皆坑之",是否杀人灭口呢?

对于秦始皇身世之谜,各有各的说法,也只有留于后人去推测了。

千古一帝——励精图治,统一中国

　　嬴政继位后虽然贵为国主,但有名无实,所有国事大权都被赵太后独揽在手,凡事都得过问于她。这时相国吕不韦的野心越来越大,其权势也日益扩展。所有人都尊称其为国君长者的"仲父"。他虽然不再是巨商,却财力雄厚,仅家奴就有万人之众,成为当时天下第一大富翁和权臣,俨然另一个财权具备的皇下之皇。仅此他还不满足,为了使之名垂千秋扩大自己的影响,他又召集数千门客,让他们搜集史料,编写成了著名的《吕氏春秋》。

平定内乱

　　秦庄襄王子楚去世之时,赵姬正值而立之年,正是风花雪月的大好年华,孤衾独守,她岂甘孤孀的冷清岁月。守节数月后,便借商议国事为名,召吕不韦进宫。他两人原本就是夫妻,如今正好再续前盟,以娱其性。吕不韦也自恃功高,因而无所顾忌。从此,吕不韦与赵姬不是夫妻,胜似夫妻。司马迁记此事只用了两句话:"秦王年少,太后时时私通吕不韦。""始皇帝益壮,太后淫不止。"

　　然而再高的墙也没有不透风的,赵姬和吕不韦的丑闻不久就在宫内外传开,人们添醋加油,说得丑陋不堪。吕不韦对此有了警觉,他深知嬴政聪颖过人,且性格跋扈,又身居王位,万一被他知晓,自己就是有一万个脑袋怕也保不住。于是就有所收敛,不敢擅自

赵太后

进宫。赵姬寂寞难耐,欲火难禁,经常在夜间派人召他进宫取乐。吕不韦却有难言之苦,于是每当得到赵姬的召令时便借故推辞。后来,吕不韦经过深思熟虑,想出了一个金蝉脱壳之计:为赵太后找一个能替代他的男人。于是他找了个名叫嫪毐的市井无赖,让他冒充宦官进宫,在净身时买通了执行的人,让这个假宦官进去供赵太后享乐。

嫪毐身强力壮,精于房术,太后对他宠幸无比。不久,太后发现自己怀上了嫪毐的孩子。她早已是寡居之人,半路又怀上了孩子,说出去还不丢死人了。最重要的是,若是被嬴政知道了那还得了。于是为了避人耳目,太后假借占卦有凶兆,要暂避一段时间为由,搬出皇宫到大郑宫居住。在此,赵姬为嫪毐生下了两个男孩。嫪毐的权势也因太后的宠幸而日增,并被封为长信侯。嫪毐由于与赵姬的特殊关系,一时成了政治暴发户,不仅"家僮数千人",而且"事皆决于嫪毐"。(《史记·吕不韦列传》)

另外,嫪毐与朝中官员交往甚密,网罗了不少朝廷要职官员。如此一来,吕不韦和嫪毐就给嬴政政权构成了重大的威胁。嬴政聪颖过人,对吕、后两党的所作所为心知肚明,但他颇有城府,喜怒不形于色。表面上看,嬴政对吕、后党置若罔闻,实际上时刻刻在关注他们的活动并伺机铲除他们。

公元前238年,嬴政年满二十二岁,按照秦国的旧制,要举行加冠礼,然后就可以亲政了。可吕不韦、嫪毐两人处处给他出难题,以震慑他即将树立的威信。然而面对吕党和后党两大反动集团的刁难与嚣张,胸怀大志的嬴政泰然自若,不动声色,他成竹在胸若无其事般地按计划举行了加冠礼。

嫪毐

常言道:"天高不为高,人心第一高。"这嫪毐见自己深得太后宠爱,又一连生了两个男孩,可日后若太后去世,嬴政一定饶不了他,于是暗地里起了篡位之心。于是,就在嬴政亲政不久后,嫪毐就发动暴乱,准备杀掉嬴政,夺取政权。结果被早有防备的嬴政皇活捉,后处以车裂酷刑,并被灭了九族。他的同党被诛杀的有二十多人,牵连的多达四千多家,但嬴政毫不手软。就连赵太后和嫪毐的两个私生子也未能幸免,赵太后被减了俸禄,收回玺印,软禁在最远的雍宫棫阳宫中。后经群臣劝说,嬴政才把赵太后接回咸阳。

清除后党后,摆在嬴政面前的便是势力最为强大的吕氏集团了,嬴政深知吕党才是他心头大患,不除吕党他就得时时刻刻面对政权陷落的威胁。嬴政本打算乘嫪毐案件诛杀吕不韦,一并清除吕氏集团。但是吕不韦辅佐先王继位的卓著功勋众所周知,如果操之过急,可能会坏事,因此嬴政暂时没有动吕不韦。

就在除掉嫪毐的第二年,嬴政以迅雷不及掩耳之势免除吕不韦相国之职,并将他赶出咸阳,而吕不韦没有丝毫的心理准备和反扑的机会。之后,嬴政为避免吕不韦与其他国家串通作乱,派人给他送去绝命书,信曰:"君何功于秦?秦封君河南,食十万户。君何亲于秦?号称仲父。其与家属徙处蜀!"(《史记·吕不韦列传》)当时蜀地是流放地,犯人的去向,嬴政这时下令让吕不韦去蜀,自有铲除其之意,并且让他带上自己的家眷,这已经很能说明一切了。收到信的吕不韦知道大难已近,于是饮鸩而死。

至此,吕、后两党彻底清除,公元前238年嬴政正式亲政。

横扫六国,统一中国

扫除政敌后,嬴政便开始对东方的六国发动了战争。他继承了祖辈的基业,且发扬光大,本来他在清除反党时,就先发扬先王遗风,礼贤下士,广纳人才。当时的秦国人才济济。

从国内整体形势来说,商鞅变化以后秦国的经济,军事都是其他六国不能匹敌的;但是,在战略上嬴政继续奉行先王"远交近攻"的战略,凡此种种,秦国都已经具备了统一六国的条件。

嬴政于是广招人才,起用了两个很重要的人物,那就是尉缭和李斯。这两个人物直到后来都对中国的历史产生了极其深远的影响。

尉缭精通兵法,有很多建树。在嬴政清

尉缭

除了吕不韦之后，尉缭来到秦国，并勇敢向秦始皇进谏，他提出贿赂各国要职官员使其内部腐败不堪，造成他们内部瘫痪无能，然后用武力将其征服。他的策略被嬴政采用。嬴政十分赏识尉缭，且对他非常尊敬和爱戴。在生活方面，也让尉缭与自己享有同样待遇。但尉缭认为："秦王蜂准长目，胸似鹰鸷，声如豺狼，这是无情无义、虎狼之心的明证。危难时他对人低三下四，卑躬屈膝，一旦得志就会翻脸不认人，无情地把人杀掉。对于我这么一个布衣出身的人，他也居然这样曲意奉承，将来秦国如能得天下，难保天下人不沦为他的奴隶。我不能在秦国久留。"后来尉缭曾几次想逃跑，但嬴政都设法将他挽留了下来拜其为国尉，也就是秦朝中央政府中三个最高行政长官之一，因而世人也称他为尉缭。那么，嬴政为何会这般看重尉缭？其实，嬴政的聪明就体现于此，他取天下之道也正是因为他能独揽人才。这里所讲的尉缭就是后来策划统一六国的人。

李斯是尉缭推荐给嬴政的。公元前237年，秦国为了防止与消除六国向秦国派来的间谍，曾一度下过逐客令。后来，李斯上书劝阻，这就是著名的《谏逐客书》。结果，嬴政欣然接受了李斯的这个意见。

李斯

从这里我们可以看出，嬴政是一个非常善于用人之人，他重用奇才，遇事头脑清楚，并能礼贤下士，这可以说是他最可贵的一面，也正是他之所以能得天下的原因之一。

公元前230年到公元前221年，嬴政开始了长达十年的统一战争，李斯成为尉缭计划的具体执行者。

韩国是最先被灭掉的侯国，秦王十四年，即公元前233年，韩国割地称臣。三年后，秦国俘虏了韩王，灭掉了韩国。

然后攻打赵国，俘虏了赵王，公子嘉逃到了代郡（今河北蔚县），称代王。到秦王二十五年，代王也被俘，赵国最后灭亡。

秦王二十年，王翦领兵攻燕。在易水西面秦兵打败了燕、代联军。攻占了燕国都城蓟城（今北京西南部）。燕王逃往辽东郡。后来，燕王只得杀死了曾经派荆轲刺杀秦王的太子丹,把他的头献给秦军求和。秦王二十五年,燕国最后的一个王——喜被俘获,燕国也被灭了。同时,魏国也被秦军灭掉。

当年,秦国也不是没有吃过败仗,如秦王二十三年,攻打楚国的秦军因为兵力太少,被楚军打败。但是对于秦国来讲,一次失败并不会影响秦国的元气。稍作整顿之后,秦王又派老将王翦出征,并听从他的建议,给了六十万重兵。王翦用了三年时间,终于拿下了楚国。

最后灭掉的是齐国。齐国从一开始就没有认清自己的处境,在秦国先后对其他五国用兵时,齐国不但袖手旁观,并且还和秦国结盟,根本没有意识到自己的命运也会和其他五国一样。因此,齐国没有做任何战争准备。等到秦王二十六年,五国都被灭掉后,齐王这才幡然醒悟,派兵准备抵御秦国,并与秦国断交,但为时已晚。秦国大将王贲在灭掉燕国后,奉嬴政之命率军进攻齐国,一战俘获了齐王。

短短十年,秦王嬴政消灭了六国,结束了春秋战国以来的分裂局面,建立了中国历史上第一个统一的中央集权的封建国家。嬴政凭借着他的智能和武力统一了中国,但是,他的传奇故事如果没有那些勇将和谋士是无法变得精彩的,就像刘邦说汉之三雄一样“三人虽杰,吾能用之,此吾所以取天下也”,嬴政也正是如此!

千古一帝——政治改革，确立皇权

秦始皇用武力平定天下之后，进行了一系列的改革措施。这些改革是前无古人的，意义更是深远的，他所制定的王纲朝例一直被后来的历朝历代所效仿和沿用。对于中国政治、经济和文化的统一和发展起到了巨大的作用。

首先，秦始皇改变了传用了几百年的帝王称号。他让大臣们讨论他的称号，有的主张用"帝"，有的主张用"皇"，这两个结果也主要是来自于古代时的三皇五帝之说。结果秦始皇认为自己的功劳高过了三皇和五帝，最后决定将皇和帝并称为"皇帝"。由皇帝来掌握全国的政权，不再像西周那样分封诸侯，各管一地，致使最后诸侯各自独立，中央无法控制，也正是因为这个原因，才导致了天下大乱。

秦始皇为了维护皇帝的尊严，对名称也做了规定：皇帝自称用"朕"，皇帝的命称为"制"，令称为"诏"。皇帝的印信专门用玉做成，称为玉玺。而且天下所有的印，只有皇帝一个人的印信才能称作"玉玺"。同时，皇帝的妻子称"皇后"，父亲称"太上皇"，母亲称"皇太后"。秦始皇统一天下后，进行了普遍的改革。秦始皇为了将大权集于一身，每天都日理万机，白天审理案子，到了晚上还得批阅公文，而且给自己定下了工作量：每天一定要批完一石公文才能休息。一石在当时是一百二十斤，相当于现在的六十斤。由此可见其努力程度。

秦始皇还改革了中央机构。改革后的中央行政机构以皇帝为首，皇帝之下设三公、九卿，即三公九卿制。三公是丞相、太尉和御史大夫。制度规定中央行政机构的首长是丞相，丞相统领百官，并协助皇帝处理国家政务；太尉则是最高的军政长官，全在负责军事事务，但他平时没有军权，战时也要听从皇帝的命令，而且要有皇帝的符节才能调动军队，军权实际上也是掌握在皇帝手中；御史大夫是负责监察百官的，也就相当于副丞相，皇帝的诏令一般由御史大夫转交给丞相去执行。

三公的下面是九卿,分工非常之细,不同的职务分别掌管着不同的事务。具体是:奉常,掌管宗庙礼仪;卫尉,掌管皇宫保卫;郎中令,掌管宫廷警卫;太仆,掌管宫廷车马;典客,处理少数民族事务及外交;廷尉,负责司法;治粟内史,掌全国财政税收;宗正,管理皇室亲族内部事务;少府,掌管全国山河湖海税收和手工业制造。三公九卿均由皇帝任免,概不世袭。

除皇宫内的地方,秦始皇加强君主集权的重要措施是实行了郡县制。这是地方政治体制的历史性变化,这种变革代替了之前的分封制。在讨论时,李斯反对分封制,他认为周朝就是因为实行分封制,将子弟封到各地为王,他们的权力才进一步扩大,逐渐与中央疏远,皇帝越来越难管理这些诸侯王,最后致使周朝分崩离析。李斯认为秦朝应吸引周朝失败的教训,应该设置郡县,由皇帝亲自任命官吏进行治理,秦国的安定也就牢牢抓在皇帝手中。秦始皇采纳了李斯的建议,把全国分成三十六郡,郡下设县,建立自中央直至郡县的一整套官僚机构。

在法令上,以秦国原有的法律令为基础,吸收六国法律的某些条文,制定和颁行统一的法律。另外,为了使国家更快、更稳的发展,秦朝首先严格管理官吏,秦始皇制定了一套严明的法令,专门治理官吏。法令极其严厉,使得秦朝的官吏都遵纪守法,办事效率也很高。

除了在政治体制上的一些改革外,秦始皇还采取了一系列的措施来巩固集权统治。

一、修造长城。秦始皇下令将原来六国的首都和各自修造的长城拆毁,然后统一修造抵御北面匈奴的长城。长城西起陇西的林洮(今甘肃岷县),东到辽东(今大同江一带),东西长达万里。

二、迁徙富豪,销毁兵器。秦灭六国后,下令迁徙各国的旧贵族和富豪到咸阳及南阳、巴蜀等地,以削弱他们的政治、经济势力。为了防止旧贵族反叛,秦始皇还下令将六国流散于民间的兵器收缴起来,集中到咸阳,加以销毁,改铸成十二个铜人。

三、修建官道,即驰道。以咸阳为中心,共修成三条,一条向北通到了内蒙,叫做直道。一条通向东面的河北和山东,直到海边。一条向南,通两湖和江苏。驰道宽达五十步,两旁每三丈远就种一棵青松树。随着驰道的建立,缩短了信息传播的时间,利于中央集权的加强和政令的及时传达。

此外，秦始皇还改革并统一了原先较为混乱的度量衡和货币，这些举措促进了各地文化的交流。

秦长城图

一、统一度量衡——以商鞅所制定的度量衡为标准统一度量衡，原来各国的度量衡制度不仅大小、长短、轻重不同，单位、进制也不同。以量来说，秦国以升、斗、斛为单位，魏国以半斗、斗、钟为单位，齐国以铷、釜、钟为单位。公元前221年，秦始皇向全国颁行新的、统一的度量衡制度，规定度为寸、尺、丈、引；量为斛、斗、升、合、仑；衡为铢、两、斤、钧、石。

二、统一货币——废除六国通用的货币，统一使用的货币，以秦"半两"钱为流通货币；秦朝统一之初，各国货币形制基本上都不相同，而且计量单位也不统一。为了统一货币制，秦始皇立即下令废除六国旧货币，制定新的统一货币。新制定的货币分为两种：黄金为上币，以镒为单位；圆钱为下币，以半两为单位。新的货币制的制定，给当时秦朝的商品交换提供了很大的方便。

铜权

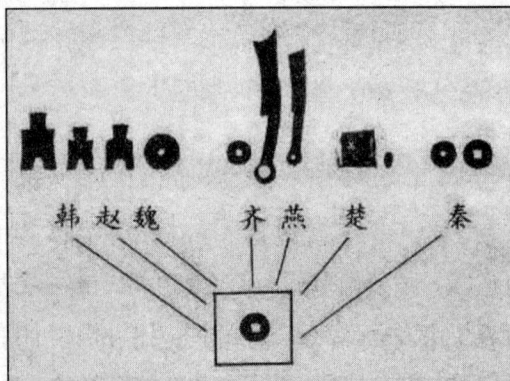

韩赵魏　齐燕楚　秦

统一货币图

三、统一文字——战国时期由于长期分裂割据，各国的文字极不一致，这对统一后的秦朝推行政令和文化交流造成严重障碍。秦始皇命丞相李斯、中车府令赵高、太史令胡毋敬主持统一文字，制定出字形固定，笔画省略，书写方便的小篆作为标准文字，推行全国。

秦小篆字砖

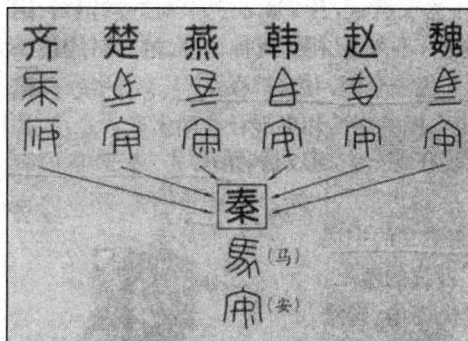

统一文字

秦时的疆域异常辽阔，北到长城和阴山，南到南越，即现在的岭南地区，秦还设置了南海、桂林、象郡进行管理。疆域的西界是陇西，东则延伸到了辽东。

在我国古代政治制度上，秦朝的政治制度是空前专制的。因此，秦朝吏治清明，没有官吏敢贪污受贿，也不敢玩忽职守，办事效率很高。在中国秦朝以后两千多年的封建社会中，基本上都沿用了这一套制度。这一制度对巩固中华民族的统一，促进社会经济的发展和文化事业的繁荣，都起到了十分重要的作用。

千古一帝——南征北战，开疆拓土

我国是多民族国家，先秦时就存在着众多的民族。秦朝统一后，秦始皇南伐越族，北击匈奴，并通西南夷，不断开疆拓土，创建了统一的多民族国家。

南征百越

秦朝初年，浙江、福建、江西、湖南南部及两广地区，居住着一个人数众多的民族——越族。越族部属众多，而且部落差异很大，又称作"百越"。依据其分布地区不同，可分为于越、闽越、瓯越、南越、西瓯等八部分。其中，"东越"分布在瓯江流域（今浙江温州一带）；"闽越"居住在今福建地区、闽江下游（今福建福州一带）；"南越"和"西瓯"散居在岭南一带（今广东、广西）。这些越人过着以农业为主、渔猎为辅的生活，生产技术比中原地区落后。

完成统一后，秦始皇随即进行大规模征服岭南的军事行动，秦始皇命屠雎为统帅，兵分五路，统率五十万大军进攻南方。兵达南岭后，遭到了南越和西瓯的顽强抵抗。越人利用熟悉地形、善于水战等优势，逃入林中，与秦军周旋，秦军习惯于在中原开阔地区作战，不习惯于在密林中作战，因而伤亡惨重，连主帅屠雎也丧了命。

比这更严重的是秦军的后勤补给，南方河流纵横交错，秦军面对这种情况，不知所措，这给粮草供应造成了极大困难。

为了解决粮草运输问题，秦始皇于公元前214年派监御史禄负责开凿灵渠，史禄继承秦国兴修水利事业的优良传统和经验，经过精心勘察规划，巧妙地在长江水系和珠江水系的关键地段，即湘江和漓江源头分水岭上，修建了著名的灵渠。这条灵渠开凿于今天广西壮族自治区的兴安县，因此也被称作兴安运河。灵渠是由铧嘴、大小天平石堤、南梁和北梁等工程构成的。铧嘴是用巨石叠砌而成，修建在湘江中的分水坝,是灵渠的关键。南北梁长三十四公里,是灵渠的主体部分。灵渠的开凿,沟通了长江水系和珠江水系,是我国古代劳动人民智慧的结晶。

史禄像

灵渠

灵渠于公元前219年修建完工,解决了秦军的军粮运输问题。于是,秦军加强了对岭南的攻势,很快于公元前214年攻占岭南,并在那里设置了桂林、象、南海三郡,基本上统一了岭南。

战争期间和战争之后,先后有五十万中原人,"戍五岭,与越杂处",他们带去了中原先进的生产工具和生产经验,客观上促进了这一地区的经济、文化发展。从此,越族人民就成为了祖国大家庭中的一员,百越地区也从此成为中国领土不可分割的一部分。

北击匈奴

战国时期,在北方的蒙古草原上,游荡着一个强大的少数民族部落——匈奴。他们以游牧为生,随水草迁徙,没有农业和城池,注重骑马和射猎;他们没有文字,尊重强健武勇的青壮年而轻视文弱的老人。战国晚期,匈奴势力逐渐强大,匈奴贵族有强烈的掠夺欲,中原内地精美丰富的物质财富,正是他们梦寐以求的目标。因此,他们常常入侵中原,抢劫财物,掳掠人口,对当时诸国造成很大危害,特别是和它接壤的燕、赵、秦国所受威胁最大。当时燕国、赵国、秦国分别都建筑了长城防守,还经常派驻数十万大军随时反击。

秦统一中国前夕,各诸侯国忙于战争,匈奴乘机长驱直入,占领了黄河河套地区。匈奴的骑兵十分凶悍,速度快、机动灵活、战斗力很强,驻守北部边境的少量秦军无法阻挡匈奴骑兵的进攻。

　　在完成统一六国的战争后，秦朝初创，国力不足以应付大规模的战争。于是，秦始皇采取了积极防御的策略，命蒙恬、王离加强对北边的屯戍。经过几年的准备之后，秦始皇为了清除匈奴的威胁，维护北方地区的安全，公元前215年，亲自从东到西视察了整个北方边区，确定了大举进攻夺取河套地区南部战略要地的方针。在这一年，秦始皇派大将蒙恬率兵三十万北击匈奴，当时匈奴的首领是头曼单于。蒙恬的第一个目标是收复"河南地"，他采用集中兵力、速战速决的作战方法，很快收复了"河南地"和榆中。这一场大战迫使匈奴向北退避七百多里，十多年不敢南下掳掠，基本上解除了匈奴对秦帝国的威胁。秦政府一方面在这些地区设置四十四个县，实行有效的行政管理，另一方面还大量迁徙刑徒，并鼓励一般民众移居边地。

　　公元前214年，蒙恬率军渡过黄河，继续向北进击匈奴，占领了阴山山脉的西段狼山及其山南的广阔平原，并设置九原郡统辖这一地区。

　　秦朝反击匈奴的胜利，是匈奴贵族所遭受的第一次沉重打击，使河套地区的广大人民在很长时间内有了安定的环境。这对于我国多民族统一国家的形成、边远地区经济发展具有重要的促进作用。

　　经过十多年的南征北战，秦始皇大大扩展了秦朝的疆域，秦的版图东临大海，西至今甘肃、青海，南抵南海，北到今内蒙古以及辽东，成为一个幅员辽阔、人口众多的大帝国。

蒙恬

千古一帝——秦皇暴政，苛政猛虎

我们知道，秦始皇是一位大有作为的皇帝，在中国历史上建立了不朽的功勋。他发明及推行的由中央管辖的郡县制，中央九卿制，为历代封建王朝所效仿，一直沿用了两千多年。古代李贽称秦始皇为"千古一帝"，恰如其分。

灵渠的开凿，恩泽百代，沟通了湘江和漓江，连接了长江与珠江两大水系，使之成为南方水上交通的大动脉；古关中地区修建了郑国渠，沟通了泾水和洛水；开辟了关中漕运航道，灌溉了农田几百万亩，直到今天人们都受益匪浅。

内地人口向桂林，南海，象郡等地大迁徙，他们带去了内地先进的生产工具和发达的科学技术和文化，对开发边疆和民族大融合都具有重要意义。

此外，还筑直道，修长城，有效地抵御匈奴族的骚扰，保障内地人民生活安定和生产，如今你站在那巍峨的长城上，俯瞰雄关内外的中原河山时，或许你会听到历史的回音，会想到深埋城下的白骨，听到千万一阵阵回荡地狱的哀鸣，但是它是我们中华民族文明的象征，它印证了一代始皇帝的光芒。

然而，在秦始皇灿烂辉煌的背后，又有一段阴霾黑色的历史，那是他最为黑暗的一面，他可以说是个稀世罕见的暴君。

郑国渠

统一中国后，面对自己取得的巨大成就，秦始皇踌躇满志，变得不可一世起来。他穷奢极欲，大兴土木，横征暴敛，还制定严刑峻法压制民愤。极端残暴的统治搞得全国哀鸿遍野,怨声载道。

第一,焚书坑儒,它是秦始皇无法抹去的一大污点,极大地抵消了他统一全国的历史功绩。

第二,大兴土木,奢侈浪费。

经过多年征战,百姓苦不堪言,可是嬴政却不懂得与民休息,依然大兴土木,过着奢靡的豪华生活。

据说,秦始皇很喜欢六国华丽的宫殿,所以,每当灭掉一个国家,他都要让人将宫殿的图画下来,然后在咸阳照样仿造,称为"六国宫殿"。等全国统一了,他还曾经想造一个最大的苑囿,西起雍、陈仓(今陕西凤翔和宝鸡地区),东面延伸到函谷关(今河南灵宝),长达千里。最后被秦始皇的侍从、侏儒优旃劝止。优旃对秦始皇说:"这样可太好了,有了这么辽阔的皇苑,我们可以多放养些猛兽,如果六国的后裔有人敢从东方进攻,就把这些猛兽赶出去将他们吓跑。"秦始皇一听,不禁大笑,同时他意识到自己的想法的不可行之处,于是就打消了建这个巨大苑囿的打算。

最大的苑囿没有建成,但秦始皇却建了其他很多的宫殿,仅咸阳的周围就建有宫殿二百七十多座,行宫在关外有四百多座,关内三百多座。宫馆中有上万名宫女,还有钟,鼓,器,乐等设备。在这些宫殿中,最大最有名的还是建在咸阳的阿房宫。阿房宫究竟有多大? 司马迁在《史记·秦始皇本纪》中说:光阿房宫的前殿的东西就宽达五百步,大约相当于七百米。南北有五十丈,相当于一百十五米,面积八万七千三百七十五平方米,可坐一万人。殿的门用磁石砌成,主要是用来防止人带兵器行刺。在殿门前排列着十二个铜人,即用没收民间兵器熔铸而成的那十二个铜人。阿房宫前殿有阁道直达南山,东通骊山。阿房宫没有建成,秦始皇就死在了出巡的路上,后来传说项羽入关放火焚烧阿房宫,大火绵延,竟然一连三月还没熄灭。其规模之宏大,劳民伤财之大就可想而知了。秦始皇这一极端的浪费与奢侈是中国历史上少有的。当时有

阿房宫遗址

不少老臣上谏劝说结果都遭到贬职和发派,更甚者还被处以极刑。

秦始皇为自己修造的坟墓也是一项耗资巨大的残酷工程。秦始皇十三岁那年即位,就开始在骊山为自己修造坟墓。秦始皇统一全国后,营建工程大规模进行,前后经营三十八年之久,直到秦始皇死时,工程还没有完成。据《史记·秦始皇本纪》载:"始皇初即位,穿治骊山,及并天下,天下徒送诣七十余万人,穿三泉,下铜而致椁,宫观百官,奇器珍贵,徒藏满之。"

建造阿房宫和骊山陵墓的人,据说就有七十多万,加上北筑长城、南戍五岭,修驰道、造离宫,以及其他兵役杂役,秦代人口大约有两千万,在秦统治的十多年中,每年都要有两百万以上的男丁被征发去做苦工,甚至有些时候男丁不够,还要征发女丁,大量劳动力脱离生产,土地连片荒芜。如此暴政,又怎么可能维持长久呢?

骊山陵墓与兵马俑

第三,横征暴敛,严刑峻法,杀人如草芥。

为了聚集财富以供自己大兴土木,秦始皇就制定了多如牛毛的苛捐杂税,本来按照传统,人们都主张和长辈同住,以便尽孝,而秦始皇则要成家的男子和父母分居,这样国家可以按照户数多收赋税。

沉重的兵役徭役压得人民喘不过气来,海内虚耗,民穷财尽。由于原来的秦国变法,被东面其他国家称为"虎狼之国",现在统一后,暴政使秦朝真成了"虎狼之国"。秦始皇为人刻薄寡恩,用刑残酷,杀人如麻,使秦朝的残暴达到高峰。长城脚下、阿房宫中、骊山陵墓以及五岭路上,处处堆积着白骨。秦帝国成了一个恐怖世界,百姓生活在水深火热之中。秦始皇的暴政导致民怨沸腾,为了防止老百姓对自己的反叛,秦始皇制定了严酷的法律。秦法仅死刑就分为戮、腰斩、车裂、坑(活埋)、凿颠(凿破头脑)、抽胁、枭首,并推行连坐法和族诛,这些严重的刑法的实施,就是为了镇压人民的反抗。当人民触犯了法律,处罚相当严厉,特别是当时的野蛮的肉刑制度,常将犯人的脚砍断,造成大量的残废人。原来百姓渴望统一,结束无休止的战争,是想从此过上安宁的日子,现在秦的暴政让他们失望至极,民心丧失是秦国迅速灭亡的主要原因。

秦始皇的长子扶苏曾进谏说："现在天下刚刚安定，但远处的民众还没有彻底安定，士人们现在也都在推崇儒家的主张。父皇这样用严酷法律治理天下，儿臣担心会令天下不稳。希望父皇能认真考虑，改变政策，安定人心。"秦始皇非但听不进劝谏，反而斥责扶苏多事，还把他逐出咸阳，派到北面边境的军队里做监军，和大将蒙恬一起抵御匈奴。

扶苏图

秦始皇不听劝告，仍一意孤行，秦在民众的诅咒下气数将尽。楚地当时流行着"楚虽三户，亡秦必楚"的歌谣，诅咒秦王朝灭亡。据说，公元前221年，在秦的东郡(今河南濮阳)落下一块陨石，有人趁机在上面刻了诅咒秦的一句话："始皇帝死而地分。"这件事传到京城，可把秦始皇气坏了。他马上派御史大夫到东郡去，追查是谁在陨石上刻的字。御史大夫在那里追查了许多天，始终没有查到一点儿线索。秦始皇非常生气，索性下令把陨石附近的所有居民全部杀光，然后销毁陨石。但这丝毫不能挽救秦朝灭亡的命运。

嬴政企图借助严刑峻法，推行其暴政，维持其统治，家天下传万世。正如他所说："朕为始皇帝，后世以计数，二世三世于万世，传之无穷。"然而，最终未能如他所愿。这是为什么呢？答案其实很简单，即仁义不施。

第四，打击商人。

嬴政执政期间曾对商人进行了一系列打击，把商人和曾经为商的人，以及他们经过商的父母，都发配戍边。嬴政对商人进行严厉的打击，严重地打击了商业和手工业者，阻碍了商品交换和经济交流，破坏了生产力的发展，也破坏了秦王朝的经济基础。

　　历史是无情的,它不会因为你的光辉而将你的肮脏隐藏;历史是有情的,它书写了你的伟大与辉煌,让你在后人的眼中成为一个真正的你。时空漫漫,穿梭于历史的烟云,功过自当一分为二去评说。闲者以此为茶余饭后的谈资,专者当以史为鉴看历史的必然蜕变。学历史之所长,撇弃其短,乃智者所为。

千古一帝——偏爱法家，焚书坑儒

战国时期，由于社会关系发生激烈变动，学术界呈现出一种学派林立，百家争鸣的新气象。至其末年，诸国由分裂归于统一；与之相应，思想文化也出现了力求兼收并蓄，冶熔各家学说于一炉的趋势。秦始皇吞并六国、统一天下、建立统一的中央集权制封建国家后，为了巩固自己的统治，并且使自己的统治长久下去，采取了一系列措施，在全国范围内建立起专制主义中央集权的统治。秦始皇是中国历史上的第一位皇帝，他的赫赫权势不仅可以压服海内民众，而且也可以震慑天下，他的皇权在当时可谓至高无上，人人敬畏。焚书坑儒就是在这样的历史背景下发生的。

秦始皇是中国历史上以残暴著称的封建统治者。"焚书坑儒"是他最骇人听闻的、震慑古今的暴行之一，数千年来受到千夫所指，众口所矢，几乎妇孺皆知，被称作知识文化和知识分子在中国遭受的首次大规模的浩劫。

公元前 213 年，秦始皇在咸阳宫召集群臣举行宴会庆贺自己北筑长城、南伐百越的功绩，参加宴会的有文武百官及博士七十人。席间，文武百官无不为始皇歌功颂德。其中有仆射周青臣对始皇称颂道："陛下削平六国，统一天下，如今又北败匈奴，南服百越，凡日月照得到的地方，全都为陛下统辖。陛下又废除分封旧制，遍设郡县，消除了战争之患，百姓安居乐业，自上古以来，无人能及陛下威德。"（《史记·秦始皇本纪》）周青臣这番歌功颂德之辞，秦始皇听后非常高兴。就在这时候，博士齐人淳于越则道："臣观古籍中所

秦坑儒谷

载,殷周两代都相传了千余年,就是由于分封子弟和功臣,有各国诸侯辅佐的结果,如今秦已统一天下,安抚海内,却不实行分封,朝廷一旦出现乱臣贼子,企图篡夺王位,能有谁来帮助呢?"淳于越还说:"事不师古而能长久者,非所闻也。"(《史记·秦始皇本纪》)历史上把这次廷争称为周、淳之争。淳于越再一次地提出了分封制的问题。于是秦始皇命众臣对淳于越的观点进行讨论。此时已担任丞相的李斯说:"'五帝不相复,三代不相袭',自古因时代不同,治理方法也随之改变。如今天下已定,法令统一,百姓积极而努力生产,儒生们本应学习法令,为国效力,相反,以淳于越为代表的'愚儒'们却'不师今而学古',指责当世,惑乱百姓,他们以'私学'诋毁'法教',指责朝政法令'入则心非,出则巷议'甚至造谣诽谤'之后,他又说,"这些以淳于越为代表的'愚儒'们是秦朝政权和国家顺利发展的绊脚石,应当及早除掉"。所以,他又向秦始皇提出了焚书的建议:史书除《秦记》之外一律烧掉;《诗》、《书》、百家语除博士官收藏的以外,其他人的藏书都限期集中到郡,由郡守、郡尉监督烧掉;医药、卜筮、种树等书不在禁列;有敢相互谈论《诗》、《书》的,判处"弃市"的死刑;"以古非今者族";"吏见知不举者,与同罪;令下三十日不烧,黥为城旦"。李斯在焚书的建议中表明,禁止传授《诗》、《书》等百家思想,所有的官办学校必须"以吏为师",以法令为教材,不得随意讲授其他内容。

秦始皇觉得李斯的话很有道理,当即采纳了这项建议,在全国范围内付诸执行。于是,全国各地青烟滚滚,大批古代文献、典籍毁于大火之中。

秦始皇焚书,是为了消除异议统一人们的思想,是一种愚民政策,但究其实质是为了维护自己的皇权统治,使自己的统治长久下去。但这场运动焚烧了大量古代文化典籍,使古代文化受到了严重的摧残,是文化专制主义的重要表现。正如著名学者郭沫若所说:"书籍被残,其实还在其次,春秋末叶以来,蓬蓬勃勃的自由思索精神,事实上因此而遭受了一次致命的打击。"

在焚书之后的第二年,又实施了坑儒。由于大量焚书,引起不少儒生和方士的不满,他们继续大造舆论,谩骂、攻击秦始皇,说他"专任狱吏"、"乐以刑杀为威"、"贪于权势"等,天下到处都散布着对他不利的言论。这使秦始皇勃然大怒,派出御史到全国各地追查,最后抓到四百六十多人,秦始皇下令一块押到骊山的山谷中,全部坑杀,也就是把这些人活活地埋死。因为这些人绝大部分是儒生,所以,这次灭绝人性的杀人事件被世人称为"坑儒"。历史上把这一事件与焚书事件连起来统称为"焚书坑儒"事件。

对于坑儒一事，还有另一说，说是由几个方士的畏罪逃亡所引起的。原来，秦始皇非常迷信方术和方术之士，以为他们可以为自己找到神仙真人，求得长生不老之药。他甚至宣称："吾慕真人，自谓'真人'，不称'朕'。"而一些方士，如侯生、卢生之徒，也投其所好，极力诳称自己与神相通，可得奇药妙方。但时间一长，他们的许诺和种种奇谈总是毫无效验，骗局即将戳穿。而秦法规定："不得兼方，不验，辄死。"因此，侯生和卢生密谋逃亡，在逃亡之前，还说秦始皇"刚愎自用"，"专任狱吏"，"贪于权势"，未可为之求仙药。始皇听说此事后大怒，他说："卢生等吾尊赐之甚厚，今乃诽谤我，是重吾不德也。诸生在咸阳者，吾使人廉问，或为妖言以乱黔首。"（《史记·秦始皇本纪》）于是下令拷问咸阳四百多名书生，欲寻侯生、卢生。事后，那些相关的四百六十名书生被用巨石掩埋。

古往今来，人们对于焚书坑儒之举看法各不相同。有人认为秦始皇此举非常英明。譬如"文革"时期许多人痛骂儒生该死，称赞秦始皇气魄伟大。汉武帝声称独尊儒术，但是把藐视儒术的桑弘羊当成了得力助手，充任财政部长。桑弘羊当着汉武帝的面痛斥儒生道："诸生遇茸无行，多言而不用，情貌不相副。若穿窬之盗，自古而患之。是孔丘斥逐于鲁君，曾不用于世也。何者？以其首摄多端，迂时而不要也。故秦王燔去其术而不行，坑之渭中而不用。"桑弘羊认为秦始皇焚书坑儒这一行为实属理所当然。

但也有持完全相反意见的，他们认为秦始皇此举过于残暴。如晚唐司空图在《铭秦坑》中说："秦术戾儒，厥民斯酷；秦儒既坑，厥祀随覆。天复儒仇，儒祀而家；秦坑儒，儒坑秦耶？"司空图认为焚书坑儒是秦始皇恶莫大焉，以致后来受到天罚。

对秦始皇焚书坑儒举措的评论虽然大相径庭，但不可否认，这是一场悲剧。再怎么说儒家的书籍还不至于毁之一炬，儒生发表反对意见还不至于坑之九泉。

那么，是什么原因造成焚书坑儒这个悲剧呢？答曰：封建专制制度使然。在封建专制社会，各家学说通常都是互不相容的。即使是先秦时期的百家争鸣，也是一种互不相容的争鸣，并不是人们所想象的那样自由和谐。各家之间都有着水火不容之势。道家小觑其他任何一家；而儒家自称遵循古代圣王的治国方法，攻击法家重利轻义；墨家标新立异，独树一帜，具有某种程度的责任意识，主张实行原始的责任制度；而法家却以儒家为蠹虫。

学派之间存在严重分歧或对立的情况或许是属于正常现象,不为封建专制社会所独有,但相互垢詈残杀的现象则或许为封建专制社会所独有。一方面封建社会相对不够公正,阶级矛盾相对严重,或许不靠强权就不足以维持长期的统治地位,因而屡屡采用暴力手段以维持地位。另一方面在封建专制社会中权力没有制约,随其所用,难免经常会做出错误的决策。当然也有决策正确的时候。比如宋太祖杯酒释兵权之举被传为千古佳话。

从表面上来看,焚书坑儒是一次针对儒生的严打措施,但实际上则是与历代的打击异端措施没有实质的差异。在历史上经常出现或者由于决策错误,或者由于维护专制统治的需要,而严厉打击异端的现象。或许封建社会是以人为本的,但是其程度显然是相对较低的。封建社会一般都实行专制高压政策,钳民之口,有敢妄言或谤议朝政者严惩不贷。

不管怎么说,秦始皇焚书坑儒,本意在维护统一的集权政治,反对是古非今,打击方士荒诞不经的怪谈异说,但并没有收到预期的效果。关于这点和秦始皇采用的其他措施有所不同,也是秦始皇、李斯所始料不及的。

有人认为焚书坑儒是个较为野蛮的行为,反映出当时统治阶级内部斗争的极端尖锐。李斯主张中央集权,是适合时宜的,他所代表的儒家荀子学派(与韩非派法家合流)却是一种极端压制人民的政治思想。王绾、淳于越主张分封诸侯,是违反时宜的,他们所代表的儒家孔孟正统派(包括阴阳五行家与神仙家)却是讲仁义的政治思想。政治上学派上的斗争一直发展到大惨杀,把孟子学派的儒生大体杀尽(东汉赵岐说),结果李斯算是取得了胜利。但是,焚书坑儒丝毫也不能消灭学派上的分歧,并且还加快了秦朝灭亡的速度。秦始皇实行李斯的主张,皇位的继承人长子扶苏,因替孔孟派儒生说话,秦始皇对此异常愤怒,派扶苏到上郡监蒙恬军。

嬴政的极端做法,导致的是秦王朝的短祚,存在十五年便灭亡了。晚唐诗人章碣在其《焚书坑》一诗中写道:"坑灰未冷山东乱,刘项原来不读书。"

千古一帝——向东求仙，寿终归西

秦始皇非常迷信，有一次他因风水受阻而不能渡湘水，归罪湘君女神作祟，于是遣发三千囚徒，去砍伐山上的树木以图报复。

秦始皇做了皇帝之后，为了能永居帝位，幻想成神成仙。最初他想皇帝的宝座由他一家独坐，要"传之万世"。但传之万世还不如他自己会万世更惬意，于是他便迷信成仙，妄想长生不老，于是就千方百计地寻求仙丹妙药。他听信了当时著名的方士徐福、卢生、韩终、石生、侯公等人的欺骗，多次入海求仙，寻找长生不老的仙药。秦始皇后来率领百官群臣到泰山封禅，五次大规模的出巡，前呼后拥，浩浩荡荡，劳民伤财，虽有向天下人炫耀自己的文治武功的目的，但到东海寻求长生不死药也是一个非常重要的原因。令他没想到的是，他就死在求仙丹的路上。

公元前 219 年，秦始皇曾坐着船环绕山东半岛，在那里他一直流连了三个月，在那里他听说在渤海湾里有三座仙山，名叫蓬莱、方丈、瀛洲。在三座仙山上居住着三个仙人，手中有长生不老药。这个神奇的故事是一个叫徐福的人告诉秦始皇的，他是当地的一个方士，听说他曾经亲眼看到过这三座仙山。

徐福

秦始皇听说神仙总是在海边出现，为了找到神仙，求得仙药，秦始皇的出巡总是到海边去。他曾经到碣石(今河北昌黎)一次，到成山(今山东成山角)两次，到琅琊和芝罘三次，就是因为这些地方传说是神仙常来登陆的地点。每到一个地方，秦始皇都要派很多的方士去求仙找药，著名的徐福东渡日本就是秦始皇所派，去求采"长生不死"之药的。

为了求得长生不死药，秦始皇不惜数次花费巨万钱财，还将三千童男童女送去葬身海底，尸喂鱼鳖。秦始皇派徐福带领千名童男童女入海寻找长生不老药。徐福带领的浩大的舰队出发了，但他在海上漂流了好长时间也没有找到他所说的仙山，更不用说是长生不老药。秦始皇是个暴君，徐没有完成任务，回去后依秦始皇的作风一定会被杀头，于是他就带着这千名童男童女顺水漂流到了日本。

徐福虽然一去不返，但秦始皇并没有死了那份求仙的心，四年以后，也就是公元前215年，秦始皇又找到一个叫卢生的燕人，他是专门从事修仙养道的方士，秦始皇这次派卢生入海求仙与徐福有所不同，徐福是去寻找长生不老药，而这次卢生入海是寻找两位古仙人：一个叫"高誓"；一个叫"羡门"。

可想而知，这位卢生也是一个以方士自居的"诈骗犯"，他明知仙药根本就没有，无非是诈取富贵而已。秦始皇是怕死出了名的，他非常迷信，异想天开地想寻找使人长生不死的药。公元前212年，方士卢生和另一个替他寻找长生不老的仙药的方士侯生，平时他们甚得秦始皇的信任，根据卢生和侯生的建议，秦始皇有一段时间常自称"真人"而不再称"朕"。这两个方士明知根本没有仙药，骗了很多钱财后，怕时间一长会暴露，按照秦国的法律，求药不应验就会被处死。他们从博士们的前车之鉴，感受到自身命运亦将不济；从秦始皇的暴戾无常，感受到自己的末日亦将来临。他们讥议秦始皇"天性刚愎自用"，"专任狱吏，狱吏得亲幸"。他们互相商量：像这样以靠刑罚和杀戮而建立威势并且贪婪权势的人，不能为他求仙药。于是，他们悄悄地带着从秦始皇那里骗来的钱财逃跑了。秦始皇听到了这个消息后，龙颜大怒，指责方士"吾前收天下书不中用者，尽亡去；悉召文学方术士甚众，欲以兴太平；方士欲练以求奇药。今闻韩众去不返，徐福等费以巨万计，终不得药，徒奸利相告日闻。卢生等，事尊赐之甚厚，今乃诽谤我，以重吾不德也。诸生在咸阳者，吾使人廉问，或为妖言以乱黔首"（《史记·秦始皇本纪》）。"是使御史悉案问诸生，诸生传相告引，乃自除犯禁者四百六十余人，皆坑之咸阳。并告知天下，以惩后。"可怜天下儒生都被两个方士所连累。

公元前120年，即秦始皇三十一年，秦始皇开始了他的死亡之巡。他率领大队人马，从都城咸阳出发，直奔南方的云梦（今洪湖和洞庭湖地区），并到九嶷山祭祀了祖先舜。然后乘船东进，在丹阳（今安徽当涂）上岸，到了钱塘（今浙江杭州），本打算由钱塘江南渡浙江（今富春江）上会稽山，由于水流湍急，于是绕道向西一百二十里，这才渡江登上会稽山，在山上祭祀了治水的大禹。舜和禹是五帝中的二帝，传说死后分别葬在九嶷和会稽。以往秦始皇很少把五帝放在眼里，除了天和祖先也很少有所祭祀，现在却赶到南方连祭二帝，似乎已经意识到尽管自己这位皇帝功盖千古，恐怕最终也难免一死。

祭祀过大禹，秦始皇在会稽山刻石留念，然后下山，从吴中（今江苏吴县）北上，继续他的求仙之旅。他总想在海边能有所收获，遇见仙人或得到仙药，所以一直靠着海岸走，但总是一无所获。最后，失望的秦始皇只得往回返，没想到在平原津（今山东平原县）时，由于旅途劳顿、身体疲惫加上高温等因素，秦始皇竟一病不起。

随行的赵高、李斯和胡亥等人知道秦始皇时日不多，但因为秦始皇忌讳说"死"字，所以没有人敢向他问身后的国事如何安排。随着病情越来越重，秦始皇也知道自己已日薄西山，活不了多久。他这时想到了死后的皇位继承问题，便想到了老成持重富有政治头脑的长子扶苏，于是留下了遗诏，要长子扶苏奔赴咸阳主办丧礼，并继承皇位。诏书放在任中车府令的赵高那里，还没有等诏书送出，秦始皇便在公元前210年的七月暑热季节，在沙丘平台（今河北平乡）断气死了。秦始皇死时仅五十岁，他在秦王位共二十五年，称皇帝十二年，总共三十七年。

在求仙的过程中，秦始皇的思想始终处于极度的矛盾之中，尽管他听信方士之言，求神仙、炼不死之药，但事实却一次又一次令人失望，于是大规模营造骊山墓，希望把生前骄奢淫逸的帝王生活搬到地下。求仙与建墓，同样是秦始皇个人私欲无限膨胀的产物。但是直到躺在陵墓里，他仍然固执地追寻着成仙之路，这一点可以从兵马俑的发掘看出。古代帝王讲究面南坐北，而兵马俑却是面向东方。据勘测，躺在地下的秦始皇也是头西脚东，秦人称为面东。面东表现了秦始皇向往东方、入海求仙之梦。可见，未能长寿成仙，成了秦始皇死不瞑目的遗憾了。

秦始皇一生五十年，但这五十年却使秦始皇成为千古一帝。他开创了中国第一个统一的封建专制主义的多民族国家，统一了文字、货币、度量衡，并确立了郡县制，对后世影响深远。可是，另一方面，秦始皇又是一代暴君，后期的暴政导致秦朝二世灭亡。

布衣称帝

◎刘 邦

汉高祖刘邦出身草莽,但胸怀大志;在秦末群雄逐鹿中,刘邦乘时势之风云,起兵于沛县,败秦兵,取关中,打败楚霸王,夺取天下,建立了中国历史上历时最长的帝制王朝。汉高祖在政治上沿袭秦制,大力发展经济,使中国的封建专制制度得到进一步巩固。群雄逐鹿,捷足先登。是人力,还是天命?是人心所向,还是侥幸得手?一个乡间无赖,如何成就了帝业?探讨刘邦的成功之路,检讨刘邦的失败原因。

布衣称帝——出身草莽,胸怀大志

  刘邦是中国历史上第一位平民皇帝,也被人们称为"不务正业的无赖",他的成功让很多人跌破眼镜。平民出身的刘邦,有何过人之处得以抢占先机脱颖而出?如何在楚汉战争中击败楚霸王?如何从一个弱势的可怜虫成为"强势大赢家"?下面,我们就来描述刘邦的人生轨迹,并逐步解答以上问题。

  刘邦是西汉王朝的开国皇帝。沛郡丰邑人,字季。公元前 256 年,刘邦出身在沛县(今江苏沛县东)丰邑的一个普通农民家庭。关于他的父母亲在司马迁的《史记》中只记载了"父曰太公,母曰刘媪"(犹今语老头子、老太婆)。刘邦原名季,就是"老三",直到做了皇帝,才改名为邦。

  关于刘邦的出生,在历史文献和当地民间都流传着很多富有神话色彩的美丽传说。《史记》中说,刘邦还未出生之前,他的母亲刘媪曾在大泽的岸边休息,梦中与神交合。当时雷鸣电闪,天昏地暗,刘邦的父亲正好前去看她,见到有一条蛟龙在她身上。不久刘媪就有了身孕,生下了刘邦。传说中,刘邦年轻时身高七尺八寸,高鼻梁,额角丰满,脖子很长,美须髯。用现代的话说,就是刘邦当年身材高大、英俊潇洒,富有男性魅力。而用相术家们的话说,则刘邦天庭饱满,地阁方圆,貌若神龙,天生一幅龙颜。更奇怪的是,刘邦的臀部左边长有七十二颗黑痣,术士们说这是应了赤帝火德七十二日的征兆。

  刘邦诞生的神话,与刘姓的太始祖尧帝诞生的神话几乎如出一辙。不过这些都是神话故事罢了,目的无非是为了证明刘邦是尧帝的后嗣,是龙种,非一般平民,是真正的真龙天子。

  刘邦小时候,性格豪爽,不喜欢读书,但对人很宽容。他也不喜欢下地劳动,所以常被父亲训斥为"无赖",说他不如自己的哥哥会经营。

但刘邦依然我行我素，成天混迹于屠夫、商贩、阿混之间，终日与一班鸡鸣狗盗之辈在丰邑镇上舞枪弄剑，斗鸡走狗，踢球赌博，或者是猜拳喝酒，寻欢作乐，成为古丰邑镇上一个远近出名的江湖混混。

自幼性情仁厚爱人，豁达大度，不拘小节的刘邦，对那些普通人所从事的生产和经营之类的事情不屑一顾，他不愿像父祖辈一样终日耕田种地，温饱即足，在丰邑这个小乡镇庸庸碌碌地过一生。他希望有朝一日能出人头地，到外面广阔的世界去干一番惊天动地的大事业。

刘邦成年以后，经过地方政府的测试，当上了沛县的泗水（今江苏沛县东）亭长。亭长这个职务是掌握一亭之内治安和道路的地方小吏，刘邦不以其职务卑微而自卑，反而常常嘲弄县里官吏的碌碌无为。虽然这样，但他并不孤傲，三教九流很多人都和他合得来。沛县的萧何、曹参、夏侯婴、周勃、王陵、樊哙等人都是他的好朋友。这些人后来都成了刘氏领导集团的重要成员。

年轻时，刘邦还喜好酒色，因为家贫，经常到王家、武家老妇人的酒铺赊酒。每次喝醉之后，武负、王媪看到他身上经常有龙出现，深以为奇，认为此人以后可能会成大气候，所以，每到年底的时候，这两家酒店宁愿折断账本，也不向他去索要之前喝酒欠下的酒债。

刘邦之妻名为吕雉。刘邦与吕雉的结合也很有传奇色彩。有一年，吕雉的父亲为躲避仇人，从别处移居到沛县。因为沛县当时的县令和他是好友，在刚刚到沛县时，很多人便听说了他和县令的关系，于是，人们便上门来拜访，拉拉关系、套套近乎。刘邦听说后，也去凑了热闹。但作为当时在沛县担任县主簿并主持招待客人的萧何，宣布了一条规定：凡是贺礼钱不到一千钱的人，一律到堂下就座。但刘邦根本不管这些，虽然他身上没带一分钱，但他却对负责传信的人说："我出贺钱一万！"

吕公一听，又惊又喜，赶忙出来亲自迎接他。吕公平日里喜好看人的面相，见刘邦气宇轩昂，与众不同，越发地敬重他。入堂之后，刘邦毫不客气地坐在首席之上，谈笑自若，频频饮酒。

萧何看吕公对刘邦十分看重，便悄悄提醒他说："刘邦是个爱吹牛的人，办不了多少实事。"吕公一直注意着刘邦，哪里能听得进劝告。客人渐渐告辞离开，吕公用眼神示意刘邦留下来。刘邦会意，留到宴会结束。吕公说："老朽自小就擅长相面，相过的人很多,还没见过您这样的贵相。希望您把握机会做一番事业。我有一亲生女儿,愿把她许配给您,为您扫床叠被。"吕公的妻子听说吕公要把女儿嫁给刘邦,十分恼怒,对丈夫说:"你不是一直想把女儿嫁给一位贵人吗?沛县县令与你关系那么好,他来求婚你都没有答应,为什么随随便便把女儿许配给刘邦呢?"吕公说:"你们这些妇道人家能知道什么!"最终,吕公不顾老妻的反对,将长女吕雉许配给了刘邦。刘邦巴不得成这门亲事,征得父母同意之后,便和吕氏结了婚。吕氏就是后来历史上有名的吕后。汉惠帝就是她和刘邦的儿子,还有一个孩子就是鲁元公主。

联姻名士,娶得美妻的刘邦,更加意气风发,小小的泗水亭长怎能满足其鸿鹄之志,他在这个小职位上自然也不可能有多大作为。所以,他丝毫没有收敛自己的市井习气,照样吃喝嫖赌,混迹于市井之中。不过,刘邦同时也没有忘记利用亭长的身份广交当地权贵和江湖豪杰,继续扩大自己的影响,积聚力量,蓄势待发以候时机。

早年的刘邦虽是无赖,但他的志向却很远大。有一次送服役的人去咸阳的路上,碰到秦始皇大队人马出巡,远远看去,秦始皇坐在装饰精美华丽的车上威风八面,刘邦羡慕地脱口而出:"大丈夫就应该像这样啊!"可见他的抱负之大,野心之狂。这给刘邦争当领袖以精神上的动力。而项羽见到同样的情景,则说:"彼可取而代之。"足显勇夫的强悍,高下之别是比较明显的。

正因他有此非比寻常的鸿鹄大志,所以,后来才会有坐拥天下的大事业。

布衣称帝——巧用迷信,起兵沛县

　　历史史料中,刘邦与其他皇帝一样也有很多迷信的传说。《史记·高祖本纪》中记载:高祖为亭长时,常告归之田。吕后与两子居田中耨,有一老父过请饮,吕后因餔之。老父相吕后曰:"夫人天下贵人。"令相两子,见孝惠,曰:"夫人所以贵者,乃此男也。"相鲁元,亦皆贵。老父已去,高祖适从旁舍来,吕后具言客有过,相我子母皆大贵。高祖问,曰:"未远。"乃追及,问老父。老父曰:"乡者夫人婴儿皆似君,君相贵不可言。"高祖乃谢曰:"诚如父言,不敢忘德。"及高祖贵,遂不知老父处。

　　司马迁叙述的这段故事十分完整。司马迁是后人,这件事他怎么会知道这么清楚呢,肯定是看过史料或听后人的传言;当时的传言又是哪里来的呢? 看相的老人一般说不会去到处宣传。其实这人是子虚乌有,刘邦做皇帝后,"不知老父处"嘛。到处去宣传的只有吕夫人和刘邦自己,以及刘邦的好友。从这个故事可以看出,刘邦为了能够出人头地的用心啊!

　　后来,秦始皇征伐匈奴,修长城、驰道、宫室以及在骊山建陵墓,大规模动用人力物力,从民间征调大量劳役,给人民造成了很大的灾难。为骊山建造陵墓征劳役的任务下到了沛县,劳役征齐后要往咸阳押送。

　　押送劳役是一件很不好干的事,千里迢迢,苦不堪言,劳役又不好管束。为完成这一任务,县令选择了刘邦,他觉得刘邦会笼络人,能使劳役们听他的话,便把这一任务放在了刘邦身上。数千里翻山越岭、长途跋涉,全靠两只脚一步步地走,同时又要携带笨重的行装设备,日夜兼程,劳役们不堪重负。而一向待人宽厚的刘邦不忍再把严酷的管理加给他们,于是大胆的劳役便利用这一点,趁机逃走。并且,逃走的人越来越多,刘邦一筹莫展,心想:这样下去,恐怕到不了咸阳人就跑光了,到时候自己怎么交差? 说不定自己的脑袋也保不住。但如果用严酷的办法管束劳役，即使劳役们不再逃跑，把他们带到地方，他们也会被累死或被折磨死。他心中不忍，一边听之任之，一边思索该怎么办。想来想去，最后决定一不做，二不休，干脆把劳役们都放了，惹下的祸自己一人承担。

一天，走到丰邑西边的大泽里休息时，刘邦多喝了几杯酒，就仗着酒把刑徒身睥绳索解开，并对他们说："你们都各自逃命去吧！我也从此逃命去了！"刑犯们感激涕零，有的人自去逃命，但有十几个人不愿意丢下他一个人走，都表示愿意跟着他。

有史学家说刘邦之所以能服人，最重要的就是无我、宽厚、仁义。

那天晚上，刘邦喝了不少酒，乘着酒兴在野草覆盖的小径上继续赶路，前面有一个跟随他的人为他探路。突然探路者慌慌张张地回来向刘邦报告说："前面有一大蛇挡道，无法通过，请绕道而行吧！"刘邦乘着酒兴，豪气冲天，说："我们这些勇士行路，没什么好害怕的！"只见他拨开众人，仗剑前行，果见一条巨蛇盘踞在路中，摇头摆尾。刘邦正欲用剑砍去，只听白蛇说道："我乃白帝子，焉游四海，愿和你一起诛灭暴秦，平分江山。"刘邦不允，白蛇道："你斩吧！你斩我头，我乱你头，你斩我尾，我乱你尾。"刘邦酒壮英雄胆，说："我不斩你头，也不断你尾，让你从中间一刀两断。"说罢一剑下去把白蛇斩为两段，顿时蛇血喷溅，染红一大片土地，至今这里长出的草都是红的。白蛇化作一股青气飘荡空中，喊道："刘邦还吾命来，刘邦还我吾命来。"刘邦应道："此处深山野林怎还你命，待到平地准还你命来。"刘邦贵为天子，金口玉言，因而传说西汉传到平帝，白蛇转投胎王莽，毒杀汉平帝，篡汉为新。后经光武中兴，平灭了王莽，才又恢复了汉室，建立了刘氏东汉王朝。而东西汉恰巧各传两百余年。

这个故事普遍存在于艺术作品中，京剧里面的《白蟒台》、《萧何月下追韩信》、《大保国》对此都有所描述。而在著名评书表演艺术家张震佐老先生的扛鼎之作《东汉演义》中更是极力渲染刘王矛盾的因果报应。

再说刘邦斩蛇之后，继续前行，又行数里，酒劲上涌，醉卧道旁。后面的人来到刘邦斩白蛇的地方，见一个老婆婆坐在路旁哭泣，惊问其故。老婆婆回答说："我的儿子，也就是白帝之子，在此化蛇挡道本是向赤帝子讨封而来，却被赤帝子杀了，所以我在此痛哭。"大家以为老婆婆在说谎，气愤异常，想要动手打她，但老婆婆忽然就不见。众人大吃一惊，待到刘邦酒醒后，就给刘邦仔细描述了刚才发生的事情。

刘邦听说了，心中暗喜，从此知道自己是真龙天子，更加自负了。而追随的众人听了此事之后，也更是对刘邦敬畏有加，甚至崇拜起来。

秦始皇经常说："东南方向有天子气。"所以他曾多次东巡，试图来镇住这种云气。刘邦杀了大蛇，又听说了这种神异之事，就开始怀疑会不会是冲着自己来的。因此，他带着那些愿意跟从他的刑徒逃亡到芒、砀山区（今河南永城县东北），藏了起来。但就是这样，吕雉和其他人去寻找他，也常常能够很快找到。刘邦很奇怪，便问妻子原因。吕雉说："你在的地方头上总有云气凝结，所以我们根据这一现象总能找到你。"刘邦听后异常兴奋，就让手下人到处传播这种谣传。借助这些传说，刘邦在当地的威信不断提高，跟随他的人也多了起来，并被当地人称为沛中豪杰。

陈胜、吴广起义

在公元前 209 年，秦末农民起义爆发，陈胜、吴广率领起义军攻占了陈（今河南淮阳）后，陈胜建立了"张楚"政权，和秦朝公开对立。当时，沛县县令为了保全自己，也试图响应农民起义，萧何和曹参当时都是县令手下的主要官吏，他们劝县令将本县流亡在外的人召集回来，一来可以增加力量，二来也可以杜绝后患。县令觉得有理，便派吕雉的妹夫樊哙去砀山迎接刘邦。刘邦便带人往回赶。这边的县令却又后悔了，害怕刘邦回来会抢了自己的位置，搞不好还会被刘邦所杀，这不等于引狼入室吗？所以，他命令将城门关闭，还准备把萧何和曹参拿下。萧何和曹参闻信后赶忙逃到了城外，刘邦将信射进城中，鼓动城中百姓团结起来把城中出尔反尔的县令杀掉，大家一起保卫家乡。百姓对平时就不太体恤他们的县令很不满，杀了县令后开城门迎进刘邦，又推举他为沛公，以便领导大家起事。刘邦便顺从民意，设祭坛，自称赤帝的儿子，领导民众举起了反秦的大旗。此时刘邦已经四十八岁了。

因司马迁在《高祖本纪》的这一段中多写了一句"蛇遂分为两，径开"。由此诞生了一个神话故事，即"高祖斩蛇，平帝还命"。

刘邦芒砀山斩蛇起义成功的故事，充分说明了水能载舟、亦能覆舟的治国道理。高傲的秦始皇自信地认为有了强大的军队、占尽地利的关中之地，再加上采用"焚书坑儒"这样的政令控制住了国家的精神文明传播，就可以自由自在的"执敲扑而鞭笞天下"了。然而，在陈胜、项羽和刘邦反秦斗争中不到三年就推翻了这个空前强盛、烜赫一时的秦王朝。

总的来说，刘邦的成功不仅着实为当时天下受苦受难的老百姓出了一口恶气，而且推翻了"君权神授"的封建统治思想，使百姓开始觉得"皇帝轮流做，明年到我家"的革命信条是可以现实的。当然这也给后世的几任汉朝皇帝巩固自己真龙天子的权威制造了很大的麻烦，直到汉武帝"罢黜百家，独尊儒术"，把儒家忠孝仁义的思想确定为国家的教育准则后，汉朝的社会思想才逐步趋于稳定。这也为儒家思想在中国几千年封建社会中地位的确立产生了深远的影响。

布衣称帝——约法三章，关中称王

　　刘邦在沛县起义的同时，项梁及其侄项羽也在会稽郡吴县起兵反秦。刘邦、项梁以及英布、彭越、陈婴等为首的各支队伍，奉陈胜为共同的领袖，共同冲击着秦二世胡亥的统治。同时，其他被秦国灭掉的六国贵族后裔，如自称齐王的田儋、魏王魏咎、赵王赵歇等人，也打着反秦的幌子，企图恢复旧贵族的统治。公元前209年，陈胜被杀，农民起义受到挫折。魏咎乘机策动丰邑的雍齿反叛了刘邦。刘邦竭力回攻丰邑，没有得手。一直到秦二世二年四月，刘邦才在项梁的支持下，重新夺回丰邑。

陈胜

　　在陈胜被车夫庄贾杀死后，项梁便拥立了楚怀王的孙子熊心为王，定都盱眙（今江苏盱眙），后来在和章邯的秦军激战时，由于项梁骄横狂妄，听不进别人的话，结果兵败被杀。项梁死后，章邯觉得楚国不会再构成任何威胁，于是把主要精力转向了赵国。赵国受到攻击又向楚国求救，楚王在和众将商议后决定兵分两路去增援赵国。一路由宋义和项羽率领北上，直接救援；另一路由刘邦率领西进关中，牵制秦军，策应北路援军。楚王与各路将领约定：谁先入定关中就给谁封王。当时，秦军仍实力很强，经常击败农民军，所以大家都不认为率先攻打关中是件有利的事情。但项羽为了报秦军杀死叔叔项梁之仇，要求和刘邦一起西进关中。但楚怀王部下的老将认为项羽为人猾贼、狠毒，不如派遣较为忠厚、仁义的刘邦向西进攻。况且楚军已经多次进兵攻打关中，在此以前陈王和项梁都失败了。另外关中的百姓受秦朝的暴政之苦已经很久了，现在如果能派忠厚长者前往，不使用侵伐这种残暴的手段，应该能够攻下关中。楚怀王采纳了老将们的建议，最后决定以宋义为上将，项羽为次将，范增为末将，统率起义军主力北上救赵；让刘邦一人领兵西进关中。后来项羽在巨鹿大败秦军，歼灭了秦军主力，扭转了定陶失利以来的不利形势，为刘邦进军关中解除了后顾之忧。

刚开始，刘邦也不太顺利，但经过几次战役，刘邦步步西进，终于在公元前206年8月，攻入武关，向咸阳逼近。此时在关中把持朝政的赵高见大势已去，就杀死了秦二世，派人向刘邦求和，条件是与刘邦"分王关中"，被刘邦严词拒绝。刘邦的兵锋直指咸阳，赵高见求和不成，又立秦二世的侄子子婴为王，子婴不愿被赵高所左右，计杀赵高并派兵拒守关，垂死挣扎。刘邦军绕过关，在蓝田之南大破秦军，扫除了进军关中的最后一道障碍。10月，刘邦进抵灞上，随即向咸阳进发。秦王子婴见大势已去，只得献城投降，将玉玺亲手交给刘邦，残暴的秦王朝就此灭亡。秦王朝并不像秦始皇所想象的那样，一世、二世直至千世万世，而没有经历百年就被农民起义的浪潮迅速推翻了。

刘邦的军队进了咸阳之后，并以"关中王"自居。当刘邦看到富丽堂皇的宫殿，不禁有些留恋起来，准备就此住下，享受享受。妹夫樊哙提醒他："沛公要打天下，还是要做富家翁？这些穷奢极欲的东西使秦亡了，您要这些干吗？还是快点回到灞上去吧！"刘邦根本听不进去。张良再次进谏说："秦王朝的统治残暴无道，所以你才能进入关中。你若想为天下除去残暴，自己首先就必须以朴素为资。现在刚刚入秦，却安于享乐，这并非大丈夫所为，况且，'忠言逆耳利于行，良药苦口利于病'。樊哙讲的话虽不合你意，但为了坐稳天下，希望你还是听从他的劝告。"于是，刘邦听从了张良、樊哙讲的话，"乃封秦重宝财物府库，还军灞上"。

刘邦到达灞上之后，便召集了各县有威望的父老豪杰到灞上，对大家说："诸位父老乡亲,你们当初诽谤一下朝政就满门抄斩,私下议论一下时势就要被杀头,这样的朝政也太残暴了。曾经,我与各路义军首领有约,谁先入关进阳者谁就可在当地称王。如今我先入了关中之地,就要在此称王。不过,我以王的身份和父老们约定,只订立三个最基本维持治安的法律:第一,任意杀人者判处死刑;第二,无故伤人者依轻重治罪;第三,抢劫盗窃者要严惩不贷。除了这三条,其余秦朝的法律全部废除。我到这里来,是为了替父老们

樊哙

除害,不是来侵害你们的,希望大家不要害怕,把我的话转告其他百姓。"

那时天下百姓被秦朝害苦很久了,一听到沛公的话,好像久困在水火之中被救一般,异常高兴,纷纷奔走相告,带着牛羊酒食去犒劳刘邦的军队。

萧何便告诫刘邦不要接受,以充分表示爱民和不扰民的决心。于是刘邦抚慰前来劳军的秦国百姓说:"我们军队的精粮很多,若不缺乏,绝不劳民,你们自己好好保存起来吧!"

从这里开始,刘邦的军队就给关中(函谷关以西地区)的百姓留下了良好的印象,百姓们也希望刘邦能够留在关中做王。老子所谓"将欲夺之,必固与之"的道理,被刘邦集团发挥得淋漓尽致。

刘邦善于安抚天下百姓是汉室兴起的所在。反观旧秦的灭亡是因暴虐百姓而失天下的,可见,想要拥有天下,就要以爱护天下百姓为本。最终刘邦之所以能够得天下,与其豁达大度、爱人喜施的性格是分不开的。在当时被天下人认为有长者之风,很能得人和。虽然,刘邦经常打败仗,老百姓仍很愿意追随他。正是他这种宽厚大度、慷慨好施的性格深受百姓爱戴,使其坐享天下。

其实,刘邦的"仁慈"并非出于天性使然,而是政治的需要。

刘邦入城的胸怀大志、约法三章、视民如子等一系列的首善之举,都是他精心设计安排好的。因为他深知"得民心者得天下",只有得到百姓的信任、拥护和支持,才能形成一股强大的政治势力,所向无敌。

布衣称帝——三杰辅佐,楚汉相争

　　刘邦拜韩信为大将、萧何为丞相,整顿后方,训练人马。在三杰的辅佐下,于公元前 206 年 8 月,汉王和韩信率领汉军攻打关中。关中的百姓对"约法三章"的汉王本来就有好感,汉军一到,大多不愿抵抗。不到三个月的时间,汉王就消灭了原来秦国降将章邯等的兵力,关中地区全部成了汉王的地盘。

　　刘邦顺利入关的时候,项羽正与秦将章邯的军队在巨鹿作战,等到项羽消灭秦军主力要入关时,刘邦已经派人距守函谷关,项羽闻之大怒,即派英布领兵攻下了函谷关,进至戏西(今陕西临潼县东),又听刘邦叛将曹无伤报告说:"沛公欲王关中,使子婴为相,珍宝尽有之"(《史记·项羽本纪》),项羽更是火冒三丈,决定次日清晨出兵攻打灞上。

　　当时,项羽和刘邦的实力悬殊,项羽拥有四十万,号称百万,而刘邦只有区区十万的兵力,而且项羽又勇猛无敌,战事一起,结果肯定是刘邦失败。大难临头之际,刘邦却迎来了一位救星。这个救星恰恰就是项羽的叔叔项伯。

　　当时,项羽要进军灞上的消息传出后,其叔父项伯为报张良之恩,连夜奔往沛公军营,私下会见张良,让他赶紧走,以免被杀。张良却说:"我是替韩王伴送沛公的,如今情况紧急,逃离而去是不合道义的。"张良将事情的严重性告诉了沛公。刘邦要张良赶快考虑对策。张良知道这时项羽有兵四十万,而刘邦不过十万,力量对比悬殊,就出主意让他采取以屈求伸的策略,说:"你现在应该自对项伯说明,说你是不敢背叛项

项羽

王的。"刘邦为感激项伯便与项伯约为儿女亲家，然后说："我入关之后，秋毫不犯，登记吏民，封存府库，以待将军。之所以遣将守关，是为了防备盗贼和其他意外。我日夜盼望将军到来，怎么敢反叛呢！请您回去务必向项羽将军说明此事，消除误会。"项伯欣然应允，然后对刘邦说："将军你明天一定要到我们的营帐亲自向项羽说明情况，当面赔礼才能得到项羽的原谅。"刘邦听了之后，满口答应。项伯即连夜返回鸿门，把刘邦的话转告给了项羽，并百般疏通，使原已剑拔弩张的局势有所缓解。

张良

第二天，刘邦仅带着张良、樊哙和百余名从骑来到项羽的驻地鸿门，向项羽赔礼。刘邦说："我和将军合力攻秦，将军在黄河北作战，我在黄河南作战，却没有料到自己能先入关破秦，能在这里再次见到您。现在由于小人的谗言，使您我之间产生了隔阂……"

项羽见刘邦低声下气向他说话，满肚子气就消了。于是就歉意地说："这是您的左司马曹无伤说的，否则，我怎么会这样呢？"当天，项羽就留刘邦在军营喝酒，还请范增、项伯、张良作陪。

在宴会上，亚父范增几次暗示项羽杀掉刘邦，但项羽都假装没看见，范增让项庄起身舞剑借机刺杀刘邦，但刘邦的亲家项伯也起身舞剑，暗暗护住刘邦，犹豫不决的项羽也不阻止这场闹剧，张良把宴席上的事告诉在帐外等候的樊哙，樊哙闯入宴席来保护刘邦，项羽问这是谁，张良说是刘邦的车夫，可能是饿了，进来要点吃的，喜欢壮士的项羽赏给樊哙一个生肘子和一斛酒，樊哙也趁机用发牢骚的话来说明刘邦没有称王之意，但危险始终存在，刘邦借着上厕所的机会"尿遁"回了灞上。

从这一故事中可以看出，刘邦是一个善于利用别人的人，他利用了项伯的信义。其对项伯"以兄事之"，"奉卮酒为寿"，"约为婚姻"，极尽笼络利用之能事，口口声声说自己不是"倍德"之人，即不是违背"信义"的人，从而迷惑了项伯。从而收到了项羽"许诺"不杀刘邦和宴会上"以身翼蔽沛公，庄不得击"的效果。

他抓住了项羽仁义的弱点。可以说项伯、刘邦和樊哙对项羽的陈词如出一辙，尤其是樊哙的陈词,可以说是刘邦的翻版,这大概早就是刘邦安排好的。三人都是为了说明一个道理:杀有功之人不义。这样一而再,再而三的时时提醒项羽,让项羽坚定了不杀刘邦的决心。

他让张良的智义和樊哙的勇义都得到最大限度的发挥。张良处处出谋划策,为刘邦安危奔走。樊哙则不惜"与之同命"保护刘邦,二人珠联璧合,文武双全,为刘邦成功逃席铺平了道路。在这场鸿门宴中,刘邦是最大的赢家。

鸿门宴

鸿门宴后,项羽率兵西屠咸阳,杀死秦王子婴,火烧秦宫,掳掠财物、妇女,然后东归。因楚怀王坚持誓言——"先入关者王",逆了项羽的心思,公元前206年5月,项羽以最高统帅的身份,佯尊楚怀王为义帝,立诸将为王、侯,诸侯王共分封了十八个。项羽自封为"西楚霸王",管辖梁、楚九郡,都彭城,立刘邦为汉王。

如果说秦始皇的"焚书坑儒"对中华文化来说是一大灾难,那么,跟项羽的"火烧阿房宫"比起来真是"小巫见大巫"。他一把火烧掉的并不只是一栋建筑物,而是一个对后人来说非常重要的文化资产。他只是一心借着这把火将自己心中对秦朝的仇恨给烧尽,他耳里听见的不是人民的哀嚎声而是自己得意的咆哮声;遍地瓦砾,断垣残壁,大火整整烧了三个月,咸阳城从昔日的繁华景象到如今的断垣残壁,咸阳人民看在眼里,怎不痛心感慨呢?可见其残暴性格。

当时,曾有游说者向项羽谏言,对于他火烧咸阳城一事做出批语。然而正为自己的作为得意不已的项羽如同被浇了一盆冷水,盛怒之虞,又因游说者所说,"人言楚人沐猴而冠耳"，果然，一言而暴跳如雷，游说者也只能落个烹死的下场。

项羽有这样的性格，就注定会有悲剧性的命运。即使没有刘邦，也会有张邦、王邦、乔邦冒出来。

分封之后，项羽命众人到各自的诸侯国去就职，刘邦也只好到南郑去。项羽只分给了刘邦三万军队，后来又有一些人追随他到了南郑，但总兵力不足十万，刘邦暂时无法与项羽抗衡，只能坐待时机。为了消除项羽对他的猜疑，也为了断绝其他王侯从汉中袭击，张良建议刘邦把通向汉中的栈道烧毁。

起初，刘邦并没有东进和项羽争雄的打算，然而，当他到了南郑之后，形势的变化促使他下决心东进，与项羽争夺天下。其中有两个原因：其一是将士们不服南郑地方的水土，日夜思念家乡，士气低落。其二是项羽封在齐国的田荣嫌项羽分封不公，起兵反叛，这为刘邦创造了进兵的绝好机会。恰巧当时刘邦得韩信这一大将，萧何对刘邦说，若争霸天下，非重用韩信不可。韩信被封为大将后，提议立刻出兵东进："我们的将士都是山东之人，现在正好可以利用他们东归回家的强烈愿望，鼓舞士气，东进之后必将建功立业。机不可失，时不再来，我们应当立即进兵。"

公元前206年，刘邦让萧何担任丞相一职，负责管理后方巴蜀地区，他与韩信二人领兵从陈仓（今陕西宝鸡）偷渡，迅速占领了关中全部，至此，著名的楚汉战争正式拉开序幕。

楚汉战争主要分为两个阶段，前一阶段是刘邦处于下风，屡次被项羽杀得大败而归。后来，刘邦离间了项羽和范增，渐渐占据上风，最后彻底将项羽打败。

刘邦趁项羽和齐国相持不下，一直向东打过来，攻下了西楚霸王的都城彭城。项羽又不得不扔了齐国那一头，赶回来在睢水上跟汉军打了一仗。

汉军大败，掉在水里淹死的不知道有多少，被俘的也不少，汉王的父亲太公和妻子吕后也被楚军俘虏了。

汉王退到荥阳、成皋（今河南荥阳县）一带，收集散兵。这时候，萧何从关中调来一支人马，韩信也带着军队来见汉王，汉军才又振作起来。汉王采取以攻为守的办法，一面守住荥阳，用少数兵力拖住项羽的军队；一面派韩信带领兵马，向北边收服魏国、燕国和赵国。

项羽的谋士范增劝项羽把荥阳赶快拿下来。汉王非常着急，其谋士陈平原来是从项羽那边投奔过来的，向他献了一条计策，离间项羽和范增的关系。

项羽的猜忌心很重,因而中了刘邦的反间计,真的对范增怀疑起来。范增十分气愤,对项羽说:"天下的大事已经定了,大王自己好好干吧。我年老体衰,该回老家了。"

范增离开了项羽,但没能到达彭城,就病死在半途中。

范增一死,楚营里再没人替霸王出主意。汉军受的压力也减轻了。汉王用少数兵力在荥阳、成皋一带牵制项羽的兵力,让韩信继续攻取北边东边,又叫将军彭越在楚军后方截断楚军的运粮道儿,使项羽的军队不得不来回作战。

楚汉战争共五年时间,而两军在荥阳、成皋之间争夺的时间就有三年。

公元前203年,项羽亲自领兵去攻打彭越,把手下将军曹咎留下来守住成皋,临行前再三嘱咐他千万不要跟汉军交战。

而刘邦却是项羽前脚刚走,后脚便向曹咎挑战。起初,曹咎说什么也不出来交战。刘邦便叫兵士成天隔着汜水朝着楚营辱骂。一连骂了好多天,曹咎实在沉不住气了,便决定渡过汜水,与汉军决一死战。

楚军兵多船少,只好分批渡河。汉军趁楚兵刚渡过一半,把楚军的前军打败,后军乱了阵,自相践踏。曹咎觉得没脸见项羽,便在汜水边自杀了。

项羽在东边正打了胜仗,听到成皋失守的消息后,赶忙前往西边对付汉王。在广武(今河南荥阳县东北)地方,楚汉两军又对峙起来,时间长达几个月之久。项羽急于和刘邦决战,因为刘邦的粮草供应顺畅,而他的粮草供应却常遭到彭越的袭击。为了尽早结束战斗,同时迫使刘邦投降,项羽就把刘邦的父亲押到两军阵前,他对刘邦说:"你如果再不投降,我就把你父亲宰了。"

刘邦心中愤怒,却表现得不以为然,笑眯眯地对项羽说:"我跟你曾经'约为兄弟',所以我的父亲就是你的父亲了。如果你一定要煮了我的父亲,那就请便吧。不过,别忘了给我也留一碗肉汤。"项羽气得七窍生烟,当场就下令要将刘邦的父亲杀死。项伯急忙上前劝道:"将军,现在天下归谁,我们无法预料,何况争天下的人都是不顾家人生死安危的,杀了他的亲人也起不了多大作用,相反会增加双方的仇恨。"项羽只好命人将刘邦的父亲带回去。

知道以父亲威胁刘邦不行,于是项羽就想与刘邦单独决斗。刘邦没有上他的当,却说:"我可以跟你斗智,不跟你比力气。"接着刘邦当面数落项羽的十大罪状:"第一,你负前约,没有让我称王天下,而是称王蜀汉;第二,你杀死上将军宋义,取而代之;第三,你救赵之后,本该息兵,却进军关中;第四,火烧阿房宫,中饱私囊;第五,你杀死秦王子婴;第六,你坑杀秦的投降士卒二十万;第七,对诸侯王分封不公;第八,将义帝赶出彭城,自己占为都城;第九,你暗害义帝;第十,不但以臣杀主,政事也不公平。我现在率领众将领来诛杀你这残忍的逆贼,何必非要和你单独决斗呢!"项羽听后恼羞成怒,用戟向前一指,后面的弓箭手一齐放起箭来。汉王赶快回营,他的胸口中了一箭,受了重伤。

他忍住疼,故意弓着腰摸摸脚,骂道:"贼人射中了我的脚趾。"

随从把刘邦扶进营帐。汉军听说汉王受伤,都慌了。张良唯恐军心动摇,劝汉王勉强起来,到各军营巡视了一遍,众军方才安定下来。

而项羽听说刘邦没有死,大失所望。紧接着,韩信在齐地大败楚军,楚军的运粮道又被彭越截断,粮草越来越少。刘邦趁项羽为难之际,派人与项羽讲和,要求把太公、吕后放回来,并且建议楚汉双方以鸿沟(今荥阳东南)为界,鸿沟以东归楚,鸿沟以西归汉。

项羽认为这样划定"楚河汉界"还算不错,便同意了,之后放了太公和吕后,接着把自己的人马带回彭城。

实际上,刘邦此次讲和,只不过是个缓兵之计。汉王用了张良、陈平的计策,不出两个月,组织了韩信、彭越、英布三路人马一齐会合,由韩信统领,追击项羽。楚、汉双方最后一场决战就开始了。

布衣称帝——垓下一战,建立帝业

项羽领兵东返,刘邦也打算领兵回关中。张良和陈平则极力劝说刘邦趁机灭掉项羽,因为这时项羽兵不精粮不足,万一他回到彭城,等于是纵虎归山。刘邦听了赶紧命令追击。同时派人命韩信和彭越火速集结,合击项羽。

公元前202年,刘邦的军队将项羽的军队重重包围在垓下(今安徽灵璧)。为了动摇项羽军心,刘邦命围困项羽的汉军四面哼唱楚歌。熟悉、缠绵的楚歌在军帐四周飘荡,项羽听了大惊失色。他自知大势已去,心情异常沉重,面对美人虞姬和心爱的乌骓马,不禁悲上心头,慷慨高歌:"力拔山兮气盖世,时不利兮骓不逝,骓不逝兮可奈何,虞兮虞兮奈若何!"虞姬唱道:"汉兵已略地,四放楚歌声。大王意气尽,贱妾何聊生。"

唱罢,虞姬面含泪而自刎,项羽痛哭不已。过了一会儿,项羽擦干眼泪,跃马带领八百多名壮士骑马趁夜突围。第二天早晨,汉军才发现项羽已经突围而去,刘邦命令灌婴率骑兵火速追击。项羽在渡过淮河后,身边只剩下了百余人。到了阴陵(今安徽凤阳)时,项羽因迷路而走入大泽之中。从大泽出来后,项羽向东撤退,在东城(今安徽定远)被灌婴的骑兵追上。项羽引兵向东,在经历一番生死搏斗后,项羽带领二十余人来到乌江(今安徽和县境内)边上,乌江亭长要用船载他过江。项羽苦笑着说:"上天要亡我,还要渡江干什么呢?况且当初我带领八千江东子弟渡江西征,而今只有我一个人归还,我有何面目去见江东父老!"于是,将所骑的乌骓

虞姬

马送给了乌江亭长，自己下马步行，与汉军短兵相接。项羽杀汉军数百人，自己也负伤十余处，最后自刎而死。至此，楚汉战争以项羽的失败而结束。项羽虽然失败了，但给后人留下了丰富的文学素材，戏剧《霸王别姬》使人对这个失败的英雄充满了同情和崇敬。后人的"至今思项羽，不肯过江东"之句便是对这段历史的描绘。

在公元前202年正月，刘邦兑现了先前说的话，封韩信为楚王，彭越为越王。受封的韩信和彭越联合原来的燕王臧荼、赵王张敖以及长沙王吴芮共同上书刘邦，请他继位称帝。刚开始时刘邦假意推辞，韩信等人说："大王虽然出身贫寒，但能率领众人扫灭暴秦，诛杀不义，安定天下，功劳超过诸王，您称帝是众望所归。"刘邦就顺水推舟地说："既然你们大家都这样看，觉得有利于天下吏民，那就按你们说的办吧。"

项羽自刎图

公元前202年2月，刘邦在山东定陶汜水之阳举行登极大典，封妻子吕氏为皇后，儿子刘盈为太子，初建都洛阳，不久迁至长安，史称西汉。

由上可知，项羽与刘邦俱怀统一江山的大志，项羽禀赋优于刘邦，可惜的是他不注重自我管理，动辄怒、大怒，遇事率性而为，毫无克制，这是成大事的大忌。相反，刘邦在起初表现平平，但他善于在追求目标的过程中，不断以高标准来完善和要求自己，培植优秀品质，克制天性中的不良成分。他的成功不是偶然的，绝不只是靠运气得来的。此外，还有很重要的一点，那就是刘邦知人善用。

《史记·高祖本纪》载，上（刘邦）问曰："如我能将几何？"信（韩信）曰："陛下不过能将十万。"上曰："于君如何？"信曰："臣多多而益善耳。"上笑曰："多多益善，何为我禽？"信曰："陛下不能将兵，而善将将，此乃信之所以为陛下禽也。"

刘邦善于用人，在关键时刻往往化险为夷。刘邦刚到汉中时军中不断有人开小差，有一位叫韩信的小将也跑了。萧何得知后来不及报告刘邦，亲自去追赶，追回后极力向刘邦推荐。当时韩信还是一个不为人所知的小将，但刘邦仍然听从萧何的建议,任命韩信为大将。后来,韩信果然为刘邦夺取天下立下了汗马功劳。

刘邦雄才大略,办事果敢,特别是知人善任对他的成功起了巨大的作用。刘邦的知人善任是备受人们称赞的。在灭秦和楚汉战争中,知人善任是他取胜的法宝,而称帝后的知人善任则是他创建帝业的关键。对于这一点,刘邦本人非常清楚。

建国称帝后不久,刘邦在洛阳南宫大摆酒席,宴请群臣,席间,他问手下大臣:"请大家说一说,我和项羽争夺天下,为什么最后得到天下的人是我?项羽为什么丢了天下呢?你们大家都要说真话说实话,不要隐瞒朕。"高起、王陵奏道:"陛下您仁厚而爱护别人,项羽傲慢而喜欢轻侮别人。您派人攻占城池要地,就把所攻打的城池分封给他,您这是与天下人共享利益,而项羽是嫉妒贤能之人,对有功之臣不仅不加以封赏,反而加以迫害,不赏识有贤能之人,反而猜忌他,不分给作战胜利者以土地,反而独享天下之利。这些都是他失去天下的原因。"刘邦听了之后,语重心长地说:"你们知其一不知其二。要说运筹帷幄之中,决胜千里之外,吾不如子房。镇国家,抚百姓,给馈赏,不绝粮道,吾不如萧何。连百万之众,战必胜,攻必取,吾不如韩信。张良、萧何、韩信这三个人是人中豪杰。但这三个人都能为我所用,所以我能够取得天下。项羽呢?他只有一位精明能干、出类拔萃的谋士范增,但他还不能任用,所以他丢掉了天下。"

从这里我们可以看出,刘邦没文化,好酒及色,但是懂得为人,敢于承认自己"固不如也",知道问群臣"为之奈何?"他是一个善于用人、善纳忠言之人。他在用人方面确实有他独到的地方,连韩信这样带兵多多益善之人也为之所"禽"。的确,在谋略方面,他比不上张良、陈平;在打仗方面,他比不上韩信、彭越;在治理国家上,他不及萧何。然而,刘邦能够最大限度地使用人才,知道把手下的人才放在最合适的位置,这就是刘邦特有的用人之道。

天下汹涌,各为其主,刘邦与这三人组成了一个完美的组合,他依靠这个组合将其智慧才能发挥到了极致。在楚汉相争中最终赢得了这场比赛。

刘邦用人不管什么出身,只要有一定才能就量才录用,如张良是六国时旧贵族的后裔,萧何、曹参原是政府下层官吏,而韩信、彭越、英布、樊哙、夏侯婴等人都是平民出身,如萧何、曹参,原来都是沛县的小吏,萧何以功任丞相,封郿侯,曹参任齐相国,封平阳侯。陈平出身贫贱,以护军中尉随着刘邦南征北战,"六出奇计",封曲逆侯。樊哙是杀狗谋生的,屡建奇功,封舞阳侯。郦商是高阳地区的农民起义领袖,封曲周侯,任赵相国。张良,出身贵族,成了刘邦的主要谋士,封留侯,任太子少傅。彭越曾经为"盗",英布壮年时因犯法被秦政府处以黥刑,罚为徒隶,发配骊山修建皇陵,后不堪重负,带领一帮兄弟逃亡到长江一带,成为扰民的大盗。此外,刘邦还注意随时选拔新的人才。娄敬便是很好的典型。娄敬原是齐国推车子的脚夫,因为建议迁都、徙豪族,被任为郎中。最为难得的是,刘邦能恰当地使用这些人,实现自己的目标。萧何擅长管理行政、经济,刘邦让他建设关中根据地,后来当丞相。张良、陈平足智多谋,让他们当参谋。

刘邦对待儒生的态度经历了一个由鄙视到重视的过程。由于刘邦自幼出身农民家庭,没有受过多少教育,壮年后率领一帮队伍东征西战,取得反秦和楚汉战争的胜利,完全是靠武力夺取了天下。因此他认为儒生们谈古论今,对打天下无益,因而对儒生很是鄙视。汉朝初立,儒生陆贾在他面前言必称《诗》、《书》,长此以往,刘邦听得不耐烦,破口大骂:"老子我在马背上打天下,哪里用得上《诗》、《书》!"陆贾不卑不亢,据理力争:"在马背上能够得天下,但怎能在马背上守天下?文武并用,才是国家长治久安的途径啊!"陆贾的当面反驳虽让刘邦感到尴尬,但是,他深知陆贾说得有道理,最终还是接受了陆贾"文武并用"的观点。他任用叔孙通带领一百几十名儒生制定朝仪。叔孙通圆满地完成了任务,刘邦非常高兴,立即封赏叔孙通为"太常",任命那些参与修订朝仪的儒生弟子为"郎"。后来刘邦因平定英布叛乱而经过山东,还亲自准备祭品,祭祀了孔子。

得到天下后,刘邦并没有被胜利冲昏头脑,反而是头脑清醒地如《大风歌》中所说:"安得猛士兮守四方!"

刘邦的壮阔刚猛,项羽的刚正柔情;刘邦的信任,项羽的猜忌;项羽的悲剧,刘邦的胜利,无一不在诉说着他们两人极大的不同。诚所谓:"用人不疑,疑人不用。"如果不是当初项羽中了刘邦的挑拨计,将军师赶走,或许成就大业的人是他。

正所谓,性格决定命运,因为项羽的不信任,项羽的错误思想,项羽的感情用事……所以导致了他的悲剧。虽然他到死依然牵挂着自己的妻子,然儿"虞兮虞兮奈若何!"就把项羽凄凉的心情以及他的

陆贾

无奈之情完全抖搂出来了。因为刘邦的"用人不疑,疑人不用",刘邦的清醒,刘邦的笼络人心,诚所谓:"得人心者得天下",所以他胜利了,即使是这如此大的胜利,也没有让他骄傲的什么都忘了,他想到的依然是"安得猛士兮守四方?"

  在刘邦知人善任的用人路线下,这些人为统一事业,发挥了各自的专长,作出了各自的贡献,和项羽的任人唯亲,刚愎自用,独断专行,不会用人恰成鲜明的对比。

布衣称帝——巩固皇权,汉承秦制

东汉史学家班彪评价:"汉家承秦之制,并立郡县,主有专己之威,臣无百年之柄。"这句话说明汉代继承了秦朝的中央集权制和郡县制,使得皇帝有集权的趋势,但汉代的臣子也有秦代臣子享受不到的权力,那就是汉初的分封制。刘邦称帝后分封了七个异姓王,即燕王臧荼、韩王信、楚王韩信、梁王彭越、淮南王英布、赵王张敖、长沙王吴芮,这些王各自为政,为国家的稳定留下了隐患。

公元前200年,刘邦采纳齐人娄敬(即刘敬)的建议,迁都长安。娄敬认为刘邦得天下和先前的周朝不一样,所以不应该像周朝那样以洛阳为都城,应该到关中定都,这样有利于在秦地镇守险地,国家才能长治久安。张良同意娄敬的建议,他说关中"金城千里,天府之国",退可守,攻可出。刘邦采纳了他们的建议,娄敬也因建议刘邦迁都有功,赐姓刘,拜郎中号"奉春君",后为关内侯。

刘邦做了皇帝后,对秦亡的教训非常重视,于是他命士人陆贾总结秦朝兴亡的经验教训,供他借鉴。陆贾认为:秦始皇不是不想把国家治理好,而是制定的措施太残暴,用刑太残酷,所以秦国就灭亡了。如今陛下得了天下,要想使国家长久安定,就应文武并用,这才是长久之术。刘邦对此十分赞同,他认为,秦朝灭亡的主要原因就在于秦始皇采取的政策太苛刻、太急切,尤其是在取消"分封制"的问题上,分封制已有近千年的影响,若要废除,老百姓不能立即接受,对立情绪太大。刘邦认为实行分封制对于消除对立情绪、稳定群臣名将,依然是一个重要手段。同时,刘邦也不希望再出现诸侯割据、群雄争霸的分割局面,而秦始皇所创立的郡县制,确是克服这一弊端的有效措施,所以,刘邦采取了郡县制与分封制并行的方法,人们称之为"郡国并行"制。

吸取了秦朝灭亡的经验教训之后,汉朝继承了秦朝大部分的制度,与秦朝的残酷刑法和严厉的治国思想不同,汉朝采取清静无为的黄老思想为治国的指导思想,这种思想体现在经济方面就是减轻百姓赋税。

汉朝的政治制度基本上也是秦朝的延续,中央是三公九卿,地方是郡县制。但是,在汉朝的乡一级地方机构中和秦朝有一点不同,即在各乡的三老中,又选出一个作为县的三老,负责和县级的官吏联系,沟通上下的关系。

为了维护尊卑等级,刘邦还沿用了秦的二十级爵位制度。在秦朝法律的基础上,刘邦也改制了新的法律,就是汉代著名的《九章律》。在制定法律的同时,刘邦又仿效秦朝建立起一套礼仪制度。归结起来,汉承秦制集中体现在礼法制度方面。汉高祖刘邦的统治政策与秦王朝有许多不同之处,这种不同之处,正是借鉴秦朝灭亡的教训而总结、制定、推行的。总而言之,通过以上的措施,统一的中央集权封建大帝国又重新建立起来。

由于秦王朝严重的赋税、暴政,加上三年农民起义和五年楚汉战争,给社会带来了严重创伤。人口锐减,经济凋敝,物价飞腾,民不聊生。米至一万钱一石,马一匹一百金,"人相食,死者过半"。连刘邦所乘坐的马车,也配不齐四匹一样颜色的马,将相们只能坐着牛车上朝,整个社会呈现一片残破凄凉的景象。为了改变这种经济落后的现象,刘邦采取了以下几种重农的政策。

一、增加劳动力

战乱造成劳动力不足,是当时农业生产中一个极为突出的问题。为了尽快解决劳动力不足的问题,刘邦采取了以下一些有效措施。

1. 流民返乡。刘邦登基当年的五月,颁布了一道"复故爵田宅"令,号召原先因逃避战乱逃亡山泽的回到原籍,重新成为编籍内的民户,恢复他们的爵位、田地、住宅,从事农业生产,不准官吏虐待。

2. 军人复员,"兵皆罢归家"。刘邦对很多当年跟随自己打天下的军人,根据他们的不同战功,赐给他们爵位和土地,动员他们复员回乡,进行农业生产,以充实农村劳动力。

3. 解放奴婢。作为奴婢,有相当一部分是不直接参加农业生产劳动的,即便是参加一些劳动,积极性也不高。因而刘邦在诏令中规定:"民以饥饿自卖为人奴婢者,皆免为庶人。"奴婢们获得自由后,可以参加个体生产劳动,也大大提高了积极性。

4. 释放囚犯。释放囚犯是刘邦挖掘人口潜力的又一个措施。消灭项羽之后，刘邦立即向全国下了一道大赦令："今天下之事已毕，当赦天下殊死以下。"释放死刑以外的犯人，让他们回乡参加农业生产劳动。

5. 鼓励生育。为了刺激人口迅速增长，刘邦从长计议，鼓励人民多生多育。规定："民产子，复勿事二岁"，就是说，对增添丁口者给以免服徭役两年的优待。

这些措施增加了农村的劳动力，在一定程度上稳定了社会秩序，对调动农民的生产积极性，恢复农业生产，起了积极的作用。

二、调整土地政策

发展农业经济，除了劳动力之外，还一定要有土地。刘邦早在楚汉战争中，就注意到了这个问题。他把过去秦朝围禁的"苑囿园池"，分给农民耕种，暂时解决了部分贫苦农民的需求。

要解决土地问题，就得大规模地调整土地政策。西汉实行土地私有制，刘邦除了给流亡回乡的流民、"诸侯子弟及从军归者"分配土地之外，还规定：凡有军功、爵位的人，也要分到相当的土地，"有功劳，行田宅"。大小官吏及有军功者，很快有一部分成了军功地主。不少从军者原先都是下层人民，个别地主官吏不愿给他们较多的土地，对此刘邦一再训斥地方官吏，让任何人不得拖延怠慢，不然以重罪论处。

土地的多少与分土地者的爵位高低是有着很大关系的。刘邦称帝的第二年，就在自己管辖的地区之内，普遍"赐民爵"一级，使一般人民的社会身份普遍提高了一级。汉高祖五年，刘邦又规定给那些逃亡回乡的人，原先有爵位的，一律"复故爵"。对于那些军吏士卒因犯了罪而被赦免的，或者无罪而失去爵位的，以及爵位不到大夫一级的，一律赐给大夫的爵位。原来就有大夫爵位以上的，再另增一级爵位。爵位成了社会身份的标志。很多人社会地位高了，分得土地多了，劳动生产的积极性自然就高了。

三、轻徭薄赋

自秦朝众百姓最痛恨的就是重徭厚赋制度。为了使人民能够有时间、有条件进行休养生息，发展生产，刘邦便采取了轻徭薄赋的政策。

刘邦早在楚汉战争期间就规定：关中从军者免除其全家徭役一年。称帝后，他又规定：诸侯子弟留在关中的，免除徭役十二年，回原籍的免除六年，军吏士卒爵位在六级以上的，免除本人和全家的徭役。后来他又规定：吏卒从军到达平城以及守卫城邑的，都免除终身徭役。汉高祖十一年又规定：士卒随从进入蜀、汉、关中的，都免除终身徭役。次年又规定：二千石官吏进入蜀、汉、平定三秦的，世世代代免除徭役。

据说，一次刘邦到长安，看到宫殿建设极其宏大，非常生气，责备萧何"治宫室过度"，会加重徭役，妨碍农业生产。其实，汉初的徭役制度不算很重，男子从二十三岁到五十六岁是服役年龄，每人每年在本郡或本县服役一个月，称为更卒。每人一生中到京师服役一年，称为正卒。到边疆戍守一年，称为屯戍。尽管如此，刘邦还是尽量减轻群众的徭役。

对此，刘邦采取了薄收赋税的措施。他让中央财政有关官吏，根据政府的各项开支，制定征收赋税的总额，额度不能超过人民群众的承受能力。那时的赋税规定主要有以下几种：

田租——土地税。自战国以来，均为"十税一"。后来刘邦称帝，减为"十五税一"。

算赋和口赋——都是人口税。算赋是丁税，十五至五十六岁的男女，每人每年纳一百二十钱，叫一算，因称算赋。口赋是儿童税，七至十四岁的儿童每人每年纳二十钱。

更赋——代役税。西汉规定，男子二十三岁至五十六岁之间，要服兵役两年。此外，每人每年在本郡服役一个月，叫做更卒或卒更。如有不愿去的，可出钱二千，叫践更。每人每年还要戍边三天，不服役的，出钱三百，叫过更。

比起秦朝来说，这样的赋税减轻了很多。此外，凡是遇到天灾歉收或遭受战乱破坏比较严重的地方，刘邦还临时豁免租税。这种轻徭薄赋制度，在汉初大大减轻了人民的负担，使社会经济得到了快速的恢复和发展。

除此之外，刘邦为了打击不法商贾，稳定社会秩序，实行了抑商政策，主要内容有以下几点：

1. 商贾及其子孙，一律不准从政，不准做官为吏；

2. 商贾不得拥有私有土地；

3. 商贾不得穿锦、绣、绨等名贵的丝、葛、毛织品，不得乘车、骑马、携带兵器；

4. 商贾不得购买饥民作为奴婢；

5. 加倍征收商贾的算赋。

这种办法对商人从政治身份、生活待遇以及经济方面都进行了严格的限制。但比起秦始皇对商人的惩治来说，相对地轻多了。因此，汉初的私营工商业仍然十分活跃。

此外，刘邦对外采取的态度是和平，因为这关系到汉朝经济的兴衰。汉初，匈奴屡犯汉界，刘邦对此十分恼怒，公元前200年他亲自率兵进攻匈奴，双方在白登山展开激战，汉军大败，刘邦被困七天七夜，几乎被俘，后来，用重金收买了匈奴首领才得以突围。这之后，刘邦采用了娄敬的"和亲"策略，以宗室女为公主嫁给冒顿单于，并送给匈奴大批财物，与其约为兄弟。匈奴对中原的骚扰大为减少，汉朝与匈奴之间的关系暂时出现了和平，从而给中原人民提供了一个相对安定的生产环境。

由于以上措施和政策的施行，汉初的农业生产大大发展，经济很快得到了恢复。到惠帝、吕后统治时期，已经是"衣食滋殖"。到文帝、景帝时，更出现了"文景之治"的繁荣景象。

冒顿单于

布衣称帝——翦除诸王，中央集权

"江山易得不易守"，若是取得成绩却沾沾自喜，不加以巩固，不思进取，最终失掉的仍然是天下。虽然刘邦做了皇帝，但他也不敢对自己的皇位掉以轻心，并且还采取了不少巩固皇权的措施。

第一个让他不放心的就是在各地的异姓王。他们都有兵将，有的还三心二意。第二个问题就是将领为功劳大小和赏赐的多少争斗不止，如果安抚不当，就会投奔那些异姓王作乱。还有原先六国的后代也不能掉以轻心。在中央，丞相的权力对他这个皇帝也构成了威胁。刘邦从做了皇帝的第一天到最后病死，在这八年时间里，刘邦一直都在解决这些令他不放心的问题。

他首先要对付的人就是韩信。在公元前201年，即高祖六年，有人告发韩信谋反。刘邦问怎么办，别人都说发兵讨伐。但陈平却反对，他说楚国兵精粮足，韩信又善于用兵，发兵征讨是难取胜的。他建议刘邦以巡游云梦为借口，让各诸侯王都到陈县（今河南淮阳），到那时韩信一定会来，然后再抓他问罪。刘邦按照陈平的计划行事，果然将韩信抓住了。韩信听到对他的指控，大声喊冤："古人说的果然不错：'狡兔死，走狗烹；飞鸟尽，良弓藏；敌国破，谋臣亡。'现在天下已经平定，像我这样的人早已经该烹杀了。"刘邦派人把韩信押回了洛阳，但又没有明确的证据，便释放了他，把他降成了淮阴侯。韩信对此虽怀恨在心，但手里已经没有了兵权，他又能怎么样呢？

第二年，韩信策划好了，让陈豨在外地反叛，

韩信

使刘邦亲自前去平叛，然后自己在都城袭击太子和吕后。但事情最后还是败露了。吕后采用了萧何的主意，将韩信诱骗入宫抓捕，最后在长乐宫斩首，给后人留下一个"成也萧何，败也萧何"的典故。

韩信被杀之后，与韩信同功一体的异姓王英布、彭越自然也不安于位，两人先后谋反，后被杀，异姓诸侯王中只剩下了长沙王吴芮。

刘邦对于其他将领也是费尽心机。刚开始，刘邦先是分封了萧何等二十余人官职，但众将领因为互不服气，争功不止，刘邦于是就没有再封官。一次，在洛阳南宫，刘邦看见众将坐在沙地上不知在说什么，就问站在旁边的张良是怎么回事，张良说他们在谋反。刘邦问为什么，张良说他们认为你以后不会封他们高官。刘邦又问怎么办，张良就问他最恨的人是谁，刘邦说是雍齿，因为他虽然功劳多，但是为人太张狂，自己曾几次都想杀掉这个人。张良听了就建议刘邦封雍齿为侯，如此，大家就觉得被刘邦记恨的雍齿都能受封，他们就不必为受封的事着急了。于是，刘邦大摆庆功宴，封雍齿为什方侯，还当场命丞相和御史抓紧时间草拟论功行赏分封的名单。张良出的这个计策果然起到了安定人心的作用。

对于六国的残余贵族，汉高祖也同样没有忘记要消灭他们。公元前198年，他接受娄敬的建议，并命令娄敬把六国的残余贵族和各地的一些名门豪族十几万人都迁到了关中。这样一来，表面上是对他们的恩宠关怀，实际上是便于高祖对他们进行控制，也使他们丧失了当地的社会基础。

为了更好地坐稳江山，在巩固强化皇权方面，刘邦也是想尽了办法。这是因为，尽管当时封建专制已经建立，但不少人仍然保持着战国以来那种"士无常君，国无定臣"的观念，这不利于皇权的巩固。因此，高祖认为必须从礼仪规制和道德观念上加以引导、整肃。他采取了一些方法。

第一，尊父亲为太上皇。刘邦和父亲太公在一起住，为了向大家表示他孝顺，每隔五天就去拜见一次。太公习以为常，但他的属官却认为这不符合礼法，就劝他说："俗话说，'天无二日，地无二王'。皇帝虽然是您的儿子，但是他的地位在万人之上；您虽是他父亲，但也是他的大臣。怎么能让皇帝拜见臣子呢？这样，皇帝的威信都没有了。"

等刘邦再拜见父亲时，太公就手持扫帚出门迎着退行，不给刘邦行礼的机会。刘邦看到大吃一惊，赶快下车去搀扶父亲，太公赶忙说："你是皇帝，不能因为我一个人破坏了国家的礼法。"刘邦便下诏书,尊太公为太上皇,这样一举两得,不但可以名正言顺地拜见太上皇,又借机宣扬了皇帝的至高无上。

第二,对同母异父兄弟季布和丁公的处理。在刘邦和项羽争夺天下时,他们二人都是项羽手下的大将。季布曾领兵几次将刘邦打败,一点不留情。丁公也曾率兵追击过刘邦,但最后还是把他放走了。刘邦称帝后,想起季布给自己的难堪,就下令捉拿季布。但他想到自己也需要这样的忠臣来辅佐,就改变初衷,不但放了他,还拜季布为郎中。丁公听说了,就觉得连季布这样给过刘邦难堪的人都能释放做官,他这个曾对刘邦有恩的人就更不用说了。于是他就去谒见高祖。但他万万没有想到,刘邦却把他抓了起来,对群臣说:"丁公作为项王的臣子不忠,以致项王失去了天下。"接着下令处死了丁公,还在军中示众,并对群臣说:"请诸位都不要像丁公那样!"

除了引导、整肃,刘邦也采取铁腕手段打击权臣,巩固皇权。关于丞相的权力过大的事,刘邦通过萧何下狱来打击削弱相权。

在刘邦平定了英布叛乱回到长安后,刘邦的少年朋友萧何代表老百姓对他建议说:"长安地方狭小,而上林苑中空地很多,已经废弃。希望陛下能下令允许百姓进去耕作,不要把它变成了养兽的场所。"刘邦一听这话,当场就恼火了,认为对萧何下手的机会来了,于是,他硬说萧何是受了商贾的贿赂,才来为他们请求开放上林苑的,便不顾多年交情,下令把萧何逮捕,关进监狱。几天后,有大臣问他丞相犯了什么大罪。刘邦就替自己辩解道:"原先李斯做秦国的丞相,凡是功劳都归秦始皇,不好的事都由自己承担。但现在丞相萧何不仅接受商贾的许多贿赂,还请求开放我的上林苑,讨好百姓收买人心。所以,我把他关进监狱治罪。"通过打击元老功臣萧何,刘邦在削弱相权的同时,皇帝的权力也得到了进一步的提高。

刘邦虽然统一了天下,称为天下的共主,但群雄割据的局面并未消除。他参考了周、秦两代的得失,确立了"郡国并行"的制度,把当时已实际形成割据力量的韩信、彭越、张敖等分封为王,但同时派出郡守、县令等地方行政官员,对诸侯王的势力进行一定的限制。刘邦仍不放心,他在位期间,铲除异姓王成为政策的重点,韩信、彭越、英布、张敖等异姓王先后被以谋反罪名铲除掉,而换上了刘邦的自家子弟为王。在刘邦死前的那一年,除了僻处南陲的长沙王吴芮之外,所有的异姓王都被清除了。刘邦遂集群臣杀白马盟誓:"非刘姓者不能称王,谁若违背此约,天下可共起而击之!"

　　平心而论,刘邦消灭异姓诸侯王的政策,在当时的条件下,对巩固新生的中华帝国,维护中国的大一统,在客观上无疑起到了积极的作用。但是,残杀功臣、铲除异己的政策,其目的是极端自私自利的,即维护刘姓一家的独裁统治。刘邦这种残杀功臣的政策,不但给原来的开国元勋们的家族带来了灭顶之灾,有违人类基本道义,而且更为恶劣的是,它在中国历史上开了极端利己主义流氓政治的先河,这也成为了刘邦辉煌历史上最不光彩的一页。

布衣称帝——箭伤致死，英名长留

公元前196年，刘邦平定英布叛乱时被流矢射中，在回长安的路上箭伤开始发作，回到长安后病情已经很严重。吕后找来了当时最好的太医替刘邦疗伤，刘邦向太医打听自己的伤势。太医说："我不敢妄下断言，但我一定会尽力而为的。"

刘邦听了太医的口气，知道自己不会活太久了，就对太医说："我一介平民，仅凭三尺长剑而纵横天下，难道不是天意吗？我的命是上天决定的，即使神医扁鹊复活又能怎样？"他不愿继续治疗，赐给太医五千斤黄金，将他赶走。

吕后知道刘邦活不长了，她想到儿子还小，没有治国的经验，不禁为日后的国事担忧起来。于是，她小心翼翼地问刘邦："我真担心您遭遇不幸。为了替刘家的社稷考虑，我不得不冒昧问您几个问题。"

刘邦明白吕后的意思，说："你就尽管问吧！"

吕后问："萧何丞相死了以后，您认为谁可以继任？"

刘邦说："萧何是治国的奇才，他改革了秦朝的弊端，制定了一整套行之有效的治国方针，继任他的人必须能够把这些贯彻下去。我看曹参老成持重，而且和萧何共事多年，深知萧何制定每一项方针的道理。所以，曹参是继任的最好人选。"

"那曹参死了之后呢？"吕后接着问。

"王陵，并由陈平辅助他。陈平足智多谋，然而不能独当一面，周勃朴实，少文化，但是，今后安定刘家天下的，非他不可，可以任他为太尉。"说到这里，刘邦长叹了一声。

吕后从刘邦的叹息声中感觉出刘邦心里隐藏的忧虑，于是，连忙问："皇上您有什么心思，请直言相告。如此我们可以早做准备，以防患于未然。"

刘邦叹息道："这以后的事已经不是你我所能知道的了。"

晚年，刘邦宠幸年轻貌美的戚姬而疏远了吕后，爱屋及乌，因而对他和戚夫人所生之子刘如意非常重视，而且他发现刘盈过于仁弱，不适宜当皇帝，便意欲废刘盈而立刘如意为太子。之所以没有行动，是因为不想惹恼了吕雉。吕雉也为此忧虑起来，张良出主意，让吕后以刘盈的名义请来隐而不仕的"商山四皓"，作为刘盈的老师。"商山四皓"是指东国公、角星先生、绮里李和夏黄公四人，他们都是汉初名士，刘邦对他们十分敬重，曾几次请他们出山，都被婉言谢绝，现在见四人愿意出山为太子师，便感叹说："盈儿有这四人辅佐，已是羽翼丰满了，不可能再动了。"于是打消了废太子的念头。

为了巩固太子的地位，吕雉就开始疯狂想办法提升自身的威信，为此她决定杀死为大汉江山立下汗马功劳的韩信。其实，韩信一直都想要谋反，刘邦也想除掉他，只是他功劳太大，又和自己有"见天不杀，见地不杀，见铁器不杀"的约定，杀了他怕伤害了别的有功将士的心，正为此犹豫不决。吕雉借刘邦外出平乱之机，与萧何商议了杀韩信的计划，将韩信骗到宫中一处钟室内，用布袋套上吊于半空之中，使用尖锐的竹器将韩信刺死。

戚姬

据《史记》记载汉高祖听到韩信被吕雉杀后的心情是："且喜且哀之"，他的这句话道出了多少背后的故事，自己不忍杀戮功臣，而自己的妻子却刚毅果敢地了解自己心中的疙瘩，自然不免思潮起伏，感慨万千。

吕后这招使得朝中大臣看到她的野心，不免都对她畏惧几分。

淮南王英布反叛的消息传到长安时，刘邦正在病中，原本他是要派遣太子刘盈率兵讨伐，后来硬是被吕后一把鼻涕、一把眼泪地逼上了战场，说什么"英布是天下猛将，很不容易对付，太子去岂不是羊入虎口？诸将又多是太子的叔伯辈，只怕难以心甘情愿地俯首听命"。说来说去还是心疼儿子。

无奈之下，刘邦只得扶病出征，虽然很快就平定了叛乱，但也不幸身中流矢，伤口溃烂，拖了三个月而驾崩，只活了六十三岁。

公元前195年，刘邦死于长安长乐宫。死后庙号为太祖，葬长陵，称高皇帝，历史上习惯称他为汉高祖。

　　"大风起兮云飞扬,威加海内兮归故乡,安得猛士兮守四方!"刘邦文不过人,武不能战,却利用秦末动乱的"大风起"时的机遇,赢得了"威加海内"的天子之尊,成为中国历史上第一个布衣皇帝。

　　汉族与汉字名字的由来,都与大汉帝国密切相关,都与刘邦密不可分,而大汉帝国却是由一个被后人们评价为"不务正业的无赖"平民刘邦创建的。

　　刘邦是个真性情的人,他从来没有改变和刻意隐瞒自己的流氓无赖本性。率真而为。这远较后来被奉为帝王楷模的唐太宗满嘴"帝王之言",其实也多流氓无赖甚至禽兽之行的虚伪做得好,也显得可爱得多。如果说刘邦是个流氓无赖的话,那他也是个有着几分天才和杰出智慧才能的绝顶聪敏的流氓,是个令人无奈且有几分喜爱并又有几分亲和力的无赖。

　　刘邦死后,群臣皆曰:"高祖起微细,拨乱世反之正,平定天下,为汉太祖,功最高。"

权力女人

◎ 吕雉

吕雉，汉高祖刘邦的皇后，中国后妃史上第一位临朝执政的皇后、政治家、垂帘发明家。她有能力、有魄力，为开创汉朝江山费尽心力。她心思缜密、心肠狠毒，为了追求权力不择手段；她杀功臣，残后宫，诛刘姓王族，更是连眼皮也不眨一下。最毒不过妇人心，此乃最恶毒者也！

权力女人——结缘刘邦，任劳任怨

《史记·高祖本纪》记载：

单父人吕公善沛令，避仇从之客，因家沛焉。沛中豪桀吏闻令有重客，皆往贺。萧何为主吏，主进，令诸大夫曰："进不满千钱，坐之堂下。"高祖为亭长，素易诸吏，乃绐为谒曰"贺钱万"，实不持一钱。谒入，吕公大惊，起，迎之门。吕公者，好相人，见高祖状貌，因重敬之，引入坐。……吕公曰："臣少好相人，相人多矣，无如季相，原季自爱。臣有息女，原为季箕帚妾。"酒罢，吕媪怒吕公曰："公始常欲奇此女，与贵人。沛令善公，求之不与，何自妄许与刘季？"吕公曰："此非儿女子所知也。"……高祖乃谢曰："诚如父言，不敢忘德。"及高祖贵，遂不知老父处。

吕雉的童年是在单父（今山东单县）度过的，她的父亲吕公是当地一位颇有身份的乡绅。单父地处交通要冲，战国之际，环处楚、齐、韩、魏之间，争端不息，民风强悍。秦灭六国，一统天下，在其地设郡置县。吕公一家原本生活安逸，吕雉与诸兄弟姊妹嬉笑玩耍，无忧无虑，全家上下，其乐融融。可惜，没过几年，吕公因故与当地一位豪门大族结怨成仇，平静的家庭生活一下就被打破了。

为了躲避仇人的报复，使妻儿老小免遭不测，吕公审时度势，决定离开多年安居的单父迁居来到了沛县。吕公与沛县县令是知交好友，沛县官吏富民听说这个消息，都纷纷前往拜会，希望能得到他的好感从而与县令拉上关系。为了向地方上众人表示谢意，吕公特意举行了一次宴会，由沛县的功曹萧何负责筹办。根据萧何的安排，宴会的座次不分尊卑贵贱、年龄高低，只按贺礼的多寡来定。萧何忙里忙外，招呼来人，并高声吆喝着来宾的名字和贺礼数字，一旁有人忙着登录礼单清册，一派热闹喜庆的气氛。

就在这时，从门外闪进一人，只见他中等身材，却生得方脸大耳、鼻梁高隆、脸上须髯丰美，气度放荡不羁、洒脱不凡，人未走近，先已飘来一股酒香。这时院内已有了很多的人，萧何站在大厅门口，见刘邦来了，便向大家宣布："贺礼不满千钱者，请厅下坐！"刘邦听后，微微一笑，要来笔墨，在礼单上写下"万钱"二字，请人上报。吕公见众礼单上只有刘邦的礼最重，于是亲自迎出厅来，将刘邦引入上座。两人坐定，吕公见刘邦身高八尺，龟背斗胸，长须美髯，一副龙颜，不同凡人，更加相敬。旁边的萧何素知刘邦，料他无钱，怕他当面出丑，小声对吕公说道："刘邦是一个小吏，好说大话，恐贺单不实。"吕公明明听见，但仍目视刘邦，没加理睬。

在整场酒宴过程中，吕公一直都对刘邦细心观察，越看越器重。酒宴散后，吕公送完客人，把刘邦召入室内，说出了刘邦意想不到的一番话。

"老夫自年轻的时候就喜欢给人看相，至今经过我看相的人不知有多少，但没有一个能比得上你，望你好自为之。不知你成婚否？"

"多蒙先生看重，下吏至今还未成婚。"

"如此更好，老夫愿将小女嫁你为妻，不知你意下如何？"

这真是"踏破铁鞋无觅处，得来全不费工夫"，这样天降的好事，刘邦怎么会不答应呢？赶忙翻身下拜，行过大礼。两人商定婚期后，刘邦才告辞而去。就这样吕雉的命运就被父亲和刘邦之间的一句话定死了。

吕公送走刘邦，进入室内，将许配女儿之事告诉了老妻。不料妻子听后满脸怒气，觉得荒唐之极，说："你成天说女儿日后定能嫁给贵人，就连沛县县令来求亲你都没有看上。我还以为你要物色一个怎样的女婿，怎么搞了半天，看中这么一个夸夸其谈的浪荡穷鬼？"可是吕公已经认定刘邦必定大贵，根本不买吕夫人的账，执意要将女儿嫁给刘邦。吕夫人拗不过，只得依允。

那时的吕雉只知道父亲让她嫁给刘邦，说他是一个富贵之人，只要和他同甘共苦，将来就是大富大贵的命。虽说刘邦那个时候是一个亭长，但却不富裕，吕雉这样一个娇滴滴的大小姐嫁过去注定是要吃苦的，但她又不能违抗父命。暂且不说贫富，如果婚后刘邦对她极好，这对当时的女子来说就是最大的安慰了，然而事实却并非如此。

俗话说：自古英雄爱美女。虽说刘邦只是一个小小的七品芝麻官，却也是一个爱拈花惹草的好色之徒。

刘邦新婚后，确实在家和吕雉缠绵了数日，便又回到了亭上处理差事。时间一久、积习难改，又外出饮酒作乐，恰巧遇到了一个小家碧玉——曹氏女子，此女体态柔美、楚楚动人。两个人你有情、我有意，便又合成了一段露水情缘。不想此女子的身孕比吕雉还早数月。十月后生下一个男婴，他就是日后的齐悼王刘肥。至于史书中记载的赵幽王友、赵共王恢、燕灵王建等，就难以知道是刘邦和哪个女子所生的。就这样，新婚的丈夫没几天就和别的女人乱搞，而且还有了孩子，然而吕雉又能怎么样，这就是当时的时势，由不得她怎么样，因此，吕雉也没有抱怨，只是安分守己地做好妻子的责任。几年之后，吕雉相继为刘邦生下了一儿一女，男孩就是日后的孝惠帝刘盈。女儿就是日后的鲁元公主。古代人都喜欢以子论母，吕雉以为生了孩子后，丈夫就会对自己好一点。可是，她的希望再次落空，难得的是，吕雉并没有因此做多余的抱怨。

长期的劳作使原本出身富家小姐的吕雉，渐渐练出了吃苦耐劳的品德。或许她掌权之后的性格突变，正是因为她在成为刘邦妻子之后和当上皇后之前磨炼出来的吧。

有一次吕雉带着孩子在田里劳作，遇到一位过路的老人前来讨水喝。吕雉将瓦罐中的水倒给老人，谁知老人接过水，看清吕雉的相貌后便大吃一惊，说："夫人，你可是天下至贵之人啊！"随后他又仔细打量吕雉的一双儿女，看见儿子刘盈后便说："夫人之所以大贵，正是因为这个儿子。"

老人喝完水上路之后，刘邦才回到田间。吕雉将刚才的事向刘邦说了，刘邦立即追赶上老人，请他也为自己看看相。老人看后答道："你的妻子儿女之所以大贵，正是因为你的命数贵不可言的缘故。"

刘邦大喜过望，从此越发心存大志。

公元前209年，刘邦起事，吕家的人都跟随他转战南北，刘邦却把父母和妻儿全留在了沛县老家。前205年刘邦带领汉军自汉中东下取关中，攻下项羽的后方大本营，和项羽展开了楚汉之争。彭城大战的时候，项羽捉获了刘太公和吕雉。广武对峙，他就绑起刘太公来要挟刘邦，说："你不出来，我就烹了刘太公。"刘邦回答说："我与你都曾是义帝的臣子，约为兄弟，我父亲就是你父亲，你如果想要烹了自己的父亲，那就请分我一杯羹吧。"

如此言语，突显了刘邦的流氓嘴脸，然而天下无敌的项羽，偏偏就对这个流氓毫无办法。争权夺利的斗争中，温文尔雅的书生形象是毫无作用的，刘邦的忍耐终于换来了丰硕的成果。项羽无计可施,于汉王四年(公元前203年)九月放回刘太公、吕雉等人质。不久刘邦挥军垓下打败项羽,登基称帝,吕雉被封为皇后。

　　这次的磨难使吕雉心理更加坚强,也更加扭曲。她在项羽那里做了两年的人质,看到了许多东西,也让她学会了政治斗争和心机。然而造成吕雉性格完全扭曲的原因是项羽和虞姬之间的感情纠葛。相信大家都知道项羽对于虞姬的宠爱超过所有,这对身为人质在这里受苦受难的吕雉是一种极大的侮辱和折磨。因为,首先,在前面已经说过吕雉嫁给刘邦不久后,刘邦就有了别的女人且生了孩子;其次,在吕雉当人质的这段期间,刘邦好像事不关己一样,享受美酒佳宴,美人抱怀的感觉,不顾自己在这里受苦受难。看看自己身边的情景,再回想刘邦是怎样对自己的,吕雉越想越不平衡,长期的压抑使吕雉的性格扭曲。

权力女人——泯灭人性,残忍之极

《史记·吕太后本纪》记载:

吕后最怨戚夫人及其子赵王,乃令永巷囚戚夫人,而召赵王。……夏,诏赐郦侯父追谥为令武侯。太后遂断戚夫人手足,去眼,辉耳,饮瘖药,使居厕中,命曰"人彘"。居数日,乃召孝惠帝观人彘。孝惠见,问,乃知其戚夫人,乃大哭,因病,岁余不能起。使人请太后曰:"此非人所为。臣为太后子,终不能治天下。"孝惠以此日饮为淫乐,不听政,故有病也。

在刘邦众多的后妃中,就政治才干和心机谋图而论,吕雉也算是个颇有政治眼光和心机的人物,但同时也是个极其残忍的女人。她杀死自己的儿子,虽然不是自己亲生的,但总归是自己丈夫刘邦的儿子,还害死了刘邦最宠爱的妃子戚姬。

我们先来看看戚姬和刘邦是如何相识的:公元前205年农历四月,项羽率轻骑突袭彭城,汉军溃败,楚军追至灵璧东睢水上,刘邦只身沿睢水东北而逃,逃至今梁集境内,躲进一眼枯井中藏身,被附近村中的戚氏父女救起。为躲避楚军搜捕,戚父将刘邦留住三天,并以戚女相许。戚姬身材修长,气质高雅、美丽,自她与刘邦相遇,两人便情投意合,成了一对烽火鸳鸯,誓同生死。次年,戚女生下一子。三年后刘邦在定陶称帝,戚氏父女赶去相认。刘邦以戚女为姬,给儿子取名如意,封为赵王,又因如意酷似自己,刘邦对戚姬格外宠爱。吕氏儿子刘盈怯懦,不讨刘邦喜欢,刘邦大有废掉太子刘盈、另立刘如意来继承自己衣钵的可能。对于吕雉来说,像戚姬这样的年轻女子,抢去她的丈夫,觊觎她的地位,对她进行的种种手段,还在她勉强的忍受范围之内,但是接二连三地将黑手伸向她胜过性命的心肝宝贝儿女们,则是不可饶恕的。这或许可以解释为什么她在刘邦死后放过薄姬管姬等情敌,让她们回儿子的封地去做享受封国太后的荣耀权力,却独独不肯放过伤害过她儿女的戚姬。

对于吕雉来说,当她看到刘邦在逃跑时,将亲生骨肉一个个地推下马车以减轻负担时,她知道她的孩子只有她自己才会去保护,也只有她自己才能保护。她不得不逼着自己强大,强大到可以保护自己孩子的安全。

而且,这件事的势态在不断发展,情况万分危急,大有一触即发之势。吕氏整天胆战心惊,眼看戚姬先是夺走丈夫的爱,如今又要攫取太子的位置,面对情仇和政敌,她怒火中烧,咬牙切齿。那段时间,吕氏食不甘味,夜不能寐。终于,眉头一皱,计上心来,欲借其势,而谋己利。

汉代定鼎以来,千方百计想要罗致德高望重的"商山四皓",来为治理国家出谋划策,但"商山四皓"听说刘邦不太重视儒生,言语之间又喜欢不干不净地骂人,所以始终不肯应合。

所谓"商山四皓"就是商山之中的四位隐士,名叫东园公,绮里季,夏黄公,用里。这四位饱学之士先后为避秦乱而结茅山林。商山在今陕西商县东南,林壑幽美,云蒸霞蔚,地势险峻,是一个隐居的好地方。

吕后为了确保太子的地位,求计于张良,张良出计,请出商山四皓,以使太子在朝廷的地位显得益发庄重而不可动摇。一次刘邦置酒宫中,召太子侍宴。太子应召入宫,四皓一同进去。刘邦心中很惊异,当听说他们就是商山四皓时,便知道太子羽翼已成,已不可废。就这样,刘盈躲过了一关,而这更加激化了吕雉和戚姬之间的矛盾,吕雉就更想杀戚姬和刘如意了。

公元前 195 年(汉十二年),刘邦逝世,太子刘盈如愿继承了帝位,母后吕雉则成了皇太后。深知儿子性格懦弱的吕雉,知道他难以承担帝王重任,便由自己摄政。当大权一步步到手后,吕雉的心肠也开始变得十分残忍。为了报当初因为戚夫人而受到冷落的仇,凶残毒辣的吕雉明目张胆地开始迫害戚姬。

首先,幽禁了戚姬。一日,戚姬被吕雉派来的人拖进永巷里,关进女囚牢狱。戚姬同奴隶一般,一天到晚必须舂一定数量的米,舂不到数量就不给饮食。娇嫩柔弱的戚姬受尽了折磨,终日只能以泪洗面,苦捱时光。然而,事情并不如表面那么简单。娇弱的戚姬因受不了吕雉的折磨,她自己编了一首曲子,每天都唱,希望她的儿子能够听见,赶快救她脱离苦海。歌的内容是:"子为王,母为虏,终日舂薄暮,常与死为伍! 相去三千里,当谁使告汝?"

然而戚姬并不知道，正是因为她的这首歌，使吕雉更加坚定了杀死她儿子和她的决心。吕雉首先把刘如意从他的封地召回长安。善良仁慈的惠帝刘盈和刘如意感情最深，知道了这个消息十分忧虑，他亲自将刘如意接到宫中，对这个同父异母的兄弟予以保护。惠帝成天和他形影不离，吃睡都在一起，使得吕雉难以下手。

然而，该来的总是会来的，吕雉最终还是找到机会把刘如意毒死了。十二月里的一天清晨，汉惠帝带着侍从去打猎，刘如意此时睡意正浓，汉惠帝没忍心将他唤醒便一人前往。吕雉一见时机已到，立即派人将刘如意毒死。汉惠帝回到宫中，发现刘如意直挺挺地躺在床上，惠帝悲痛欲绝，却也无能为力，只能抚尸痛哭一场。

年仅十五岁的刘盈对此无法谅解，他和母亲产生了第一次激烈的争吵。吕雉目瞪口呆地看着儿子，她无法理解儿子为何如此愤怒。她无法理解儿子，正如刘盈也无法理解她一样。

最后，她又把目标转移到了戚姬身上，认为皆因她而起。吕雉对于这个女人极其残忍。她没有给戚姬像刘如意那样痛快的死法，而是让她在折磨中慢慢地死去。吕雉先命令人把戚姬的手足砍去，再挖掉戚姬那双迷人的眼睛，至此吕雉还不肯罢休，又命令人用毒药熏聋戚姬的耳朵，强行给她灌下不能说话的哑药。经过这样一番灭绝人性的残酷折磨，吕雉还是不能解恨，又命人将已经没有了手足、不能动弹、双耳听不见、两眼看不着、浑身上下血肉模糊、伤痕斑斑的戚夫人，扔进厕所，并称为"人猪"。这时的吕雉已经到了某种疯狂的地步，她已经不能思考，满脑子想的都是怎样侮辱戚姬，怎样才能使戚姬更残，更狼狈。

过了几天，吕雉竟然叫儿子刘盈去看被她折磨成所谓"人猪"的戚夫人。当刘盈见了面目全非的戚夫人，无论如何，也不敢相信这就是父亲生前宠爱的人。刘盈通过询问别人，得知这确实就是戚夫人时，这位心肠善良的帝王竟然吓得当场大哭，不禁失声道："人彘之事，非人所为，戚夫人随侍先帝有年，如何使她如此惨苦？我作为太后的儿子，再也不能治理天下了！"他回去之后，再不朝政，整日花天酒地。

然而，吕雉并没有放弃自己的目标，反而放大自己的野心，甚至做出了为世人耻笑的事情。

公元前193年，楚元王刘交、齐悼王刘肥都前来朝见。有一天惠帝与齐王在太后面前宴饮，惠帝因为齐王是兄长，就按家人的礼节，请他坐上座。太后见此大怒，就叫人倒了两杯毒酒放在齐王面前，让齐王起来向她献酒祝寿。齐王竟然和惠帝一起站起来端起酒杯一起向太后祝酒。太后非常害怕,急忙站起来倒掉了惠帝手里的酒。齐王也觉察到了事情的怪异并没有喝下这杯酒,就装醉离开了席座。事后打听,才知道那是毒酒,齐王心里很害怕,认为不能脱身了,非常焦虑。齐国的内史向齐王献策说:"太后只有惠帝和鲁元公主两个孩子。如今大王您拥有七十多座城,而公主只享食几座城的贡赋。大王如果能把一个郡的封地献给太后,来做公主的汤沐邑,供公主收取赋税,太后一定高兴,您也就不必再担心了。"于是齐王就献上城阳郡,为了讨好太后,并违背常礼尊自己的异母妹鲁元公主为王太后。吕后很高兴,就接受了。于是就让齐王返回封地了。这是一件多么荒唐的事情,竟然允许自己丈夫的儿子认自己的女儿做母亲。汉惠帝因整日纵欲过度再加上伤心伤神而死。

吕后摒弃了女性友善与宽容的天性,手段之残忍实让人不寒而栗,用"最毒妇人心"来形容吕后再合适不过了!

权力女人——野心蓬发，谋杀功臣

早在刘邦与项羽争夺天下时，为了笼络部下，刘邦先后封了七个异姓王。楚汉战争结束后，这些占据大量地盘、拥兵自重的异姓王，成了刘氏天下的重大威胁。为了巩固自己的统治，刘邦开始杀戮功臣，真正是"兔死狗烹、鸟尽弓藏"。在诛杀异姓王的过程中，吕雉显得比刘邦更手辣心狠，成为了急先锋。如：淮阴侯韩信，彭越等人都是吕雉设计杀死的。

韩信可谓是当时的旷世奇才，然而这位旷世奇才却因功高震主，刘邦想杀他不成。然而，最后被吕后设计杀害。

我们来看看韩信是怎么死的：

汉高祖十一年，陈平反代地，刘邦又亲往平定。

吕雉乘刘邦不在，找来萧何密谋，只顾明哲保身的萧何虽然知道韩信是无辜的，但也只有昧着良心诱骗韩信入宫。首先，他亲自跑来对韩信说刘邦杀了陈平打了胜仗，现在吕后正召集留守京城的文武大臣进宫庆贺，知道你身体不好，所以派我亲自来请你入宫。

聪明一世的韩信哪里知道他的一只脚已经踏入了坟墓，这是密谋要害他性命啊，他听说陈平的叛乱已平定，觉得是应庆贺一下，而且自己现在仍有相国的虚位，更应入宫，加上萧何亲来相请，更是无法推辞。于是，高高兴兴地随萧何入宫庆贺。不料，一入长乐宫中，吕后早就准备好的一帮人马，立即把韩信抓起来，宣布韩信因勾结陈平谋反罪和密谋杀害吕后及太子之罪。不由辩说，就地正法。刘邦归来，"见信死，且喜且怜之"。司马迁遣词用字实在到位，写出了韩信对刘邦的威胁，以及刘邦对韩信的惧怕。或许刘邦并不知道吕雉所做的这些都有她的目的，一方面为的是让刘邦更加欣赏她，觉得不能失去她；另一方面为的是给自己以后做打算。

就这样夫妻二人里应外合，把韩信这个旷世奇才给处置了。而吕雉之所以能够使刘邦对她言听计从，更重要的原因就是她在政权问题上如此善解圣意，懂得适时的进退，又表现出刘邦所需要的"刚毅果决"，属于一个政界大腕所需的性格和手段，她能让萧何听话的帮她除掉韩信，至于韩信是不是真的要谋反，谁也不得知。

对于彭越的死，更是让人叹惜。

彭越跟着刘邦打天下，立下了汗马功劳。事成之后，刘邦拜他为魏相国，又封他为梁王。

刘邦得天下不久，有人密告梁王彭越谋反，刘邦用计把他俘虏，取消了他的封国和爵位，命他去家乡四川当一辈子苍头百姓。彭越好不甘心地踏上路，在途中巧遇吕雉，彭越以为是一件好事情，或许她可帮助自己恢复地位。彭越认为女人的心肠软，就向她倾诉委屈，声称自己对刘邦夫妇忠心耿耿，连一丝谋反的念头也不曾有，一定是有人因为嫉妒他的功劳陷害他，并请吕后在刘邦面前为他求情。吕雉爽快地答应了彭越的要求，把他带回首都，把彭越安顿之后，回到宫中立刻去见刘邦，出乎所有人的意料，吕雉不但没有替彭越求情，反而责备刘邦为何把一代枭雄放走了，那不是放虎归山吗？刘邦如梦初醒，立刻命令人以彭越平反之由把彭越召进宫中杀掉了，并将其尸体剁成肉酱，做成糕饼分赐诸侯王，用以恐吓那些企图造反的不轨之辈。

彭越企图利用妇人之仁，结果招来杀身之祸。对于别的女人，或许她们都有妇人之仁，或者说十个女人九个都有妇人之仁，但偏偏吕雉却是十个中唯一一个没有妇人之仁的女人。彭越遇上她算是最倒霉的事情了，不仅没有被平反，最后还丢了性命。

韩信和彭越，这两个叱咤风云的大将军先后死在了一代皇后手中，确实让人为之惊叹其心机之深，谋略之大。

权力女人——独掌政权,终其一生

《史记·吕太后本纪》记载:

　　七年秋八月戊寅,孝惠帝崩。发丧,太后哭,泣不下。留侯子张辟强为侍中,年十五,谓丞相曰:"太后独有孝惠,今崩,哭不悲,君知其解乎?"丞相曰:"何解?"辟强曰:"帝毋壮子,太后畏君等。君今请拜吕台、吕产、吕禄为将,将兵居南北军,及诸吕皆入宫,居中用事,如此则太后心安,君等幸得脱祸矣。"丞相乃如辟强计。太后说,其哭乃哀。吕氏权由此起。乃大赦天下。九月辛丑,葬。太子即位为帝,谒高庙。元年,号令一出太后。

　　……

　　尽畜太后欲王吕氏,先立孝惠后宫子强为淮阳王,子不疑为常山王,子山为襄城侯,子朝为轵侯,子武为壶关侯。太后风大臣,大臣请立郦侯吕台为吕王,太后许之。建成康侯释之卒,嗣子有罪,废,立其弟吕禄为胡陵侯,续康侯后。二年,常山王薨,以其弟襄城侯山为常山王,更名义。十一月,吕王台薨,谥为肃王,太子嘉代立为王。三年,无事。

　　汉惠帝刘盈死时,年仅二十四岁。由于惠帝的张皇后没有子嗣,吕雉就将后宫美人生的婴儿谎称是张皇后的儿子,立他为少帝,并将美人杀了。襁褓中的幼婴混沌不知,吕雉顺理成章地临朝称制。

　　那个傀儡少帝刚刚懂事,得知张皇后并非他的母亲,生母却被吕后杀死了。小孩子不知深浅,愤愤骂道:"太后胆敢杀我的母亲,等我长大了,一定替她报仇!"他的话传进吕后耳朵里,吕后就把他囚禁起来,对外说他病了。过了些日子,吕后下诏,说他久病不愈,精神错乱,废掉他的帝位。不久,就把他杀了,立刘义为皇帝。吕后给刘义改了个名字叫弘,朝廷大权仍然牢牢掌握在她的手里。

吕雉独揽大权后，为巩固吕氏政权，吕雉打算封几个吕家的子侄为王，她征询大臣们的意见，右丞相王陵直言不讳，说："不行，高帝曾经和大臣们订过盟约：'不是刘家的人不得封王，没有功劳的人不得封侯'；谁不遵守这个盟约，天下共讨之。现在要封吕家人为王，这是违背盟约的，我不能同意!"吕雉听了面沉似水，又问太尉周勃和左丞相陈平，他们正与此相反，说："高帝平定天下，封自己的子弟为王，现在太后临朝，治理天下，封自己的子弟为王，有何不妥!"吕雉面露喜色。没过多久，她就借故免掉了王陵右丞相的职务，将左丞相陈平升为右丞相，任自己的亲信郦食其为左丞相。之后，吕雉又罢免了一些忠言直谏和与她政见相左的大臣，在扫清了这些障碍之后，她牢牢地掌握了一切朝政大权。

为了实现自己的企图，巩固自己的地位，吕后采取了步骤。她选择了刘家有功的和有影响的人物，封王封侯，以和缓刘氏对吕氏的对立情绪。她封刘邦时功臣无择为博城侯，又封刘章为朱虚侯，刘章之弟兴居为东牟侯，俱令入宿卫。又封刘泽为琅琊王。

接着，吕雉又想封吕氏，但她还是聪明的先拿刘氏做铺垫，先封惠帝后宫妃子所生的儿子刘强为淮阳王，刘不疑为常山王，刘山为襄阳侯，刘朝为轵侯，刘武为壶关侯。太后暗示大臣们，大臣们就请求封郦侯吕台为吕王，太后同意了。建成侯吕释之去世，继承侯位的儿子因为有罪而被废除，就封他的弟弟吕禄为胡陵侯，作为继承建成侯的后代。二年(公元前186年)，常山王刘不疑去世，封他的弟弟襄阳侯刘山为常山王，改名刘义。十一月，吕王吕台去世，谥为肃王，他的儿子吕嘉接替为王。三年(公元前185年)，无可记之事。四年(公元前184年)，吕后封她的妹妹吕嬃为临光侯，封吕他为俞侯，吕更始为赘其侯，吕忿为吕城侯，又封了诸侯王的丞相五人为侯。

初立吕王时，吕后把齐国的济南郡割出来算作吕国的封地。高后七年，把原先的梁国改称为吕，原先的吕国就改称为济川，立刘盈的儿子平昌侯刘太做济川王。同年，吕后把齐国的琅琊郡割出来，立刘邦的远房堂弟、自己的外甥女婿营陵侯刘泽(刘泽的妻子是吕后妹妹吕嬃跟樊哙所生的女儿)为琅琊王。割给吕台的济南郡，割给刘泽的琅琊郡，再加上早些年刘肥主动送给鲁元公主的城阳郡，以及刘肥传给儿子刘襄的齐国，合起来才是刘肥始封时多达七十城的齐国。这就是"分齐为四"。

　　吕雉处心积虑,惨淡经营了整整十五年,一边打击刘氏,一边扶植吕氏。眼看就要大功告成,眼看就要令刘氏江山易姓,可在此时吕雉死了。吕雉死前生怕自己死后群臣谋反,就对吕产、吕禄说:"高祖曾经与大臣约定:不是刘家子孙封王的,天下共击之。现在我们吕家的人封了王,大臣们心里都不服。我就要死了,大臣们恐怕要作乱,你们必须节制军队保卫好皇宫,别替我送葬,千万别被人家收拾了。接着,任吕产为相国,将吕禄的女儿指配给小皇帝刘弘做皇后。"说完,就死了。

　　在中国的古代,女人是没有地位的,她们"在家从父,出嫁从夫,夫死从子;嫁鸡随鸡,嫁狗随狗",除了生儿育女相夫教子外,几乎没有其他权利,即使是人身自由也会受限制,更不用说政治权、教育权、财产权更是与她们有天地之隔。尤其是政治权,女人更是可望而不可及。然而,吕后却独掌政权,终其一生,不但大封吕氏王,把他们吕氏家族推到了顶峰,更是把刘氏家族弄得一塌糊涂,而刘氏家族那么多男人竟然不能把她怎么样。可见她的手腕是如何厉害,谋略是如此之深。

　　然而,毕竟是刘邦刘氏打下的天下,不是吕氏的天下,即使她再强还是会被正主压下去的。俗话说:"物极必反"、"狗急了还跳墙",更何况刘氏中的堂堂七尺男儿。吕雉死后没多久,刘襄、陈平、刘章等人野外夹击消灭了吕氏一族,然而大臣们都觉得刘襄和刘章不好控制,都不愿意立他们为王,于是就把个驽钝的代王刘恒迎回来立为王。就这样,吕雉忙碌一生的心血就被代王刘恒不费吹灰之力获得了。

　　吕后最大的缺点是嫉妒心太重,私心太重,手段过于残酷,竟然想以吕氏来代替刘氏千辛万苦得来的江山,终至败亡。

权力女人——守成有为，影响深远

吕后独立掌政十五年，是个厉害角色，虽然满手血腥，但是她也有一些为人称道的政绩：

1. 吕雉在维护西汉王朝的统治上是起过积极作用的。因为当时楚汉战争结束，西汉王朝建立，但西汉王朝的根基还不稳固，几个建立功勋的异姓王自恃功高，意欲震主，刘邦的龙椅左右微晃。汉王朝内外交困，危机不断，正是吕雉协助汉高祖刘邦果断出击，及时采取措施，翦除了一些威胁性很大的异姓王，消除了隐患，排除了危机，稳定了天下。

2. 吕后当政期间，创自刘邦的休养生息的黄老政治进一步得到推行。刘邦临终前，吕后问刘邦身后的安排。她问萧何相国后谁可继任，刘邦嘱曹参可继任；曹参后有王陵、陈平，但不能独任；周勃忠诚老实，文化不高，刘家天下如有危机，安刘氏天下的必是周勃，可任太尉。吕后虽实际掌握大权，但她是遵守刘邦临终前所作的重要人士安排遗嘱的，相继重用萧何、曹参、王陵、陈平、周勃等开国功臣。而这些大臣们都以无为而治，从民之欲，从不劳民。当时颁布的法令中规定，（一）作优裕法，规定中上层功臣和官吏犯法的全受宽容不入狱。（二）实行减刑，如将判服春米四年劳役刑的妇犯减为供给宗庙三年柴薪等。（三）颁赎罪法，凡判死刑的可买爵赎免。（四）免去妨害吏民的法令，废除挟书律。从此，吏民可以自由抄看《诗》、《书》、《礼》、《易》、《乐》、《春秋》等历史文化典籍。秦末以来长期珍藏的古书开始现于人世，为汉初文化复兴之肇始。（五）废除三族罪、妖言令。从此，即使犯重罪也不株连父族、母族、妻族，也不再以言论治罪。汉法已修改得相当宽容，相当开明。（六）弛商贾之律，也就是实行工商自由的经济政策。所以司马迁称赞说："孝惠皇帝、高后之时，黎民得离战国之苦，君臣俱欲休息乎无为，故惠帝垂拱，高后女主称制,政不出房户。"无为而治和法制改革的结果,促进了社会经济的发展,吕后掌控政权的十六年中,"天下晏然。刑罚罕用,罪人是希,民务稼穑,衣食滋殖"。这在政治,法制,经济和思想文化各个领域,均全面为"文景之治"奠定了坚实的基础。

《史记》和《汉书》都称赞她:"高后女主,制政不出闺阁,而天下晏然,刑法罕用,罪人是希,民务稼穑,衣食滋殖。"

吕雉是一个杰出的女政治家。在外交上,吕雉充分展示了她作为政治家的幽默和镇定。匈奴冒顿单于乘刘邦之死,下书羞辱吕后,说:"听说你死了男人,而我也恰巧死了女人,我可以收你当小老婆,从此匈奴和中国,成为一家。"吕后回复说:"我已年老弃衰,发齿也堕落了,步行也不方便。"还赠与车马,婉言谢绝,化干戈为玉帛,体现了一位伟大政治家的宽容大度之风。

评价历史人物,应该看这个人物对当时及以后的影响,所谓"民为天,社稷次之,君为轻"。只要他对百姓好,把当时的国家治理得好,对社会进步具有积极的意义,那么,他就应该给予肯定。然而中国古代的史学家,对历史的评价都是逃不出儒家思想的框框套套,两千年来,儒家思想成为评价历史功过的一把铁尺。没错,或许她所统治的时代让人感到一片血污,但终究只限于宫廷内的斗争。但其铁腕决断,尽显政治女强人本色。诛杀功臣,铲除异己,做事一步到位,不留后患。其凌厉让男子汗颜。过错虽多,却不能不让人感到佩服!

历史上对吕雉的评价毁誉参半。但无论如何,在我们的年代,是以她在当时为她的子民所作出的成绩为定论的。所以仅在这一方面,对她的评价应该是正面的。

总结吕后的特点时你会发现,她其实有很多值得人们效仿的地方:如她很坚忍,在刘邦打天下时,与她的儿女和公公颠沛流离,甚至被项羽当作人质,但一直顽强地活着,周旋着,挣扎着;她很成熟,在刘邦得到天下后,宠爱戚夫人冷落自己时,没有自怨自艾,没有撒泼吃醋,她很好地隐藏了妒意,广交重臣,维护了自己与儿子的地位和利益;她很智慧,她设计为刘邦铲除了心腹大患,稳定了汉初政权……总之,她是一位生活的强者,勇敢地面对一切斗争与波澜,从容不迫,是一位了不起的女性!

从客观来看,吕后的一生对汉朝和中国历史有更值得重视的贡献,所以《史记》把她列入《本纪》以记其事。

文景之治

◎文帝、景帝

　　吕后死后,吕后所分封的诸吕迅速被消灭,诸臣迎立代王刘桓入京为帝,是为汉文帝。汉文帝好"黄老之学",他继续执行惠帝时期与民休息和轻徭薄赋的政策,对稳定汉初封建统治秩序,恢复发展经济,起了重要作用。文帝与其子景帝的两代统治,历来被视为盛世,史称"文景之治"。

文景之治——政治改革，安扶友邦

汉文帝刘恒（公元前 202 年—前 157 年）是汉朝的第四个皇帝，高祖刘邦第三子，汉惠帝刘盈弟，母薄姬，初被立为代王，建都晋阳。惠帝死后，吕后立非正统的少帝。吕后死，吕产、吕禄企图发动政变夺取帝位。刘恒在周勃、陈平支持下诛灭了诸吕势力，登上皇帝宝座，是为汉文帝，在位二十三年。

据《史记·孝文本纪》记载：

十二月，上曰："法者，治之正也，所以禁暴而率善人也。今犯法已论，而使毋罪之父母妻子同产坐之，及为收帑，朕甚不取。其议之。"有司皆曰："民不能自治，故为法以禁之。相坐坐收，所以累其心，使重犯法，所从来远矣。如故便。"上曰："朕闻法正则民悫，罪当则民从。且夫牧民而导之善者，吏也。其既不能导，又以不正之法罪之，是反害于民为暴者也。何以禁之？朕未见其便，其孰计之。"有司皆曰："陛下加大惠，德甚盛，非臣等所及也。请奉诏书，除收帑诸相坐律令。"

……

蠹上曰："古之治天下，朝有进善之旌，诽谤之木，所以通治道而来谏者。今法有诽谤妖言之罪，是使众臣不敢尽情，而上无由闻过失也。将何以来远方之贤良？其除之。民或祝诅上以相约结而后相谩，吏以为大逆，其有他言，而吏又以为诽谤。此细民之愚无知抵死，朕甚不取。自今以来，有犯此者勿听治。"

其实，刘恒能当上皇帝，也要拜吕后所赐。刘邦有八子，但吕后只生了汉惠帝刘盈。刘盈死后，吕后为了掌权，对庶出的其余诸子大加迫害，有四人为其所害，只有老大刘肥善终。到吕后逝世时，刘邦的儿子当中只剩下淮南王刘长和代王刘恒。待诸吕叛乱被平定后，大臣们在一番权衡之后，终于把名不见经传的刘恒扶上皇位。刘恒同他的父亲刘邦一样，在皇位来历不明时，总要找一个传说来说明皇帝本来就应该他做。于是刘邦临幸刘恒母亲薄夫人时,薄夫人就梦见了巨龙盘身,然后刘恒就出生了。

相对来说,汉文帝能当上皇帝还是比较幸运的。在刘邦的众子中,他只是最不起眼的一位。这主要是因为其母亲薄姬,薄姬原本是项羽所封魏国王宫的宫女,在刘邦打败魏国后,将许多宫女选进自己的后宫,后来便和薄姬生了文帝刘恒。但刘恒出生后,薄姬却遭到刘邦的冷落,地位一直是"姬"而没有上升,所以,文帝刘恒从小就做事小心,从不惹是生非,给大家留下了很好的印象。七岁做了代王,虽然地位没其他王子那样显赫,但这恰好帮文帝躲过了吕后的迫害,幸运地活下来,后来又幸运地登上了皇位。恐怕这样的际遇连其本人都没有想过。

可以说,刘恒的帝位得来是非常不易的,所以在他即位后,首先做的就是任命自己的心腹负责守卫皇宫、京城,从根本上保证自己的人身安全。紧接着便是封赏,对于拥立他做皇帝的功臣们一一赏赐、封官晋爵,对于被吕后贬斥的刘姓王也恢复了称号和封地,同时,对于跟随父亲刘邦开国的功臣们也分别赏赐、分封。这些措施使文帝的帝位得到巩固。

但不管怎样,刘恒毕竟是"文景之治"的建设者之一,也是西汉王朝的明君之一。之所以在其统治时期出现国泰民安的"文景之治",首先要归功于其自身的苦心经营,但起决定性因素的,还是在于刘恒"贤智温良"的性格。正是他这种性格,才使得大汉王朝无为而治的统治思想得以贯彻和延续,更进一步把老百姓从战乱中解放出来,为社会创造了大量的财富。他和他的儿子刘启不遗余力的积累,为后来汉武帝建立伟大的功勋奠定了很好的根基。

汉文帝登基之后,做了两件非常值得欣慰的事情:

第一,为了加强中央集权,他逐步削弱诸侯王的势力。当时各诸侯王掌握着封国内的政治、经济大权,对国家的统一和中央政权的巩固形成了严重威胁。汉文帝先后粉碎了刘兴居和刘长的谋反,又接受贾谊提出的分割诸侯的建议,维护了国家的统一。他还妥善处理好汉朝同南越和匈奴的关系,对南越王赵佗实行安抚政策,对匈奴继续实行和亲政策的同时,加强了边防的力量。匈奴曾三次侵犯汉境,都被他及时派兵还击,赶出了塞外。

第二,废除许多刑罚。在古代的刑罚种类中,有很多的肉刑,如墨刑,即用刀划面额然后涂墨,劓刑,即割掉鼻子,刖刑,即砍脚,宫刑,即破坏生殖器。其他的刑罚如连坐法,也很残忍,一人犯罪常常连累家族的人一起受罚,处死或者是沦为奴隶,丧失平民身份。

汉文帝在高祖的基础上,反思和总结秦二世而亡的教训,认识到传统的肉刑不利于封建政权的稳固,进一步废除了肉刑和诽谤妖言罪等一些严刑苛法。他实行平狱缓刑,约法省禁的政策,并带头执行法制判决,作为一个封建国君,这是难能可贵的。

首先是连坐法,当时叫做首孥连坐法。汉文帝的母亲薄太后出身低微,在汉高祖在世时是个不得宠的妃子。她怕住在宫里受吕后的陷害,就请求跟着儿子住在代郡。住在代郡不像在皇宫那么阔气,因此,娘儿两多少知道一些老百姓的疾苦。

薄太后南陵

汉文帝即位不久,就下了一道诏书说:"一个人犯了法,定了罪也就是了。为什么要把他的父母妻儿也一起逮捕办罪呢?我不相信这种法令有什么好处,请你们商议一下改变的办法。"

大臣们一商量,按照汉文帝的意见,废除了"一人犯法全家连坐"(连坐,就是被牵连一同办罪)的法令。

其次是对肉刑的废除,改为处以笞刑和杖刑。因为次数太多,有的三百,有的五百,还是太重,经常把人打死,于是又减轻次数,最终达到了减轻刑罚的目的。而这个刑罚的废除原因是因为一个叫缇萦的小姑娘。

汉文帝时,有一位叫淳于意的人,拜齐国著名医师杨庆为师,学得一手高超的医术,曾经做过齐国的仓令。他的老师去世以后,弃官行医。因为个性刚直,行医的时候,得罪了一位有权势的人,导致后来遭陷害,被押往京城治罪。当地的官吏判他"肉刑"(当时的肉刑有脸上刺字,割去鼻子,砍去左足或右足等),要把他押解到长安去受刑。

淳于意有五个女儿,可没有儿子。他被押解到长安去离开家的时候,望着女儿们叹气,说:"唉,可惜我没有男孩,遇到急难,一个有用的也没有。"

几个女儿都低着头伤心得直哭,只有最小的女儿缇萦又是悲伤,又是气愤。她想:"为什么女儿偏没有用呢?"

她提出要陪父亲一起上长安去,家里人再三劝阻她也没有用。

缇萦到了长安,托人写了一封奏章,到宫门口递给守门的人。

汉文帝收到告状信,听说告状的人竟是一个小姑娘,感到十分惊奇急忙拆开信看。只见缇萦在信上写道:"我父亲淳于意是个医术高明的医生,为当地的老百姓做了许多好事。这次他被人诬陷,要被处以肉刑。肉刑太残酷了,受刑的人肢体残废,以后再也不会复原。刑罚的目的是为了让犯人能够改过自新,可受肉刑以后,犯人想改过自新也不可能了。为什么要用这种刑罚呢?"缇萦还说,她愿入宫做奴婢,替父亲赎罪。

汉文帝看了信,十分同情这个小姑娘,又觉得她说的有道理,就召集大臣们,对大臣说:"犯了罪该受罚,这是没有话说的。可是受了罚,也该让他重新做人才是。现在惩办一个犯人,在他脸上刺字或者毁坏他的肢体,这样的刑罚怎么能劝人为善呢?你们商量一个代替肉刑的办法吧!"

大臣们一商议,拟定一个办法,把肉刑改用打板子。原来判砍去脚的,改为打五百板子;原来判割鼻子的改为打三百板子。汉文帝就正式下令废除肉刑。就这样,缇萦救了她的父亲。

汉文帝废除肉刑,看起来是件好事。但是实际执行起来,却是弊病不少。有些犯人被打上五百或三百板,就给打死了,这样一来,反而加重了刑罚。后来到了他的儿子汉景帝手里,才又把打板子的刑罚减轻了一些。

汉文帝还反对厚葬,其坟修在长安附近灞水的旁边,称作灞陵。修筑时顺着山陵形势挖掘洞穴,不再加高,陪葬品全用陶器,不准用金银等贵重金属。他还主张死后把夫人以下的宫女遣送回家,让她们改嫁。

"诽谤妖言罪"也在文帝时废除的。对于皇帝不能随便议论,更不能有所怨恨,如果触犯，就是犯了"诽谤妖言罪"。百姓不高兴时因为常诅咒天地，这又和"天子"有了联系，百姓因此就犯了"民诅上罪"。文帝将这些罪名予以废除，说这些罪名使大臣们不敢说真话，皇帝也就不能知道自己的过失，这对国家政事是很不利的，无法招贤人纳良才。

文帝在位共二十三年，他开创的稳定局面为此后景帝时的经济繁荣奠定了坚实的基础，他自己也成为一代名君载入史册。

汉文帝刘恒，作为我国历史上封建帝王中的一位，人们对于他的印象并不深。人们可以天天大谈汉朝开国皇帝刘邦的大作，更可以时时地说出具有雄才大略的汉武帝的政绩，却很少会想到汉文帝刘恒的好处。因为他的一生都在平淡中度过，他的出生与登基皆是幸运之说。而在他登基之后的作为并不像汉高祖刘邦那样响亮，更不像汉武帝那样轰轰烈烈。

其实，这只是表面的现象。历史学家们忽略了汉文帝平凡个性下的不平凡，人们只是被现象蒙蔽而忘记看清本质了。因为，汉文帝只是继承了前几位皇帝时期的黄老思想，推行无为而治，减轻了一系列刑罚，重视农业与工商业的发展而已。而在他的政治生涯里，国家并没有什么大的改变。其实，只要你深究就会发现，他提倡的无为而治，清静无为政策，为的是不让官吏扰乱百姓的生活，借以保证劳动人民从事农业生产的时间与条件，并不是真正无所作为，更不是毫无兴革与建树。实际上，他的一生都在为铲除吕后所留下的暴政而努力；在默默无闻地纠正着吕后对国家所造成的伤害以及影响；相信大家都知道一座大楼盖起来是需要地基的，汉朝的开国皇帝是刘邦，刘邦在位时经常在外打仗，国内的政治基本上是由吕雉做主。刘邦死后吕雉更是嚣张，才建立起来的国家根基肯定不稳，再加上吕后的兴风作浪，国家更是岌岌可危，因此汉文帝只有采用休养生息的办法使国家聚集更多力量，使国家的根基更稳，为国家走更长远的路做准备。

正是他二十余年的不懈努力和休养生息，才奠定了西汉前期长期稳定的政治基础，开创了社会经济迅速恢复与蓬勃发展的良好基地，实现了儒家所倡导的"仁政"局面，为汉武帝时期创造了良好的根基。

文景之治——节约俭省,无为而治

《史记·孝文本纪》记载:

钗闼天下旱,蝗。帝加惠:令诸侯毋入贡,弛山泽,减诸服御狗马,损郎吏员,发仓庾以赈贫民,民得卖爵。

······

后七年六月己亥,帝崩于未央宫。遗诏曰:"朕闻盖天下万物之萌生,靡不有死。死者天地之理,物之自然者,奚可甚哀。当今之时,世咸嘉生而恶死,厚葬以破业,重服以伤生,吾甚不取。且朕既不德,无以佐百姓;今崩,又使重服久临,以离寒暑之数,哀人之父子,伤长幼之志,损其饮食,绝鬼神之祭祀,以重吾不德也,谓天下何!朕获保宗庙,以眇眇之身托于天下君王之上,二十有余年矣。······非旦夕临时,禁毋得擅哭。已下,服大红十五日,小红十四日,纤七日,释服。佗不在令中者,皆以此令比率从事。布告天下,使明知朕意。霸陵山川因其故,毋有所改。归夫人以下至少使。"

汉文帝是中国历史上一个著名的节俭皇帝。他虽为皇家血脉,却因为母亲地位低贱而长期在边疆小城艰苦度日而成年,这样的境遇使汉文帝自小就有强烈关注民生和节俭的好习惯。

在汉文帝继位的第二年,他就责成审计部门清点长安的公用马匹,将多余的畜力划拨到驿站。他自己则身体力行,厉行节约,宫殿是旧的,不再装修;苑林很小,不再扩建;他平时穿的是质地粗厚的丝织衣服,自己穿了二十年的袍子,舍不得丢掉,还要补起来穿。对所宠爱的慎夫人,也不准她穿长得拖地的衣服,所用的帏帐不准绣彩色花纹,以此来表示俭朴,为天下人做出榜样。文帝规定,建造他的陵墓霸陵,一律用瓦器,不准用金银铜锡等金属做装饰,不修高大的坟;要节省,不要烦扰百姓。据说,汉文帝有意兴修一座"露台",在动工之前招来工匠计算工程造价,得知需要"百金"的费用。汉文帝立即决定停止这一工程。他的理由是:"百金,是中等民户十家的资产。我得以居住在先帝的宫室之中,时常担忧自己的行为使得宫室蒙羞,为何还要新建露台而耗费民脂民膏呢!"

对于一个贵为九五之尊,富有四海的皇帝来说,能够如此节俭是许多皇帝做不到的。这是国家之幸,人民之福呀。然而这并不是底限,一次有人送给汉景帝一匹千里马,他立即下了一道诏书,诏书的大概内容是命令天下臣民,不要再献一些天下稀有独特之物,更不要为此而劳心费力,劳民伤财。要知道无论是达官显要,或者是一个普通的富贾商人,出门也会有许多人侍候,有马车坐着,有山珍海味吃着,以此来显示自己地位不凡,一国之君拥有一匹千里马这并不为过,然而汉文帝却拒绝了,还命令下不为例。他退还了这匹奉献上来的千里马,并且交代下去,还要算还送马来的来回路费和其余开支。

从古到今,有多少皇帝都把自己当成是天下人的主人,觉得他的子民就是他的奴隶,就要为他服务,为了大兴土木而多花钱是很正常的事情。如:秦始皇、汉武帝、隋炀帝,都有大兴土木的记录。他们为了满足自己多余的欲望和奢华生活的需要,不知压榨了多少百姓的血汗钱,害的多少人家妻离子散,有家归不得。他们绝不会为了区区十户百姓的家资而停建工程的。这其中的不同,折射出的恰恰是汉文帝的可贵之处。

后元七年六月己亥日,文帝在未央宫逝世。留下遗诏说:"我听说天下万物萌芽生长,最终没有不死的。死是世间的常理,事物的自然归宿,有什么值得过分悲哀呢!当今世人都喜欢活着而不乐意死,死了人还要厚葬,以致破尽家产;加重服丧以致损害身体。我认为很不可取。况且我生前没什么德行,没有给百姓什么帮助;现在死了,又让人们加重服丧长期哭吊,遭受严寒酷暑的折磨,使天下的父子为我悲哀,使天下的老幼心灵受到损害,减少饮食,中断对鬼神的祭祀,其结果是加重了我的无德,我怎么向天下人交代呢!我有幸得以保护宗庙,凭着我这渺小之身依托在天下诸侯之上,至今已二十多年。靠的是天地的神灵,社稷的福气,才使得国内安宁,没有战乱。我不聪敏,时常担心行为有过错,使先帝遗留下来的美德蒙受羞辱;岁月长久了,总是担心不能维持始终。如今没想到能侥幸享尽天年,将被供奉在高庙里享受祭祀,我如此不贤明,却能有这样的结果,我认为就很好,还有什么可悲哀的呢！现在诏令全国官吏和百姓，诏令到达后，哭吊三日就除去丧服。不要禁止娶妻、嫁女、祭祀、饮酒、吃肉。"并一再叮嘱丧事从简。

汉文帝霸陵

汉文帝节俭得可谓是出奇。历史上比他更节俭的君主只有王莽一人。在汉文帝的榜样带动下，官吏也相对清廉。从而使当时的社会风气崇俭尚德，为"文景之治"的形成奠定了基础。所以，汉文帝和汉景帝两朝的文景时期是中国历史上综合国力最强的时期。

文景之治——巩固皇权，平定叛乱

汉景帝统治天下的十六年，是专制时代社会稳定发展的时代，也是诸多能臣才士进行有声有色的历史表演的十分活跃的时代。汉景帝本人虽然有史书"静默"的称誉，却也是一位表现出鲜明的政治个性的君王。

高祖刘邦在铲除韩信、彭越、英布等异姓王的过程中，分封刘姓子弟为王，去接替空出来的王位，那就是同姓王。同姓王国起初只有九个，后来逐渐增加，传到汉文帝刘恒的时候，已经增加到二十多个，其中领地最大的有齐、楚、吴、荆、燕、淮南等。这些王国所领有的土地，合起来占了西汉帝国土地的大半。到了汉景帝的时候，诸侯的势力很大，土地又多，像齐国有七十多座城，吴国有五十多座城，楚国有四十多座城。有些诸侯不受朝廷的约束，特别是吴王刘濞，更是骄横。他的封国靠海，还有铜矿，自己煮盐采铜，跟汉皇帝一样富有。他自己从来不到长安朝见皇帝，简直使吴国成为一个独立王国。

汉景帝

吴国不仅地盘大，兵员多，而且经济实力雄厚。吴王刘濞对中央早有怨恨，长期称病不朝，图谋叛乱，抢夺政权。当他获悉朝廷想要削吴的消息后，就马上派出使臣，游说各诸侯王，鼓励他们一起反叛。他鼓励诸侯王时说："寡人金钱在天下者，往往而有，非必取于吴，诸王日夜用之弗能尽。"这就为发动叛乱战争提供了物质保证。于是，一些诸侯王，便响应刘濞起兵发动叛乱。公元前154年，由吴王刘濞亲自率领的吴楚两国组成的叛军主力二十余万人，自广陵，渡淮北上准备进攻京城长安。赵王屯兵境内,并暗中勾结匈奴,准备伺机起兵。胶西、胶东、济南、菑川等国联兵围攻仍然忠于朝廷的齐国。一时间,七国同时发动叛乱。

叛军声势很大,汉景帝有点怕了。他想起汉文帝临终的嘱咐,拜善于治军的周亚夫为太尉,统率三十六名将军去讨伐叛军。

当时,朝廷上有个妒忌晁错的人,说七国发兵完全是晁错引起的。他劝汉景帝说:"只要答应七国的要求,杀了晁错,免了诸侯起兵的罪,恢复他们原来的封地,他们就会撤兵回去。"

汉景帝听信了这番话,说:"如果他们真能够撤兵,我又何必舍不得晁错一个人呢。"

接着,就有一批大臣上奏章弹劾晁错,说他大逆不道,应该腰斩。汉景帝为了保住自己的皇位,竟昧着良心,批准了这个奏章。

然而,叛乱者不是为了晁错一人,而是志在推翻朝廷,自己称帝,因此,景帝派袁盎去说服刘濞时,刘濞拒不跪拜接受诏令,却笑着说:"我已经成为东帝了,还要向谁跪拜呢?"尔后把袁盎扣押起来。袁盎趁夜逃出,返回京城向朝廷报告情况。

刘濞

汉景帝这才知道自己做错了事,马上派人去通知周亚夫,要他抓紧把吴楚七国的乱军消灭掉。被汉景帝派去平乱的太尉周亚夫,很善于用兵。他接受平乱的任务以后,对汉景帝说:"楚国军队很剽悍,跟他们正面作战很难取胜,应当断绝他们的粮道，才能制服他们。"汉景帝批准了周亚夫的作战计划，于是周亚夫便领兵出发了。

周亚夫率军东征时与吴楚联军相遇在下邑(今安徽砀山县)，吴楚联军人多势众，锐气正盛，频频发动进攻，周亚夫正面挡敌，统率大军，坚守不出，命令梁王刘武(刘启的弟弟)坚守梁都睢阳，让吴楚的军队在此消耗实力。然后悄悄派出轻骑插入敌后，断绝吴军的粮道。吴楚军攻睢阳不下，转攻周亚夫率领的汉军，周亚夫仍据险固守，不急于应战。吴楚军队连战无功，士气低落，再加上此时军粮断绝，不得不退走。周亚夫挥兵猛追，吴王刘濞失败，仅带一千多人，逃过长江，企图退据东越，在汉王朝重赏的引诱下，东越人把他杀死。楚王刘戊也兵败自杀，胶西等四国攻齐不克，汉兵到达，诸国各自溃败，诸侯王被杀或自杀，赵王在汉军围攻下，城破自杀。终于，平定了这次叛乱。

"七国之乱"是以刘邦之侄吴王刘濞为首发动的一次同姓王联合大叛乱，刘濞蓄谋叛乱，为时已久。这是西汉与诸侯之间最关键的一次胜战，它只持续了三个月，就以汉景帝平定胜利而告终。而汉景帝之所以能够在这么短的时间内平定七王之乱，夺得近半土地的所有权，主要靠以下两点：

第一，得人心。俗话说："得人心者得天下。"自汉文帝以来，汉朝一直都处在休养生息之中，使社会经济得以恢复和发展，百姓的物质生活和精神生活得到了好转，对于大臣们汉景帝也是采用公平、公正的心对待，所以臣民拥戴汉室。然而，七王则打破了百姓需要的这种平静的生活，百姓们自然就对他们产生了不满。对于军队，汉景帝也不会太苛刻。大臣们对于汉景帝是十分忠心的。晁错就是一个最明显的例子：晁错明知道自己如果一味地支持汉景帝削藩肯定会有危险，然而他却只谋国而不谋身，就连他的老父亲也因此而服毒自杀。可以说，汉景帝是得到了民心、军心、臣心。

第二，选对了人，得到了正确的策略。周亚夫在汉文帝时期就是一个很出色的虎将，汉文帝刘恒死时，对汉景帝交代：如果国家有急事，可以用周亚夫。汉景帝听从了父亲的吩咐任用周亚夫，而周亚夫也没有令他失望。

汉景帝平定七国之乱后，虽然仍旧封了七国的后代继承王位，但是打那以后，诸侯王只能在自己的封国里征收租税，不许干预地方的行政，大大削弱了他们的权力，汉朝的中央政权也巩固了下来。

文景之治——继承父志，休养生息

在中国封建社会，出现了几个鼎盛时期，其中汉代出现了"文景之治"。这里的景指的就是汉景帝刘启。景帝继文帝事业成为盛世之主，时世人称其是一位贤明之君。他继承和发展了其父汉文帝的事业，与父亲一起开创了"文景之治"，又为儿子刘彻的"汉武盛世"奠定了基础，完成了从文帝到武帝的过渡。那么，景帝是怎样发展有利的形势、消除不利的因素，使大汉王朝达到繁荣强盛的境地呢？

首先，他继承父亲休养生息政策，进一步减轻赋税和刑法。

一、景帝积极发展农桑，植树造林，打击分裂势力，重视农桑，生产有了很大的发展，国家粮食满仓。

二、为了使百姓都有地可种，提高农民生活，景帝及时地调配了人口和土地。他改变了当时不准百姓迁移的政策，允许百姓从土地少的地区迁移到土地多的地区，一能开发土地资源，二能增加国家的赋税收入。为了提高农民的生产积极性，景帝还下令将田租减掉一半，也就是将十五税一降到了三十税一。为了从根本上减轻农民的负担，景帝也很节省，在位时他极少兴建宫殿楼阁。

三、汉景帝以汉文帝嫡长子身份继承皇位。公元前156年至前141年在位。他继承文帝政策，废除苛刑酷法，减轻赋税。

文帝时将肉刑改成了笞刑，但打的次数很多，如劓刑改为笞三百，应当断左脚的改为笞五百。这本来是为了废除肉刑，但次数太多又出现了经常打死人的现象，不符合原来体恤百姓的初衷。所以，景帝又逐渐减少了次数，同时规定了刑具的长短、宽窄，竹节也要削平，中途不准换人。对于官员的审案断罪，景帝也经常训导要宽容，不准随意错判。

四、对于思想，景帝也不再严厉禁止其他学派的发展。当时的西汉初期，朝廷流行的黄老学派,即以黄帝和老子命名的学派,主张无为而治,轻徭薄赋。景帝在提倡黄老的同时也让包括儒家学说的其他各派存在、发展,这为后来董仲舒学说的发展以及被汉武帝的重视采用提供了前提条件。

除了内政的成绩以外,外交方面主要是继续和匈奴和亲的政策,对匈奴进行安抚。景帝时期是匈奴"最强大"的时期,强大的匈奴骑兵南下进击汉地,烧杀抢掠,严重威胁着西汉王朝的统治。而此时汉朝社会经济有了恢复和发展,但要战胜匈奴,条件仍不成熟。对于匈奴的骚扰,景帝没有大举反攻,而是以大局为重,积极防御。景帝坚持和亲,在一定程度上缓和了军事冲突,为经济发展赢得了时间,为以后汉武帝反击匈奴做了准备。同时在匈奴的边界地区设立关市,和匈奴贸易,在一定程度上消解了匈奴的骚扰。

当然,景帝并不是一味妥协,也进行了必要的抵御。

李广骑射图在不多的反击匈奴的战斗中,涌现了李广、程不识和郅都等一批卓越的将领,其中尤以"飞将军"李广最为突出。

李广墓

李广(?—前119年),陇西成纪(今甘肃静宁南)人,西汉著名军事将领。李广的祖先是秦朝将军李信,曾率军战败燕太子丹。李广接受世传弓法,射得一手好箭。李广有一套不正规的治军方法,在塞外的地理条件和敌情条件下非常适用,他的部队简单、机动、长于应变。所以司马迁称赞他说:"勇于当敌,仁爱士卒。号令不烦,师徒向之。"匈奴人一听李广的名字,就感到害怕,以致他们称李广为"飞将军"。

景帝除了支持李广、程不识等边将对匈奴抵抗及维持和战之外，还采取了一些措施，为以后武帝时期匈奴问题的彻底解决做了很多准备工作，其中主要有两项。

马政："造苑马以广用。"自古以来，中原内地就缺马，这就大大地阻止了骑兵的壮大和生产发展以及社会的前进，更限制了交通、运输等事业的发展。然而匈奴却是马背上的好手，如果想要战胜凶奴就要壮大骑兵。因此，景帝即位之后，继续进行马政建设。他下令扩大设在西边(如北地郡)、北边(如上郡)的马苑，而且鼓励各郡国及民间饲养马匹。景帝的这个措施大大地加强了马业的发展，军马生产颇具规模，属于官府的马匹发展到了四十万匹，民间的尚且未计。

实行"卖爵令"及"黩罪之法"。这两项措施都是文帝时由太子家令晁错提出，并被文帝批准实行的。景帝即位后，继续执行了这些被证实是有效的措施，并使它更为完善。大批徙民充实于边地，成为一支兵农混一的垦戍队伍，不但减轻了内地百姓的徭役，而且争取到一个安定的社会环境。

汉景帝继承父志，继续为自己的王朝打造基石，完善了父亲所欠缺的，使自己的王朝更加坚固。

文景之治——太子之位,谋略有度

《史记·孝景本纪》记载:

七年(公元前150年)冬天,废掉栗太子刘荣,封他为临江王。十一月最后一天,发生日食。春天,赦免和释放修建阳陵的囚犯和奴隶。丞相陶青被免职。二月乙巳日,任命太尉周亚夫为丞相。四月乙巳日,立胶东王的母亲为皇后;丁巳日,立胶东王为太子。名叫彻。

汉景帝早期一直没有立太子之位,原因是薄皇后无子。而薄皇后的无子为这个太子之位带来了许多麻烦,有很多人都在妄想。其中最为明显的有三派人物。

窦太后

第一派是汉景帝的母亲窦猗房窦太后和他的另一个儿子梁王刘武。窦猗房原是吕后身边的小婢女,被送给代王刘恒,生有二子一女。后来刘恒当了皇帝,而刘恒的正室又死了,所以窦猗房才得以当上皇后,汉文帝刘恒死之后她的儿子刘启当上皇帝,她就成了窦太后。对于他的小儿子梁王,窦太后是非常宠爱的,因此她想等汉景帝刘启死之后把帝位传给梁王刘武。汉景帝当然是不大愿意的,但他又没办法一下子回绝窦太后,因此总是敷衍她。后来,也就是汉景帝前三年(公元前154年),在宴席上景帝酒醉之后对梁王从容言曰:"千秋万岁后传于王。"对于这句话,梁王知道并非出自皇帝的真心,但他不免高兴,再加上窦太后的宠爱,对于皇帝之位刘武是势在必得。难道汉景帝不知道他这样说只会加强梁王对皇位的欲望吗?不,汉景帝知道,那么汉景帝承诺这句话是为什么呢?大多是回避母亲,讨好母亲,安慰母亲。然而,梁王最终并没有当上皇帝,原因是汉景帝聪明地运用以袁盎为首的大臣去劝解窦太后,那么袁盎是怎样让窦太后在心甘情愿的情况下答应不再帮梁王夺取皇位的呢?

袁盎到了窦太后那里,直接就对太后说,你立了梁王为皇帝,那梁王百年之后你立谁为王呢?窦太后并不知道这是一个陷阱,就对他说:"传给景帝的儿子啊。"袁盎看时机成熟了,就对窦太后说:"太后,不知你是否听过这样一宗案子:春秋时期,宋国的国君宋宣公在死之后把皇位传给了他的弟弟。弟弟坐了几年国君,临死之前感激哥哥,又把皇位传给了哥哥儿子,并把自己的儿子送到郑国。由于有两个可以继承皇位的血脉,大臣们总是徘徊在这两个血脉之间,逢迎他们其中一个,打击另外一个,从此宁国几代都处于动荡不安中。难道您愿意使您子孙后代互相残杀吗?"从此,窦太后再也不提让梁王继位的事了。

第二派是栗姬和他的儿子刘荣。在平定了七国之乱之后,汉景帝就封了大儿子刘荣为太子,但是没有封刘荣的母亲栗姬做皇后。讲到这儿,或许有人就会提出疑问:既然已经封刘荣为太子,为什么他的母亲没有被封为皇后?

前面已经说过了七国之乱,在七国之乱里,周亚夫立了大功劳,但是梁王刘武也立了大功劳,虽说是间接的,但是不可否认他用自己不足七王几分之一的兵力帮了周亚夫的大忙,可以说七国之乱之所以能够在短短的三个月内平定,梁王刘武是功不可没的。也正是因为梁王功不可没,汉景帝怕他拿此说事,于是干脆封他为太子。对于没有封刘荣的母亲栗姬做皇后答案已经显而易见,封儿子做太子是逼不得已的,何必要封其母亲为皇后呢?而这只是其中之一。另外的原因就是慢慢观察,看看栗姬有没有那资格,然而她最终并没有坐上皇后之位,而他的儿子刘荣的太子之位也没有保住。原因是栗姬太自以为是：① 对馆陶公主刘嫖翻脸。刘嫖是窦太后的大女儿，也就是汉景帝的姐姐，有一个女儿乳名阿娇。为了自己夫族的利益，长公主欲将阿娇许配刘荣为太子妃。假如栗氏是个乖觉的女人，应下这桩婚姻，她母子以后的命运必然充满无限光明。然而，栗姬连考虑都没有考虑就拒绝了，因此刘嫖怀恨在心。② 有一年汉景帝病重，他本来想立栗姬为皇后，便试探着问她："如果我死了，我的孩子，你帮我照顾好吗？"栗姬居然不明白景帝这话的意思，她生气地回答："我不是保姆！"景帝大失所望。不久之后，汉景帝竟奇迹般地好了。不可否认，汉景帝确实是一个极有谋略，且耐心十足的人。他病好之后，不但没有追究栗姬犯上之罪，也没有废刘荣的太子之位，没有废并不代表刘荣就可以稳坐太子之位了。也就是在此时，汉武帝刘彻的母亲王娡出现了，也就是她改变了局势。

　　第三派也就是王娡和刘彻。王娡原本是没有什么希望使自己的儿子当上皇帝的，因为她没有撑腰的，然而栗姬和刘嫖之间的翻脸使她找到了靠山。当她得知栗姬拒绝了刘嫖的提亲后，就马上去找刘嫖了，对她说："只要你帮忙让我儿子当上太子，我就让我的儿子娶你的女儿阿娇做皇后。"刘嫖一听，正合她意，随即便答应了。于是，刘嫖到汉景帝那儿跑得更勤了，在他那儿有意无意地说栗姬的坏话，说王娡的好。时间长了，汉景帝对栗姬的看法就慢慢变坏了，对王娡的印象也就越来越好。后来，又发生了托孤事件，使汉景帝对栗姬的看法更加糟，继托孤事件之后又发生了一件事情，即汉景帝病好没过多久，一些大臣提议应该封栗姬做皇后，而这件事情使汉景帝彻底对栗姬的不满暴发了出来，一怒之下废了刘荣的太子之位。

　　最终，刘彻被立为太子。梁孝王刘武不肯就此罢手，他广延四方豪杰之士，多做兵器弩弓等，储存金银"且百巨万"，又派人刺杀袁盎等十余名大臣。阴谋败露后，梁王大为恐慌，买通韩安国走长公主的后门，疏通窦太后，稍得宽释，但景帝从此对他疏远很多。梁王刘武连沮丧带惊恐，不久就身染恶疾而亡。景帝将梁地一分为五，在不知不觉中就削弱了刘武诸子的势力。

　　景帝另立太子后，对权倾朝野的条侯周亚夫最不放心，又寻机处置了他。景帝后元年(公元前143年)，汉景帝终以莫须有的罪名将周亚夫削职下狱。一代名将，五天不吃东西，最终呕血冤死。由此可见，汉景帝并不像他前期表现的那样温文尔雅，是一个充满个性与谋略的皇帝。

不久,景帝刘启患病,临终前对太子刘彻说:"人不患其不知,患其为诈也;不患其不勇,患其为暴也。"做人不但要懂得知己知彼,还要鞭辟入里知机、知止。不久,景帝病死于长安未央宫,葬于阳陵(在今陕西省咸阳市渭城区正阳乡张家湾村北)。太子刘彻即皇帝位,这就是汉武帝。

一代雄主

◎ 刘 彻

汉武帝是汉朝文景之治以后，中国历史上出现的一位雄才大略的皇帝。在位五十四年，是中国历史上在位时间最长的皇帝之一。他不仅是一个孤立的人，也是一个时代的代表，体现了封建社会从建立到巩固、统一、发展的历程。他是那个光辉灿烂时代的总代表，其雄才大略、深谋远虑，使其领导汉帝国的人民和官吏创造了伟大的历史功绩。因此，他当政时期是中国历史上最强盛的时代之一，也是中国历史上最灿烂的时代之一，从中也体现出了这位历史人物的"大智慧，大决断"。

一代雄主——少年雄心，金屋藏娇

据《史记·孝武本纪》记载：孝武皇帝者，孝景中子也。母曰王太后。孝景四年，以皇子为胶东王。

汉武帝出生于公元前156年，父亲汉景帝刘启，恰巧这年又是景帝登基之年。他刚出生就已经是皇子了。武帝的母亲是王美人，美人是嫔妃的一种等级。后来传说在武帝母亲怀孕时梦见了太阳钻入怀中，汉景帝听说了，十分高兴，认为是个吉利的梦，预示着这个小孩将来会有大作为。

关于武帝的出生还有另一说法：公元前156年的一个深夜，汉景帝忽做一梦：一头红色的猪从天而降，只见这头猪身裹祥云，从太虚幻境来到宫中。紧接着，高祖刘邦也飘然而至，对景帝说："王夫人生子，应取名为彘。"汉景帝猛然惊醒，才发现是一场梦。

这王夫人本名王娡，母亲臧儿本是项羽所封燕王臧荼的孙女，因家道衰落，嫁给同乡的王仲为妻，生下王娡。王娡聪明伶俐，容貌俊美清雅，完全没有村姑的俗气。据传，有一相面术士见到王娡以后，大惊失色地称赞道："此女贵不可言，当匹配天子，生天子，母仪天下！"当时王娡已经嫁与一金姓人家，并生下一女。后来恰好赶上太子刘启在民间选美，于是王娡的母亲就亲自出面，软硬兼施与金家退婚，然后撺掇王娡前去参加选美，结果入选，当上了刘启的姬妾，而且得到刘启的宠幸。汉景帝即位后

王娡

封王娡为"美人"，宫中都称她为"王夫人"。

后来，临近午夜时王夫人果真产下一个男婴。汉景帝闻听此消息后，兴奋异常，急忙赶到王夫人住处。新生儿被裹在褓褓里，发出响亮的啼哭声。景帝满脸喜色地走上前去，端详着自己的第十个儿子。儿子在父亲充满慈爱的注视下，竟停止了哭声。王夫人欠身榻上，温柔地对景帝说："请皇上给皇儿赐名吧！"这时景帝想起了昨夜梦中的情景，于是给他起名彘。刘彘即是后来鼎鼎有名的汉武帝。

刘彘自幼聪明，三岁便能背典籍，且无一遗漏，汉景帝对此大为惊异，于是对其宠爱有加。有一次，景帝把刘彘抱坐在膝上问道："我儿可愿当皇帝？"刘彘用稚嫩的声音答道："做皇帝不由儿臣，我愿天天在父皇膝前嬉戏，不失为子之道。"景帝听后暗暗惊叹："三岁小儿竟如此口齿伶俐，真是天资聪颖啊！"于是便产生了立刘彘为太子的打算。

汉武帝的童年和少年的宫廷生活，决定了汉武帝一生的命运，并给他五十四年的皇帝生涯打上了深深的烙印。汉武帝虽然也是汉景帝的儿子，但是按照当时的继承顺序，皇帝的位子根本轮不到他。在刘彘四岁时，景帝封他为胶东王，做太子的是他的哥哥刘荣。后来，武帝的命运之所以转折是得到了馆陶长公主刘嫖的帮助。次年，刘启废薄皇后，汉王朝的皇后空缺。照常理来讲，继任的无疑应该是太子刘荣的生母栗姬。栗姬模样出众，且为景帝生下三个儿子之多，自然是景帝后宫极得宠的一个，加上其长子刘荣被封为太子，因此她本人离皇后宝座也仅有一步之遥，在后宫的风头更是一时无两。然而作为皇帝的女人，栗姬有个致命的弱点：嫉妒。

长公主刘嫖是窦太后的女儿，汉景帝的同母姐姐，深得母亲窦太后的宠爱，并且与汉景帝的关系也非常密切，所以她对景帝有着不容忽视的影响。在景帝的后宫，有数不清的宫娥美女们都希望自己能够被皇帝看中，从普通的身份晋级到妃嫔的位子。因而都不约而同地想到了长公主刘嫖，于是纷纷向她赠送金钱礼物，希望她能为自己在皇帝面前加以推荐。而长公主觉得这是一举三得的美差：既能讨好皇帝弟弟，又能让后宫的妃嫔欠自己一个人情，自己还可从中赚一大笔，何乐而不为呢？然而，她此举却引起了栗姬的不满，栗姬恨透了长公主与狐狸精们沆瀣一气的行径，人前背后不知咒骂过多少次。

而从不知情的长公主却想把自己的宝贝女儿陈阿娇许配给太子刘荣，希望将来太子即位,女儿就能顺理成章地成为皇后。谁料,长公主的美梦却被栗姬击了个粉碎,竟然当着长公主的面一口回绝,并且还摆着一副准皇后的架势,狠狠地嘲弄了长公主一番。长公主自小从未受过如此礼遇,内心的愤怒自不用说了,由此和栗姬结了仇。而这样一来,却使刘彻获得了当太子的机会。

这位长公主原本也很喜欢刘彻,当被栗姬拒绝之后,长公主便将目光转向了刘彻。一天,长公主见到胶东王刘彻的母亲王娡时,便向王娡说了栗姬拒亲的事情。而颇有心计的王娡听了长公主的话后,忙谄媚说:"栗姬真是没有眼光,您去提亲她还不肯?换作是我,不用等您开口我就主动去向您提亲了。"于是,长公主立即接口说:"既然您看得上我家阿娇,那不如我就把她许配给胶东王吧!"

精于世故的王娡立即答应下来了。于是王娡便向景帝说起长公主愿结儿女姻亲。景帝觉得阿娇长刘彻数岁,似乎不合适,所以就没有答应。于是王娡又请来长公主,希望她去向景帝求亲。长公主便想办法促成了此事:一次,长公主在景帝面前把刘彻抱在膝上问道:"我儿想要娶个媳妇吗?"刘彻答道:"想。"长公主指着左右侍女问刘彻:"她们之中你喜欢哪一个呀?"刘彻摇摇头,表示一个也不喜欢,最后长公主指着自己的女儿问他:"阿娇好不好?"刘彻这

陈阿娇

才高兴地说:"好!若得阿娇,必以金屋贮之。"意思是说:我要是能娶阿娇做媳妇,一定要给她盖一座金屋,让她住在里面。父亲景帝见刘彻和阿娇也很般配,便同意了这门亲事。这就是历史上著名的"金屋藏娇"的故事。

事实上,一个几岁的小孩子,居然能够说出这样的大话是不可思议的。除非背后有人教他这样说,他才能说出这样的话来。那么这个人是谁呢?据猜测,最有可能的人就是王娡,因为论关系她们是母子,天天都在一起,教儿子点东西也是很有可能的事,再说,王娡还是一个有头脑、有谋略的人,有可能是她急中生智教儿子这样说的。但刘彻在数十位后宫美女的"诱惑"下,没有临场变卦,一门心思地认准表姐阿娇,甚至还许下"黄金屋"这样惊人的诺言,相信其对阿娇的喜欢应该不是假的。这也足以证明,刘彻的灵敏、聪慧和其风流的本性。

后来,刘彻做了皇帝娶了阿娇,造了富丽堂皇的金屋赐给阿娇,实现了小时候

的诺言。可谁想到真正的金屋藏娇的背后,有多么的凄凉,再美的屋子也终会有独守空房的那一刻。陈阿娇因为生性嫉妒又无子,最终在娇花还没凋谢时被皇帝废了后位,从金屋迁到了长门。由此也证明,当初的"金屋藏娇"只是昙花一现的好梦。后来,她又托人写作了千古佳文"长门赋",但这也始终不能换回汉武帝曾经"金屋藏娇"的诺言。

"君思如水向东流,得宠忧移失宠愁",这两句诗概括地揭示出"君恩无常"是古代宫女产生幽怨之情的根本原因。后妃之间为争宠夺爱而发生的拼斗,不仅表现在生育皇子方面,还表现在妃嫔的姿色上。从古至今,没有几个皇帝是用情专一的。他拥有美女如云的后宫,对任何一个女人的专宠都只是暂时的,随着时间的推移,他身边总有新的美女取代昔日宠极一时的佳人。一旦失宠,不要说是普通的宫女,就连位高权重的皇后也无可奈何,只能细细品尝着"红颜未老恩先断"的果子。

一代雄主——时来运转，初登大宝

据《史记·外戚世家》记载：长公主日誉王夫人男之美，景帝亦贤之，又有曩者所梦日符，计未有所定。王夫人知帝望栗姬，因怒未解，阴使人趣大臣立栗姬为皇后。大行奏事毕，曰："'子以母贵，母以子贵'，今太子母无号，宜立为皇后。"景帝怒曰："是而所宜言邪！"遂案诛大行，而废太子为临江王。栗姬愈恚恨，不得见，以忧死。卒立王夫人为皇后，其男为太子，封皇后兄信为盖侯。景帝崩，太子袭号为皇帝。这是刘彻时来运转从太子登上皇位的故事。

自从刘彻和阿娇定亲之后，长公主欣喜异常，为了让自己的准女婿能够顺利地当上太子，长公主不遗余力地在景帝面前夸赞刘彻，诋毁太子刘荣和栗姬。有一次，长公主在景帝面前进谗说："栗姬这样的女人相当善妒，每次遇到其他得宠的妃子，就常让侍者在她们背后吐口水来诅咒她们，而且她还相当迷信巫术，搞一些歪门邪道，把整个后宫搞得乌烟瘴气。"汉景帝废了薄皇后，原来打算立栗姬为皇后，但听姐姐长公主这样一说，觉得栗姬太不像话了，开始恼恨栗姬。

一天，汉景帝身体不太舒服，为此心情也不怎么好，他为了考察栗姬的脾气，故意对她说："朕百岁千秋之后，请你照顾所有的皇子，行不行？"这本来暗示着将来由栗姬掌权后宫之意。但栗姬生性幼稚，一听要她照顾那些个

长公主刘嫖

狐狸精所生的孩子，她心里就犯上了醋意，脸拉得老长，对汉景帝的问话不加理睬。汉景帝又问她一句："怎么样？"栗姬出言不逊地说："不怎么样，我又不是保姆，而且

也没那么多闲工夫。"她的态度让景帝相当不满,但还是忍下来。

由于长公主天天在景帝面前夸赞胶东王刘彘,因此景帝也逐渐被感染了,开始喜欢刘彘了。更何况在刘彘没有出生之前,又有其母亲梦日入怀的符兆,他觉得这个孩子值得栽培,把他当成了宝贝,便产生了改立太子的想法,但是还没有下决心。王娡知道景帝怨恨栗姬,为了使自己的儿子成为太子,她趁着景帝怨气未消,就暗地里派人去"晓谕"大臣,要他们关心国中有帝无后的大事,尽快上表请立太子之母栗姬为皇后。大行是负责掌管宾客之礼的官员,他以为此事责无旁贷,就去奏请汉景帝说:"常言道:'子以母贵,母以子贵',今天太子的生母还只是一个姬妾,现在应该要给她一个名号才是,所以应当立为皇后。"正在气头上的景帝被这不合时宜的话一激,当场大怒:"这是我的家务事,轮得着你来管吗?"当场便将他关进牢狱,不久便处死了他。正是由于此事使汉景帝最终下了决心,在公元前150年春正月,不顾太尉周亚夫和太子太傅窦婴的谏争,废太子刘荣为临江王。有些大臣也不赞成汉景帝的这种做法,可是他们看到景帝正在气头上,谁也不敢去找麻烦。栗姬的兄弟栗卿出来反对,结果仍是"胳膊拧不过大腿"被景帝定了死罪,从此之后,再也无人反对此事了。这一切都是栗姬的错,她不但没有捞到皇后的位置,儿子没有当上皇帝,还送了兄弟的性命。后来,她就被打入冷宫,就连想与汉景帝见上一面也不可能了。她心中凄苦异常,越想越怨,没过多久,就因怨愤一病而亡了。

在这场争储宫闱斗争中,刘荣因母亲栗姬的过失而丢掉了储位,这意味着刘彘原来几乎不可能超越的竞争对手被取消了比赛资格。如今储位空缺,在刘彘争储的道路上,升起了希望之光。于是,就在刘荣被废三个月后,景帝册立王娡为他的第二任(也是最后一任)皇后。接着立七岁的胶东王刘彘为皇太子,改名彻。

从公元前150年被立为太子,到公元前141年汉景帝病逝,刘彻继承皇位,其间做了九年太子。在这九年中,生性聪明的皇太子刘彻深得汉景帝的宠爱。他一面协助汉景帝处理政务,一面博览群书,广泛涉猎琴棋书画、诗歌辞赋,这为他以后五十余年的政治生涯奠定了坚实的基础。

公元前141年,景帝为已年满十六岁的皇太子举行了隆重的冠礼。孰知冠礼大典之后,汉景帝突然患病,因医治无效,正月二十七日驾崩于未央宫。因国不可一日无君,于是皇太子刘彻当日在汉景帝灵前继承皇帝大位,君临天下。这就是历史上有名的汉武帝。

一代雄主——罢黜百家，独尊儒术

　　"罢黜百家，独尊儒术"是汉武帝为了加强封建中央集权制而在思想文化领域内实行的专制政策，这一政策是由董仲舒提出的，被汉武帝采纳施行。从此，儒学取得了唯我独尊的地位，并成为了中国封建社会的正统思想。

董仲舒

　　秦汉之际，遭秦始皇的焚书坑儒政策摧残的儒家逐步抬不起头来。陈胜、吴广起义后，有些儒生参加了反秦斗争，如孔子后裔孔甲一度为陈胜的博士。西汉初年，任博士的步孙通，通晓儒学，他对刘邦说："儒生虽然不能参与打天下，但是治理天下是绝对用得着的。"当时，汉朝刚刚建立，还没有礼仪制度，叔孙通协助汉高祖刘邦制订礼仪。自此，儒学又有了新的发展，并逐渐适应了统治阶级的需要。公元前 191 年废除《挟书律》，进一步促使诸子学说复苏，阴阳、儒、墨、名、法、道六家比较活跃，其中儒、道两家影响较大。

　　汉初，社会经济遭到严重损坏，而统治阶级面临的主要任务就是恢复生产，稳定封建统治秩序。因而在政治上主张无为而治，经济上实行轻徭薄赋。在思想上，主张清静无为和刑名之学的黄老学说因此而受重视。当时，五经博士仅为具官待问，在政治上并没有得到重用。不过，儒与道两家在政治、思想上进行着激烈的斗争。

　　到汉武帝继位时，社会经济在很大程度上已经得到了恢复与发展。武帝依靠文、景两代积累的财富，大事兴作。与此同时，随着地主阶级及其国家力量的强大，对农民的压迫和剥削也逐步加重，农民和地主阶级之间的矛盾逐渐加剧。因而从政治上和经济上进一步强化专制主义中央集权制度已成为封建统治者的迫切需要。在这种情况下，主张清静无为的黄老思想已经不能再满足上述政治的需要，更与汉武帝的好大喜功相抵触；而儒家的春秋大一统思想、仁义思想和君臣伦理观念显然与武帝时所面临的形势和任务相适应。因此，在思想领域，儒家终于取代了道家而居于统治地位。

刘彻在刚刚立为太子的时候，便深受儒学影响。十六岁登基后，开始实施"新政"：罢免丞相卫绾，改组"三公"人选。任命窦婴为丞相，舅舅田蚡为太尉，又任精通《诗》的儒生赵绾为御史大夫，还任命另一儒生王臧为郎中令，成为武帝的近臣。

汉武帝又议立"明堂"，准备按古制大兴礼乐。"明堂"是儒家常讲的一种朝会的礼仪制度。汉武帝派人用安车驷马，将名儒申公迎来长安，具体指导筹建明堂诸事。

汉武帝从小在宫中长大，受到良好而全面的教育。特别是他兴趣广泛、胸怀广阔，所以在做了皇帝之后，尽管还是十六岁的少年，但他血气方刚、雄心勃勃，立志要干一番轰轰烈烈的事业。汉武帝跃跃欲试，正醉心于尊崇儒术，却遭到住在东宫的窦太后的反对。她怒斥武帝，断然禁止他再搞尊儒活动。汉武帝无奈，只好放弃筹建明堂的计划，还被迫把王臧和赵绾下狱治罪。丞相窦婴、太尉田蚡也因此被免职。申公因病免官，回到老家，几年后就死了。然后，窦氏宠信的人接替了这些重要职位，听从窦氏的命令。这对武帝是一个打击，但武帝有年龄的优势，他没有从此消沉，而是养精蓄锐，等待时机。

公元前135年，身历四朝的窦太皇太后死了，时机终于来了。此时，武帝已经二十二岁了，因王太后宠爱儿子，不干预政事，于是汉武帝有了独立处理国家大事的权力，告别了政治"禁锢期"，得到了施展抱负的机会，采纳了董仲舒的"罢黜百家，独尊儒术"的建议。

董仲舒(约公元前179年—前104年)，广川(今河北景县)人，是西汉中期儒家春秋公羊学派的大师，着有《春秋繁露》等书。元光元年(公元前134年)五月，武帝亲自召见董仲舒。董仲舒针对武帝的问题一一做了解答，提出了著名的"天人三策"，深受武帝赏识。

董仲舒思想的主要特色，是以儒家学说为基础，引入阴阳五行理论，建成新的思想体系。董仲舒说："王道之三纲，可求于天"，"天不变，道亦不变"。董仲舒以

"天人感应"的神学思想。董仲舒宣称：帝王受命于"天"，是秉承"天意"统治天下的，因此称为"天子"。照这一说法，帝王自然就具有绝对的统治权威，这是武帝最需要的精神武器。董仲舒从天人关系出发，又根据"阳尊阴卑"的思想，建立一套"三纲"、"五常"的伦理学。董仲舒建议统一学术，统一思想，直截了当地提出了"大一统"的政治思想。

根据董仲舒的提议，公元前136年，武帝设太学，置五经博士。博士以儒家经典"五经"在太学教授弟子。公元前124年，布衣出身的儒生公孙弘擢居相位。同年，武帝采纳公孙弘的建议，为博士置弟子员五十人，每年一次试考，合格者授予各种官职。命令各郡国普遍建立学校，讲习儒家经典，选拔其优秀者担任地方各级官吏。从此之后，愈来愈多的人开始学习儒学了。

董仲舒提出"罢黜百家，独尊儒术"这一建议，运用了政权的强制力量使之得以推行，此项措施虽不像焚书坑儒那般残酷，但强行统一思想这一做法，与秦始皇并无二般。然而不同的是二者的打击对象不同，秦始皇打击的是儒家，汉武帝打击的是儒家之外的诸子百家。"罢黜百家，独尊儒术"是汉朝文化专制主义的具体表现，在当时，对于巩固封建王朝统治，加强中央集权，起到了一定的积极作用，对后世影响颇为深远。

一代雄主——削藩制侯，颁"推恩令"

　　《史记·平津侯主父列传》载：主父偃说上曰："'古者诸侯不过百里，强弱之形易制。今诸侯或连城数十，地方千里，缓则骄奢易为淫乱，急则阻其强而合从以逆京师。今以法割削之，则逆节萌起，前日晁错是也。今诸侯子弟或十数，而适嗣代立，余虽骨肉，无尺寸之地封，则仁孝之道不宣。愿陛下令诸侯推恩分子弟，以地侯之。彼人人喜得所愿，上以德施，实分其国，不削而稍弱矣。'于是上从其计。"

　　汉武帝执政期间，为削弱诸侯王势力而颁行的一项重要法令，即是推恩令。西汉自文、景两代起，怎样限制和削弱日益膨胀的诸侯王势力，一直是他们面临的严重问题之一。文帝时，贾谊鉴于淮南王、济北王的谋逆，曾在《治安策》中提出"众建诸侯而少其力"的建议。文帝在一定程度上接受了这一建议，但没有完全把诸侯王各分为若干国，使诸侯王的子孙以次分享封土，地尽为止；封土广大而子孙少者，则虚建国号，待其子孙生后分封。景帝刘启继位后，依照采纳晁错的建议削藩，

主父偃

结果吴楚七国以武装叛乱相对抗。景帝迅速平定了叛乱，同时也采取了一系列相应的措施，使诸侯王的势力在很大程度上受到削弱。但至公元前138年，代王刘登、长沙王刘发、中山王刘胜、洛川王刘明来京朝见汉武帝，武帝设宴招待几位亲王。宴会期间，中山王刘胜忽放声大哭，向武帝哭诉官吏侵夺欺凌诸侯王的种种事情。刚登上皇帝位的汉武帝，不仅要限制诸侯王势力的膨胀，还要利用血缘关系维护统治。武帝为了笼络宗室，下令增加优待诸侯王的礼遇，以示天子对诸侯

王的恩德。谁想这样一来，诸侯王的不法行为又嚣张起来，他们交结公卿，在其封国内不遵汉朝法令，残害无辜，这严重威胁到了西汉王朝的统治。

而此时汉武帝正为诸侯王的骄奢淫逸深感忧虑，然苦无对策。正在此时，新受宠的主父偃看透了汉武帝的心思，他向武帝建议说："如今诸侯的势力不断增加，我以为实在不是国家的福分啊！"主父偃的话正中武帝下怀，于是武帝点点头问主父偃："那大夫对此有何高见？"

主父偃回答说："我以为可行推恩之策。如今诸侯王的子弟有的多达几十余人，但是只有嫡长子才能继其父的一切领土和权势，而别的王子虽然也是诸侯王的亲生骨肉，却享受不到尺寸的封地，这使得仁孝之道不能充分表现出来。古时诸侯王的封地不过百里，力量弱小，容易控制，可有机会就会叛乱，朝廷剥夺土地更要激起叛乱。现在诸侯已经传了两三代，子孙众多，天子应加恩，让人人都为侯，这样诸侯化大为小，诸侯子孙得到封地都会感念陛下的恩德，而皇上名为推恩，实是削弱诸侯。如此一来，就不用朝廷强力去削夺了。臣不敏，愿皇上采择施行。"

武帝听后，称赞说："说得好，真可谓是一箭双雕啊！"于是汉武帝采纳主父偃的建议，同年春正月，武帝制诏御史："诸侯王或欲推私恩分子弟邑者，令各条上，联且临定其号名"，这就是"推恩令"。从公元前127年到公元前91年，汉武帝共"推恩"分封王子侯一百七十八人。有的诸侯王国最多分封为三十三个侯国，一般的也都分封为十多个侯国。这样一来，诸侯王的势力受到严重削弱，再也没有对抗中央的力量了。

"推恩令"是汉武帝时期思想变革与政治变革统一的标志。它表明：汉武帝不仅正式采用了儒家思想治国，而且取得了成功，从而完成了汉代分封制向郡县制的过渡。

国之乱后，中央政府决定消减诸侯国的实力。汉武帝即位后的第三年冬天，开始实行"推恩令"计划，当时诸侯王的子弟众多，但是只能有嫡长子一人继承王位。如果以推广皇帝恩泽的名义把土地再分封给诸侯的子弟，那么看起来是皇帝厚待他们，实际上却使每个封国的面积都化整为零，渐渐缩小，再也不足与中央朝廷抗衡。这样，就可在不知不觉中，达到削藩的最终目的。

一代雄主——开疆拓土，安抚四夷

　　汉武帝即位以后，西汉王朝经过汉初七十年的发展，残破凋零的社会经济已逐步得到恢复和发展，封建国家和民间积累的财富明显增加。同时，由于吴楚七国叛乱的平定、诸侯势力的削弱，在加强了自己的统治后，汉武帝开始向外开拓疆土。

　　公元前138年，闽越围攻东瓯，东瓯向朝廷求救。武帝立即派严助率会稽(今长江三角洲和浙江北部)的军队渡海前往救援，迫使闽越解围撤回。据说东瓯怕汉军撤退后闽越会卷土重来，要求内迁，于是大部分东瓯的越人被安置在长江和淮河之间地区。

　　公元前135年，闽越王郢出征兵进攻南越，武帝在接到南越报告后，派王恢和韩安国率兵分两路伐闽越。闽越王的弟弟馀善慑于汉军的强大，与守族合谋杀了闽越王郢，向汉军投降。由于汉军无法久驻，武帝还是保留了闽越国，立馀善为王。但馀善依然反复无常，因此在公元前111年，馀善又起兵抗拒汉朝，同时，他又刻"武帝"印玺，自立称帝。等汉朝灭南越后，武帝即派杨仆等乘胜进军。次年汉军攻占闽越，馀善被部下所杀，武帝遂废除闽越政权，并将当地居民迁徙于江淮之间。

　　南越在赵佗第四代孙婴齐为王时，有明显的亲汉举措，但这一举措却引起了以丞相吕嘉为代表的割据势力的不满。婴齐死后，子赵兴继立，南越统治集团内部矛盾表面化。公元前113年，吕嘉发动叛乱，杀死亲汉的王太后摎氏和赵兴，又杀汉朝的使臣，立建德为王。次年，汉武帝派伏波将军路博德、楼船将军杨仆等率兵十万，水陆并进。汉军经过一年多的征战，攻占南越的都城番禺(今广州市)。吕嘉和建德及其部属数百人逃入海中，后仍被捕获，南越政权至此完全消灭。汉朝在南越属地设置了九个郡，其中的交趾、九真和日南三郡都在今天越南的中、北部，珠崖和儋耳二郡在今海南岛上。

武帝初年,匈奴依然经常侵扰汉朝北部边疆。公元前133年,三十万汉军埋伏在马邑(今山西朔州市)一带,企图引诱单于入侵,一举歼灭。但计谋被单于识破,未等汉军合围就撤走了。从此匈奴更加剧了侵扰,汉朝北部从今陕西北部至辽宁西部一线无不受到骚扰掳掠。在对匈奴的一系列战争中,大将卫青、霍去病立下了汗马功劳。

卫青出身卑微,后在平阳公主家做了一名骑奴,每次公主外出时都要伴行。卫青的姐姐卫子夫是平阳公主家的歌女。一次,汉武帝到平阳公主家做客,汉武帝对楚楚动人的卫子夫一见钟情,于是纳入宫中,立为妃子。卫青也因此被立为建章宫监,后来又升为太中大夫。

卫青

霍去病身材魁梧,精于骑射,是卫子夫姐姐的儿子,卫青的外甥。他在十八岁时成为武帝的随从,深受武帝喜爱。汉武帝为他建造了一座宅院,让他去看,他却说:"匈奴未灭,何以家为!"

武帝在卫青、霍去病的率领下,多次派兵征讨匈奴,公元前127年的漠南战役、公元前121年的河西战役和公元前119年的漠北战役,是三次决定性战役。之后匈奴主力被消灭,从此衰落。

在派兵出击匈奴的同时,汉武帝为切断匈奴的"右臂",也为了发展经济文化交流,还一再派张骞出使西域。

霍去病

公元前139年,汉武帝从投降过来的匈奴人口中知道匈奴人打败了大月氏,大月氏已从水草丰美的祁连山下西迁了。据说,匈奴单于还把大月氏王的头颅砍下来制成酒器。大月氏对匈奴非常痛恨。武帝极为重视此消息,想联络大月氏,与其结成同盟,共同对付匈奴。但是大月氏离开敦煌原地后,究竟迁往何处,当时无人知晓。而河西一带又控制在匈奴人手里,西行寻找大月氏一定要经过那里。因此,联络大月氏的任务,既艰巨又危险,无人敢承担,武帝只好悬赏招募自愿承担此任务的使者。

公元前138年,汉中城固(今陕西汉中)人张骞以郎官身份勇敢应募。武帝欣赏张骞的胆识,于是任命他为大汉使者,以堂邑氏的胡人奴仆堂邑你做向导和翻译,并配置了一百多名随从人员,由张骞带领,浩浩荡荡地向西域进发了。

张骞

张骞第一次出使,被匈奴俘获,羁押八年后,他与甘父逃出。逃出来后,张骞继续出使西域。在西行途中经常没有食物吃,就靠随从甘父射猎充饥。这样,经过长途跋涉,张骞等人终于到达了西域,见到了大月氏国王,然而这时他们已不再想抗击匈奴了。张骞在西域活动了一年,始终没有达到和大月氏联盟的目的,不得不回国,在回国的路途中,又被匈奴人扣留一年。就这样,直到公元前126年,张骞等人才回到长安,见到了汉武帝。

张骞此次出使西域,历时十三年,途中两次被匈奴截获,出发时一百多人的使团,回来时只剩下他和甘父两人。这次出使虽未达到联合大月氏夹攻匈奴的目的,但却详细了解了有关西域地区的风土人情和气候状况。

为了联合西域各国,以便继续打击匈奴,于是公元前119年,汉武帝再次派张骞出使西域。这时,汉朝已设置了河西旧郡,由内地到西域的交通畅通无阻,张骞顺利到达了西域。张骞到西域后,一方面派遣副使到大宛(今乌兹别克安集延一带)、康居(今撒马尔罕)、大月氏、安息(今伊朗)、身毒诸国,以加强汉朝和中亚地区的联系,发展贸易往来;一方面说服乌孙昆莫,争取乌孙东迁故地,乌孙虽不肯东迁,但在元封元年(公元前110年)以后终究与汉朝结亲通好。从此以后,西域各国同中原地区的政治关系和经济文化联系日益密切,贯通中西的丝绸之路开通了,西域逐渐成为西汉王朝西北边疆的一部分。

在派兵出击匈奴、加强同西域联系的同时,汉武帝对东南和西南地区的少数民族也进行了安抚和平定,使这些地区归附了汉朝。西汉政府在这些地区设置郡县,加强了东南和西南地区同内地的联系,使统一的多民族国家的疆域进一步扩大。

汉武帝的开疆拓土,在历史上有着重大的意义:一是扩大了中国的疆域。自此,历代的疆域虽有局部的变化,但大体上是汉武帝时期对外扩张之后的范围,因而奠定了现代中国版图的基础。二是增强了中华民族共同建设祖国的力量。随着疆域的扩大,汉族以外的各族人民,更多地加入了中华大家庭,共同创造祖国的经济与文化,推动了祖国历史的发展。三是开发了国内外的交通。经过武帝的对外扩张,开展了今新疆及西南一带的交通以及中国与中亚、南洋、欧洲、日本等地的陆路和海路交通,丰富了中国人民的地理知识,扩大了国内外人民的活动范围,使各国及各族人民之间的往来日益密切,从而大大促进了中外文化经济交流,推动了中国、亚洲以至欧洲的社会经济和文化的发展。

毋庸讳言,汉武帝时期各民族关系的发展,是伴随着民族压迫和民族歧视同时存在的,这是时代的局限,不必苛责古人。

一代雄主——重视农业，垄断经济

汉武帝建立了前所未有的功业，但也耗费了大量的人力、物力、财力。由于军政费用开支浩大，再加上汉武帝个人好大喜功和穷奢极欲的生活，造成了严重的财政危机。如何解决这一危机？汉武帝调整了经济政策，一方面坚持"以农为本"的既定国策；一方面又加强对国家经济的宏观调节和控制，发展国有工商矿业以繁荣经济。

西汉自开国以来，十分重视农业生产，视农业为国家之本。武帝承父、祖既定国策，也十分重视发展农业生产、兴修水利。

汉武帝继位之初，黄河决口，泛滥成灾，百姓流离失所。武帝命汲黯、郑当发兵十万治理黄河，但屡塞屡决，二十余年，不见功效。公元前109年，天旱少雨，汉武帝认为是治理黄河的大好时机，于是他决定全面治理黄河。同年四月，汉武帝任命汲仁、郭昌为治河官，发卒数万，堵塞瓠子河口，并亲自到现场指导工作。众人见皇上在烈日下亲自指挥，士气大增，终于完成了堵塞河口的巨大工程。奔腾万里的黄河之水，终于被驯服于大堤之内。为了减轻洪水暴涨时对瓠子口的冲力，武帝又开挖两条水渠，使之流入大禹治水的旧道。黄河在以后的八十年间从未发生过大的水灾。汉武帝亲临黄河指挥筑堤，可以说是其一生中的丰功伟绩之一。

汉武帝不仅治理了黄河，并且还修凿了许多著名的水渠，如漕渠、六辅渠、白渠等，这些河道的开凿为农业生产的发展奠定了坚固的基础。

农业是汉朝主要的生产部门，也是汉朝政府财政来源的基础。农业生产的发展，促进了工商业的繁荣和封建国家的强盛，为汉武帝的政治、军事活动提供了极为丰厚的物质基础。

但汉武帝在即位之后的二十余年间，对外进行军事扩张，连年征战，耗资巨大；

对内挥霍无度,穷奢极欲。汉朝强盛的外表下掩盖着衰亡的危机,国家财政逐渐陷入困境。然而这时的富商大贾却由于拥有冶铁、煮盐、铸币之利而暴富,他们不顾国家死活,我行我素,甚至与国家争利,这样使本来已经困难的国家财政更加困难。汉武帝在走投无路的情况下,只好改革经济,采取一系列强有力的措施。说起汉武帝的经济改革,有一个人不能不提,这个人就是桑弘羊。

桑弘羊是洛阳一个大富商的儿子,十三岁时入宫做了侍中,后来一直待在汉武帝身边,参与谋划国家大事,处理经济问题。

公元前 120 年,汉武帝任命盐商东郭咸阳和冶铁商孔仅二人为大农丞,总领全国的冶铁煮盐事务,并派桑弘羊协助二人共行理财之事。桑弘羊三人经过一年的筹划,在公元前 119 年向汉武帝提出了盐铁官营的计划。根据这一计划,原来归少府主管的盐铁业划归大农令主管,并由国家垄断生产,严禁私家生产经营,违者除没收器具外,还要处以重刑。这个计划公布后,全国哗然,一些富商大贾公然站出来反对,许多朝臣也不支持。但是汉武帝态度十分坚决,不理睬朝臣和富商大贾的反对,毅然批准了这一计划。结果政府的财政收入明显增加,效果显著,汉武帝非常高兴,于是提升了桑弘羊等人的职务。

桑弘羊

汉初,听任郡国自由铸钱,社会上流通的货币极其混乱,引起物价上涨,阻碍了商品的正常交换。同时,由于一些贵族官僚和富商大贾操纵铸币权,富埒天子,这也威胁到中央。在公元前 113 年,桑弘羊又提出币制改革的建议,汉武帝欣然答应了。他下令将铸币权收归中央,禁止郡国铸钱,铜送中央,指定由"上林三宝"铸钱,即由掌上林苑的水衡都尉所属均输、钟官、辨铜三官统一铸造,称为"三官钱"或"上林钱",因重量为五铢,故又称为五铢钱,币制改革大获成功。这是继秦统一六国货币后,汉朝著名的"铜本位"第二次货币统一政策。币制的稳定和巩固,有利于社会经济的发展,所以至武帝中叶以后至隋朝止的六七百年间,五铢钱成为历代封建王朝使用的标准货币。

由于盐铁官营和币制改革的成功，国家的财政形势大为好转，汉武帝颇感欣慰，对桑弘羊的理财能力更加信任。桑弘羊也不负汉武帝众望，经过深入调查研究，反复思考，他又提出了均输和平准制度。所谓均输，是国家通过税收、征购、调集粮食、布帛等基本生活资料，根据市场需求变化组织商品流通的体制。原来汉法规定，各郡国每年要向汉廷进奉一定的贡物，称之为贡献。这些贡物往来运输繁杂，

五铢钱

因此在各郡国设立均输官，负责将所需贡物及时运往京师，储于大司农供官需；将不需要的物品运到价格较贵的地区出售，所得钱财上缴大司农，既减省郡国运输贡物的负担，又可以增加汉廷财政收入，还调节了各地区之间的需求，是很合算的。

而"平准"是与"均输"配套并行的制度，它是国家控制各种商品的销售，平抑物价的制度。"平准"制度是国家实行全面的商业垄断。由大司农在京城设立平准官，将各地运到长安的货物，在京师市场上出售，利润上交国家，并且"贵则卖之，贱则买之"，平抑市场物价。这既保证了对京师百姓的供应，又打击了投机倒把的商人。

统一货币、盐铁官营和均输平准制度的实行，是桑弘羊改革经济、增加政府财政收入的得力举措。一方面，打击了商贾的投机，而且解决了政府的财政困难。另一方面，也给人民带来诸多不便。由于官办企业经营管理不善，产品往往质量低劣；均输平准也不一定达到制止物价"腾跃"的目的，"轻贾奸吏，收贱以取贵，未见准之平也"，这正是官商必然出现的弊病。

公元前119年，汉武帝又下令征收算缗钱。这是对工商业者征收的资产税。"缗"，指用绳子串起来的铜钱，一千钱一串，称为一缗。算缗令的颁行，对商人的打击和限制最重，大大增加了商人的负担。很多商人、富豪匿财不报。两年后，武帝又下达告缗令，以告发隐瞒资产不报或呈报不实者。汉武帝使杨可主持告缗，凡揭发属实，即没收被告者全部财产，并罚被戍边一年。公元前114年，汉廷加紧推行告缗令，规定凡能告发隐匿资产及呈报资产不实的，将分给所没收资产的半数以资奖励，一时"杨可告缗遍天下"。中等以上的商贾，大多数都被告发。于是，汉廷分

派官员到各郡国收缴缗钱,政府财政一时收入大增,《汉书·食货志》称"得民财物以亿计,奴婢以千万数,以及大量的田宅"。告缗令前后实行四年,至公元前110年停止。这是自汉初实行"抑商"政策以来,在经济领域对商人打击最重的一次,使工商业的发展受到了抑制。

在一定程度上限制和打击富商大贾,使濒于崩溃的西汉政府的经济得以恢复,为加强中央集权提供了物质基础,并保证了反击匈奴战争的胜利;同时,还在一定程度上阻止了大土地兼并,使流亡农民以某种方式重新与土地结合起来,其进步作用是应当肯定的。

桑弘羊这一系列的措施,提高国家经济的收入,为汉朝立下了卓越的功绩,所以他后来一直得到汉武帝的信任和重用。公元前100年,桑弘羊被武帝任命为大司农。从此,桑弘羊为武帝理财十三年,充分发挥了他的理财能力,使西汉社会经济发展到一个鼎盛时期。

一代雄主——好大喜功,迷恋方术

司马迁在《史记》中写道:"余从巡祭天地诸神名山川而封禅焉。入寿宫侍祠神语,究观方士祠官之言,于是退而论次自古以来用事于鬼神者,具见其表里。后有君子,得以览焉。至若俎豆珪币之详,献酬之礼,则有司存焉。"

从这段话中可以看出,晚年的汉武帝不仅好大喜功,且和秦始皇一样也想长生不老,相信鬼神仙药。这其中最为突出的两件事是"泰山封禅"和"巫蛊之乱",这两件事成了他一生洗不清的污点。

公元前116—前111年,汉武帝的政治、军事、经济发展达到了顶峰。继大败匈奴之后,又开通了通往西域的道路,平定了两越、西南夷,大汉王朝开疆拓土,声威远播。随着盐铁官营、统一货币、均输平准等经济改革初见成效,国库又重新丰盈。此时的汉武帝算得上功德卓著,恩泽四方了。于是,有些官员趁机讨好汉武帝,建议汉武帝进行改制封禅。汉武帝本是好大喜功、独裁专制的皇帝,对炫耀圣武、神化皇权的封神之事极为热衷。尤其是他听说封禅是延年益寿、白日飞天的一个重要途径,于是就更加感兴趣了。

公元前113年,在今山西河津南有个叫锦的巫师,在祭祀土神时,发现了一个鼎。这只鼎与其他的鼎不大相同,上面只有花纹,但无文字记载,巫师觉得奇怪,便上报朝廷。公卿大臣们都认为"宝鼎"出土,是上天显示祥瑞。武帝闻听此讯后大喜,便下令将宝鼎迎至甘泉宫。一些趋炎附势的官员在这时纷纷上书恭贺道:"听说从前太帝伏羲氏造了一只神鼎,表示天下万物都归统于神鼎。后来黄帝造宝鼎三个,象征天、地、人。再往后,夏禹收集天下九州岛牧贡金,铸成了九只宝鼎,象征着天下九州岛,并用来烹煮牲畜祭祀上帝和鬼神。只要遇到圣明的君主在世,它们就会出现。如今宝鼎迎至甘泉宫,光彩四射、变幻神奇。且在迎回宝鼎时,天空还飘过黄白彩云,原野上有麋鹿奔来。这接连出现而又互相配合的祥瑞,都说明陛下与天地合德,是受命于天的帝王。"武帝被这番话说得心花怒放、神采飞扬,也更加坚定了他泰山封禅报功的决心。

自从得了宝鼎之后,武帝越发得意,几次三番与群臣讨论封禅的事宜。武帝按古训先整兵耀武,再解散军队,然后才举行封禅的原则,在公元前110年颁布诏书:"南越、东瓯都已平定,而西蛮、北夷尚未平定。朕将置十二路将军,亲自掌握兵符,统帅这十二路大军巡视边陲。"于是,他亲率十八万大军离京出巡,东到大海,北至长城,后至泰山脚下,准备进行泰山封禅活动。

泰山封禅

泰山封禅是报功于天地的盛典,参加者都感到万分荣幸。司马迁的父亲司马谈因病未能随汉武帝封禅,作为太史官的终生遗憾,临终前"执迁手泣"悲叹:"今天子接千岁之统,封泰山,而余不得从行,是命也夫! 命边夫!"

至泰山,武帝先在泰山脚下的小山梁父祭祀地神。祭祀过地神后,武帝命令儒生头戴白鹿皮帽,插笏官服,参加射牛仪式,并随武帝在泰山下的东坡祭天。之后,武帝带着几个随从登上泰山,在泰山上再行祭天之礼。下山后,又在泰山脚下东北方的肃然山再祭地神。祭祀时,武帝身着黄袍,在音乐的伴奏下,行叩拜之礼,并用采自江淮一带的三棱灵茅献神,用代表五方的五色泥土修筑祭坛。祭坛上摆满了从全国各地运来的美味佳肴和珍禽异兽。

仪式结束,汉武帝改年号为元封元年,并规定以后,天子每五年举行一次大典,各诸侯国都要在泰山脚下建造馆舍。这就是有名的"泰山封禅"。

此外,汉武帝在生活上亦是穷奢极欲、挥霍无度。他不仅封禅泰山,还多次环游全国，每次环游，其随行官员、军队多则十余万骑，沿途百姓供应粮蔬果品，修整道路、宫馆，郡国官员都要负责接送，负担极为沉重，给各地百姓造成了严重的经济灾难。汉武帝好大喜功，每次出巡都要带上各国使臣，凡是到了大都会或人口稠密之地，均大摆场面。所到之处，都要让宾客参观各地仓库中储存的物品，以表示汉朝之强。为表汉朝的博大胸怀，公元前121年，匈奴浑邪王前往投降的时候，汉武帝下令边郡调集两万车辆前往迎接，由于朝廷一时不能凑足这么多的马匹，结果气得汉武帝要杀死长安县令。

成年后，武帝后宫嫔妃之多，在历史上实属罕见，据记载诸宫美人加起来共有七八千之多。史书还称他可以三天不吃饭，但不能一天没有女人陪伴。汉武帝为了满足自己奢侈腐化的生活，大兴土木，修建了无数的宫室楼台。长安城内建起了建章宫、明光宫、柏梁台，在长安周围还建有长杨宫、五柞宫等六宫。为了便于巡游，他还在全国各地建造了很多行宫。

以上讲述的是关于汉武帝好大喜功的事情，下面所要讲述的是关于他迷恋方术的事情。

汉代初期崇尚黄老之说，讲究天人合一，故而巫风特别盛行。汉武帝的很多文治武功都追随秦始皇的做法；在敬鬼神、求长生方面，比起秦始皇来也毫不逊色，甚至有所过之。

《史记·孝武本纪》开头就说："孝武皇帝初即位，尤敬鬼神之祀。"他从十六岁继位起，就开始修筑自己的陵墓茂陵，一直修筑到死，整整五十多年，这期间他不断把各种金银珠宝送入墓穴中，给自己做陪葬；另一方面，他还遍求方士，大炼丹药，祈求长生不老。在这期间还发生了一个有名的故事，即"巫蛊之乱"。

所谓"巫蛊"，指巫师使用诅咒嫁祸于人，是古代一种迷信活动。汉武帝晚年，许多方士、神巫聚于京师，以邪道惑众。女巫来往宫中，教宫人埋木人祭祀，以除邪免灾，即所谓"度厄"。但是，结果不仅没有逃过灾难，反而引来不幸。

汉武帝早年无子，公元前128年，卫子夫生子刘据，于是被立为皇后。七年后，又立刘据为太子。从此，卫氏日益显贵，她的弟弟卫青，一家四人封侯。卫氏的旁亲支属，也有五人封侯。卫子夫的姐夫公孙贺因此而得宠，并以车骑将军封侯。但是，到汉武帝晚年，卫皇后失宠，受到了冷遇，她的子女及亲属，也遭贬斥或杀戮。不过，公孙贺是当时汉朝丞相，儿子公孙敬声，因擅用北军军费，被下狱治罪。为了替儿子赎罪,他答应为汉武帝捉拿正在追捕的阳陵大盗朱安世。

朱安世被捉后,为报复向武帝写信揭发公孙贺,他在信中写出了公孙贺的种种罪行,甚至说公孙贺密谋要取代皇上;在皇上经常出入的甘泉宫路上埋下木偶,巫蛊皇上。这封信很快就转到武帝刘彻手中。

本性猜忌多疑的刘彻看了这封信,雷霆震怒之下下令火速查究。当时江充担任绣衣使者之职,主要是负责都城的治安,当时因江充执法严明,深受武帝宠信。汉法规定:无军情重事,任何人不得在驰道上奔驰。一次太子刘据的侍仆犯了禁,江充就毫不客气地捉住了太子的侍仆,没收了车马。太子闻讯,忙派人前来谢罪说:我并非舍不得车马,实在是怕父皇责怪我训导无方啊,万望江君见谅。江充不但不听,还奏闻了武帝,又一次得到了武帝的夸赞。

江充由此与太子刘据结怨,他生怕太子有朝一日继承皇位后,对自己进行报复,所以他处心积虑要颠覆刘据的地位,现在机会终于来了,他决心借此次巫蛊事件,对太子刘据和皇后家庭进行谋害。

江充派手下罗织罪名,公孙贺与儿子公孙敬声一同被捕入狱,严刑拷打,蔓引牵连,使很多人无端获罪。最终,公孙贺父子被定死罪,公孙贺父子惨死狱中。江充还不过瘾,还要灭公孙贺全家,甚至皇后的姐姐卫君儒也未能幸免。

这一巫蛊案使武帝更加疑神疑鬼,总怀疑有人用巫蛊术来暗害他。因此,这种迷信猜忌之心又被江充利用了。江充除去了公孙贺后,把矛头指向别的手握重权的皇亲国戚。诸邑公主、阳石公主、卫青的儿子长平侯卫伉也都受到牵连,并全部被杀。江充非常得意,又把仇恨的利剑指向曾得罪过自己的太子刘据。

一天,武帝在宫睡觉,梦见有无数木头人拿着棍子打他,他顿时吓出一身冷汗。醒来之后还感到心惊肉跳,魂不守舍。此后的刘彻,精气散佚,身体一天不如一天了。武帝认为是巫蛊作祟,便令江充随时查办。

江充和心腹按道侯韩说、御史章赣率领大量爪牙进入后宫,对每一个宫都掘地三尺,搜查木偶,甚至武帝御座下的地面也被挖掘了。太子东宫和皇后中宫,也被他挖得如同菜地,使得做了三十八年皇后的卫子夫和拥有理政之权

刘据

的太子连放一张坐榻的平地都没。尽管皇后卫子夫和太子刘据难以忍受江充肆无忌惮的羞辱,但他们还是坚信清者自清,事情总会有水落石出之日。然而,等江充居然挖出证据时,他们才明白江充的险恶用心。于是,太子刘据要求面见父亲申辩。不过这个请求却被江充一口回绝。面对这种情形,皇后卫子夫让刘据向群臣求救,有人对刘据说,江充明摆着就是想要除掉你们母子,事已至此,只能逮捕江充一伙,追查真相,免得他们向皇帝胡言乱语。

在万般无奈之下,刘据采用了少傅石德的计策,派人假冒武帝的使者斩杀了江充。但在混乱之中却没能将江充的同党一举歼灭,使得江充的搭档——宦官苏文逃之夭夭,苏文逃跑后立即去向武帝诬告皇后和太子谋反。

刚开始,武帝也不相信胆小懦弱的刘据会谋反,于是派人前往长安打听底细,谁知此人胆小如鼠,连长安城门都不敢进去,回来向武帝谎奏道:太子真的造反了,要杀臣,臣只得逃回来了。武帝勃然大怒,忙派兵去跟儿子决一死战。皇后和太子至此已是骑虎难下,只得和武帝动起刀兵。然而,他们并不是武帝的对手,八天后,长安城内死者数万人,刘据战败,只得踏上逃亡之路。而此时获胜的武帝一边派人追捕儿子,一边派人前往未央宫,向卫子夫宣布诏令,收缴其皇后玺绶,等待制裁。卫子夫深知丈夫的无情,她拒绝再受任何羞辱,于是就自尽了。

后来,发现了太子的行踪,太子被迫自缢而死。在卫子夫和刘据死后,卫氏家族尽数被灭,刘据的幕僚与眷属也被杀光,只有一个数月的婴儿刘询幸免于难,而与卫氏沾亲带故的侯爵、将领,都要被抄家杀头,死人数目达十万多。这就是历史上有名的"巫蛊之乱"。

从表面上看,巫蛊案是朱安世、江充等始作其俑、兴风作浪,最终导致冤狱累累,"天下咸被其祸"。其实要追踪罪魁祸首是谁?首先汉武帝是不可逃脱责任的。正是他的刚愎、猜忌、狐疑、阴险、固执、自私,才让那些后宫争宠之争、皇储废立之争、党派政见之争得以发酵、酝酿、暴发,一发不可收拾。太子皇后死了,忠臣良将死了,奸邪佞臣死了,方士巫师死了,在这场战争中没有谁是胜利者。

巫蛊案结束后,给人留下了无尽的喟叹,这场没有胜利者的惨案似乎应该有人负责,但似乎所有人都是无辜的,所有人都在挣扎,就算没有负责的人,也会给人留下无尽的沉思。正如宋代诗人陈普的一首诗所言:"几多爱子出萧关,山积胡沙骨未还。正好望思台上泪,随风北去洒阴山。"

一代雄主——晚年悔过，临终托孤

晚年的汉武帝由于迷信，导致了害死太子刘据及其母亲等几万人的"巫蛊之祸"的发生，临近生命终点的武帝还算清醒，受到很多假的东西欺骗后，逐渐有所醒悟。

所谓巫蛊一案，多属虚妄，武帝也终于明白：太子是被逼无奈，才发兵自卫的，根本就没有造反的意思。此时，高寝郎田千秋上奏说："儿子擅自调拨父亲的军队，其罪不过鞭笞，天子的儿子被迫杀人自卫，何至于承担这么重的罪过？臣昨夜梦见一个白发老翁，是他教臣这么上奏的。"高寝郎负责管理高祖皇帝的寝陵，其上奏被认为是高祖皇帝托的梦。

武帝正想为太子平冤，却苦于找不到台阶，顺水推舟，认为田千秋所奏有理，忠心可鉴，立即升田千秋为大鸿胪；同时下令将江充诛灭九族，把苏文烧死于渭桥之上；在湖县围捕时，一个兵刃触及太子尸身的，已因此功被封为北地太守了，这时也被灭了族。为表达对儿子的哀思和追悔之情，武帝在长安修建了一座思子宫，在湖县修建了归来望思台，时时追悼太子和皇后的无辜冤死。

轮台悔过戾太子一案对汉武帝刺激极大，促使他进行深刻的自我反思，从而使治国之策开始由"多欲"向"无为"回归。

公元前89年，武帝再一次封禅泰山之后，当走到钜定县（今山东广饶县）看到农民在辛勤的劳作时，武帝就亲自拿来耒耜，到田里参加劳动，说："朕自即位以来，所作所为狂悖，使天下愁苦，追悔莫及。从现在起，凡是有伤害百姓、浪费天下财物的事情，一律停止。"大鸿胪田千秋趁机进谏说："方士们论神仙之事很多，但都无法验证，请皇上停止求仙一类的事情。"武帝终于醒悟，表示同意其建议，下令将所有靠装神弄鬼混饭吃的方士都给罢免了。

正在武帝准备施行"偃武修文、与民生息"政策的时候,主管粮食的搜粟都尉桑弘羊,请求武帝派人到轮台修筑堡垒,驻扎军队。武帝下诏拒绝,并陈述了过去的后悔事,说:"前些日子专职衙门上奏,想把百姓的赋税每人再加三十钱,用来资助边防费用,这是进一步加深老弱孤独的困境。……现在又要求派兵到遥远的轮台屯田垦荒,这不是扰乱天下,使百姓陷于愁苦吗?朕不忍心听这样的话!目前的要务在于禁止苛刻残暴的法令,停止任意增加赋税,专力以农为本,鼓励养马,恢复马复令(以养马免除赋役)。只要国家不缺乏费用,军队能维持边防就行了。"这道诏书起于轮台屯田之事,因此历史上称它为"轮台诏",称武帝此次下罪己之诏为"轮台悔过"。

公元前88年,又发生了马何罗谋逆事件,虽然这次事件没有成功,但自此汉武帝心绪不宁,身体愈发不好,他预感到自己可能将不久于人世。于是,在后元二年(公元前87年)二月十二日,汉武帝颁布诏书,立八岁的皇子弗陵为皇太子,同时拜霍光为大司马大将军、金日为车骑将军,还宣布上官桀为左将军、桑弘羊为御史大夫与丞相田千秋同为托孤之臣,帮助霍光辅佐刘弗陵。在立太子的第二天,武帝便命归西去,葬于茂陵(今陕西兴平县)。

汉武帝以其雄才大略前无古人、雄视百代的生命之旅,铸造了中国历史上震古烁今的伟业。但是,武帝的大功与大过并存,宋代大史学家司马光评价他说:"有亡秦之失,而免亡秦之祸。"那么,汉武帝"有亡秦之失,而免亡秦之祸"的原因是什么?很重要的一条,是汉武帝最后能反省自己的错误,悬崖勒马,调整了政策。因此,汉朝的统治方针才发生转变,回到了与民休息、重视发展经济的轨道,避免了像秦朝那样迅速败亡的结局。

世人常把"轮台罪己诏"说成是中国皇帝第一个正式的自我批评文件,其实执政者"罪己"的政治传统在中国存在得还要早。据《左传·庄公十一年》载:"禹汤罪己,其兴也勃;桀纣罪人,其亡也忽焉。"只不过是当时的历史文献并没有像汉代那么丰富、详尽地留传下来,因而说汉武帝

刘弗陵

是首个正式下"罪己诏"的皇帝也不为过。而这个传统一直被沿用。每当皇帝犯了祸国殃民的大错误后,都会下一道"罪己诏",公开检讨,以表示与民更始。尽管就像苏轼所说的,执政者"罪己"的目的是为了"收人心",但这仍不失为是一种在政治上较为高明的做法。试想,在君主专制制度下,皇帝不管做了多大的错事,也是万岁、万万岁,而臣子们则以歌功颂德、文过饰非为邀宠进身之阶,这是常态。假如君主能反其常态而"罪己",说明起码他认识到了两点,一是不管当朝的舆论怎么被掌控,百姓心中总有一杆秤;二是得人心者得天下,水能载舟亦能覆舟。所以,即使是天子也须得道,考虑民意,不能过分胡来,这是一位明君最根本的道德典范。

汉武帝能低下他高傲的头颅,向民众表达他的歉意,这需要多大的勇气与魄力!历史上的汉武帝,"弱民"、"虚伪"、"奢靡"、"愚暗"、"严刑"、"奖奸",这几大罪过均不能逃,而他的勇于改过,历史上又有几个领导者有这种魄力!他是一个好大喜功、迷恋鬼神的皇帝,但是,同时,他也是一个有错就改的贤君!